東洋古典 11

孝 經

黃秉國 譯解

혜원출판사

□ 머 리 말

　공자(孔子)가 그의 제자 증삼(曾參)과 주고받은 효에 관한 문답을 기록한 책인 「효경」은 유학(儒學)의 기본적 경전(經典)인 십삼경(十三經)의 하나이다.
　이 「효경」에서 공자는 옛날에 성군(聖君)은 지덕(至德)과 요도(要道)로써 천하를 다스렸기 때문에 인민(人民)이 서로 화목하고, 아무런 불평 불만 없는 태평성대를 이루었는데 이 지극한 덕과 중요한 도는 모든 도덕의 근본이요 교학(敎學)의 근원인 효(孝)에서 비롯된 것이라고 단언하였다.
　또한 공자는 효도를 수신제가치국평천하(修身齊家治國平天下)의 도(道)의 근본으로 삼고 일반 백성보다도 위정자에게 특히 역설함으로써 억압정치의 싹이 트지 못하게 반대했다.
　위정자가 먼저 나서서 효를 솔선수범할 때 백성들은 자연 그것에 따르게 마련이다. 모든 행동규범에 앞서 이 효가 선행될 때 백성들 자신들은 서로 화합하게 되고, 상하(上下)에 서로 원망이 사라지고, 계층간에도 위화감이 조성되지 않으며 빈부의 갈등도 해소하는 근원적인 힘이 된다는 것이 공자의 생각이었다.
　고금(古今)을 통해 가장 위대한 성인(聖人)의 한 분이면서도, 또한 가장 인간적인 매력으로 우리를 사로잡는 공자는, 효에 관해서도 깊은 통찰로써 그 사상적 깊이를 더함으로써 다시한번 그의 면모를 되돌아보게 한다.
　요즘처럼 전통적 가치관이 하루아침에 무너져 내리는 혼란한 세태에서 공자의 효에 관한 간곡한 여러 경구들을 우리의 젊은이들이 좀더 널리 받아들여 진솔한 삶의 향기로 승화시켰으면 하는 바람 간절하다.

□ 일러두기

- 본서는 고문효경(古文孝經)을 저본(底本)으로 삼아 금문효경(今文孝經)과 효경대의(孝經大義)를 참조했다.
- 본서는 한글역(譯), 원문(原文), 주(註), 해설(解說)의 순으로 배열했다.
- 번역은 현대적 감각에 맞게 의역한 곳도 있으나 가능한 원문에 가깝도록 애썼다.
- 원문에는 독음(讀音)을 달아 이해를 쉽게 했다.
- 주(註)에서는 한자풀이와 어구해석(語句解釋)에 주력했으며 해설을 통해 상세한 정리에 힘썼다.
- 효행록(孝行錄) 중에서 33항목을 발췌해 **권말부록**으로 실었다.

효 경   차 례

- 머리말
- 일러두기
- 효경해제   7

- 개종명의장(開宗明義章)   21
- 천자장(天子章)   35
- 제후장(諸侯章)   39
- 경대부장(卿大夫章)   43
- 사인장(士人章)   49
- 서인장(庶人章)   56
- 효평장(孝平章)   63
- 삼재장(三才章)   66
- 효치장(孝治章)   73
- 성치장(聖治章)   83
- 부모생적장(父母生績章)   92
- 효우열장(孝優劣章)   94
- 기효행장(紀孝行章)   99
- 오형장(五刑章)   106
- 광요도장(廣要道章)   110
- 광지덕장(廣至德章)   116
- 응감장(應感章)   123
- 광양명장(廣揚名章)   128
- 규문장(閨門章)   132
- 간쟁장(諫爭章)   136

효 경   차 례

- 사군장(事君章)   146
- 상친장(喪親章)   151
- 권말부록―효행록(孝行錄)   165

효경해제(孝經解題)

금문효경과 고문효경

「효경(孝經)」은 유학의 기본적 경전인 십삼경(十三經)의 하나이다.

「효경」은 공자(孔子)가 효도에 관하여 그의 제자 증자(曾子)에게 말씀하신 것을 증자의 문인이 기록하였다고 전하여지고 있다. 그러나 그 저술에 대하여는 여러가지 설이 있다.

첫째, 공자가 직접 저술하였다는 설이다. 이는 「사기(史記)」, 「백호통(白虎通)」, 「공자가어(孔子家語)」 등에서 주장하고 있으며, 유흠(劉歆 ; B.C.53~23년), 하휴(何休 ; 129~182년), 정현(鄭玄 ; 127~200년), 왕숙(王肅 ; 195~256년) 등도 이 설을 지지하고 있다.

둘째는, 증자의 저술이라는 설이다. 이는 「고문효경(古文孝經)」의 서문을 쓴 공안국(孔安國 ; 공자의 12대손)의 주장이다.

셋째는, 공자와 증자의 문답을 다른 문인이 기술한 것이라는 설이다. 이는 송(宋)나라 사마광(司馬光 ; 1019~1086년)과 호인(胡寅)과 조공무(晁公武) 등의 견해이다.

넷째는, 위에서 거론한 이외의 전혀 다른 사람의 위작(僞作)이라고 하는 설이다.

이는 송나라의 호굉(胡宏)·왕응진(王應辰)·주희(朱熹 ; 1130~1200년) 등이 지지하고 있다.

「효경」은 또한 그 내용에 있어서도 이론이 분분하다. 「효경」이 어느 때 처음 세상에 나타났는지는 알 수 없으나, 기원전 213년

진시황(秦始皇)의 장서(藏書) 금지령인 협서율(挾書律)의 제정으로 모든 서적이 불타는 변을 당한 후, 전한(前漢)의 경제(景帝) 때 노(魯) 나라의 공왕(恭王)이 공자의 구저(舊邸)를 부수게 하였다.

공자의 구저인 만큼 진시황의 분서(焚書)의 화를 면한 책이 있을지도 모른다는 생각에서였는데, 벽장 속에서 석관(石棺)이 나타났고, 그 속에 「효경」이 있었다.

이 책은 진시황 이전의 선진(先秦), 즉 춘추전국시대(春秋戰國時代)의 고문(古文)으로 씌어진 것이었다.

고문이란 전자(篆字) 이전의 과두문자(蝌蚪文字) 또는 주문(籒文)을 말한다.

이것을 무제(武帝) 때 공자의 12세손인 공안국이 해독하였는데, 고문으로 씌어 있다고 해서 「고문효경(古文孝經)」이라 부른다.

한편 분서 때에 하간(河間) 땅의 안지(顔芝)가 이 재난을 피하여 「효경」을 깊이 간직하고 있었는데, 그의 아들 안정(顔貞)이 이것을 헌왕(獻王)에게 바쳤다.

이 「효경」은 한대(漢代)에 통용된 예서체(隸書體)로 씌어져 있어 「금문효경(今文孝經)」이라 부른다.

위의 두 가지를 놓고 「고문효경」을 진본(眞本)으로 간주하였으나, 그후 수차에 걸친 병란(兵亂)으로 망실(亡失)되는 바람에 아직 세상에 알려지기도 전에 그 모습을 감추었다.

그러므로 진본으로 알려진 이 「고문효경」도, 사실은 공안국이 그 서문에서 밝힌 바와같이 원본이라는 확증은 없으며, 원본은 이미 존재하지 않는 것으로 보는 것이 옳을 것이다.

「금문효경」은 정주본(鄭注本)이 엄존하고 있으며, 또 이것만이 세상에 널리 전파되었다.

그후 수(隋)나라 때에 이르러 왕소(王劭)가 우연히 「고문효경」을 찾아내어 유현(劉炫)에게 보냈다.

유현은 이에 해설을 붙여 제자들에게 가르쳤다. 조정에서는 이를 정주본(鄭注本)과 함께 학관(學官)에 채택하였으나, 이것 또한 위작일 것이라 하여 의문점을 남겼다.

당(唐)나라 현종(玄宗)은 학자들을 모아 「금문효경」과 왕소의 「고문효경」의 득실(得失) 시비를 논하였는데, 양론이 맞서, 결국 두 가지를 다 참작하여 722년에 「어주효경(御注孝經)」이라는 것을 엮어 출간하였다.

743년 5월에 현종은 다시 「효경」을 주석하여 널리 반포하였으며, 745년 9월에 이것을 돌에 새겨 「석대효경(石臺孝經)」의 이름을 남기게 되었다.

이것들은 모두 「금문효경」을 주본(主本)으로 하였기 때문에 「금문효경」만이 세상에 퍼지고 「고문효경」은 거의 쓰이지 않았다.

그후 「고문효경」이 다시 세상에 나오게 된 것은 송(宋)나라 때 사마광(司馬光)이 「고문효경지해(古文孝經指解)」를 만들고, 범조우(范祖禹)가 「고문효경설(古文孝經說)」을 엮고, 주자(朱子)는 「고문효경」을 기초로 하여, 이 책에서 상세히 다룬대로 대폭 개편하여 「효경간(孝經刊)」 곧 「효경대의」를 저작하였는데, 이에 대하여 「고문효경」에 가장 가깝다는 견해를 갖는 사람이 많아져서 오늘에 이르렀다.

효경대의와 그 서문

앞서 언급한 바와같이 진시황 이전의 선진(先秦) 즉 춘추전국시대의 고문으로 씌어진 「고문효경」과 한대(漢代)에 통용된 예서체로 씌어진 「금문효경」의 두 가지가 남아 있다.

이 「고문효경」은 전한(前漢)의 경제(景帝) 때 노(魯)나라의 공왕(恭王)이 공자의 옛집을 부수었을 적에 벽 속에서 진시황의 분서의 화를 면한 과두문자로 된 책들이 발견되어 무제(武帝)때 공자의 후손 공안국이 이를 해독(解讀)하였다 하는데, 이 속에 「고문효경」이 끼어 있었다.
 그런데 「고문효경」과 「금문효경」에 있어서는 별로 많은 차이가 없는 반면에, 「효경대의」와는 이견(異見)이 노출되고 있다.
 「효경대의」란 무엇인가? 「효경대의」의 제각기 다른 서문을 살펴 봄으로써 해제에 대신하고자 한다.
 1305년 11월 진사(進士) 무이웅화(武夷熊禾)의 「효경대의」서문에 이러한 구절이 있다.

 '아아! 사람의 자식으로서는 잠시라도 효도를 잊어버리지 말아야 할 것이니, 이 글은 실로 위로는 천자로부터 아래로는 서인(庶人)에 이르기까지 하루도 잊어서는 안 되는 것이다. 그러나 장구(章句)는 분명하나, 글의 뜻이 오히려 부족한 데가 있으니, 돌이켜보건대, 이것은 또한 어찌 한 가지 커다란 잘못이 아니겠는가?
 일찍이 뜻이 있어 여러 사람들의 주(注)를 모아 본문을 밝히게 했으나 이를 이루지 못하였던차, 어느 날 내 친구 호정방(胡庭芳)이 자기의 높은 제자 동진경(董眞卿)을 이끌고 함께 운곡산중(雲谷山中)으로 나를 찾아왔다.
 이때 보니 그는 「효경대의」란 책 한 권을 가지고 있었다. 내 이를 읽어보니 호정방의 아버지 심산(深山) 선생과 동계형(董季亨)이 편집하여 놓은 것이었다.'

 여기에서 「효경대의」가 나오는데, 그에 앞서 이 서문에는 이런 말이 나온다.

 '공자의 제자 중에서 오직 증자만이 그 정통을 이어받았다 하겠다. 이 증자가 지은 책이 두 가지가 있으니, 하나는 「대학(大學)」이요, 또 하나는 「효경」으로서 경(經)과 전(傳)과 장구가 서로 비슷한 바 있다.
 학문은 「대학」으로 근본을 삼고 행동은 「효경」으로 제일을 삼는 것은, 위로는 천자로부터 아래로는 서인에 이르기까지 마찬가지이다.

「서경」의 요전(堯典) 한 편은 「대학」과 「효경」의 원전이 되는 것이니 높은 덕을 밝힘으로부터 시작하여 구족(九族)이 친목하는 데 이르고, 더욱 나아가서 백성을 밝게 하고 만방을 모두 화합하게 한다는 것은 「대학」의 서문이다.

그러나 효도가 올바른 도(道)가 된다는 것은 이미 구족이 친목하여진다는 말 속에 갖추어져 있으니, 그것은 무엇을 말하는가? 그것은 그 근본이 하나인 때문이다.

여기에서 순(舜)임금은 극진한 효도로 오전(五典 ;「서경」에 나오는, 사람이 지켜야 할 다섯 가지 인륜, 즉 아버지의 의리, 어머니의 사랑, 형의 우애, 아우의 공경, 아들의 효도)을 편찬하고, 우(禹)임금은 그 효도를 이루어 사람이 지켜야 할 불변의 도를 펴기에 이르렀다. 이윤(伊尹 ; 은나라 재상)은 성탕(成湯 ; 은나라를 세운 임금)의 덕을 서술하였으니, 그 하나는 사랑하는 마음을 세워 오직 부모를 제일 소중히 여긴다 하였고, 다음으로는 조상을 은혜와 효도로 받든다 하였으니, 사람의 기강을 닦는 것 가운데 그 무엇이 이보다 더 크리오.

문왕(文王)·무왕(武王)·주공(周公)이 이를 본받아 행한 그 사실이 「예기(禮記)」에 갖추어 실려 있으니, 위로는 종묘에 제사 지내는 것과, 아래로는 자손을 보존하는 것이 모두 효로서 이보다 더 큰 것이 없다.

이로써 교화의 성함이 심지어는 온 천하 사람으로 하여금 사람마다 제 부모를 부모로 여기며, 제 어른을 어른으로 여겨서 터럭 하나나 비늘 하나를 가진 미물이나, 싹 하나 마디 하나를 가진 초목까지라도 모두 제 자리를 얻게 하였으니, 생각하면 아아! 이제(二帝)와 삼왕(三王)의 가르침이 가위 크도다.

이 「효경」 한 권은 곧 그들이 남긴 가르침을 기록한 책이다. 그러나 세상이 춘추시대로 들어오자 국가의 기강이 해이하여지기 시작하니, 공자가 이를 걱정하여 세 번이나 거듭 옛날에 밝은 임금은 효도로 천하를 다스렸다고 말하며 생각하기를 깊이 하였고 바라기를 간절히 하였다.
　진실로 천자나 공경(公卿)으로 하여금 몸소 그 윗자리에서 실천하여 예악(禮樂)과 형정(刑政)의 모든 행동을 한결같이 효도로 근본을 삼게 한다면, 곧 이 도(道)는 진실로 천성의 자연함이요, 사람의 마음 속에 본래 있는 것이라, 이 행동을 한 번 실천하는 동안에 왕도(王道)가 어찌 쉽게 행하여지지 않으랴.
　그러나 아깝게도 이것을 한갓 부질없는 헛소리로 돌려보내고, 겨우 공자의 문인들이 기록한 글에서만 볼 수 있을 뿐이나, 글이 있는 동안에는 도는 행동으로 옮겨지는 것으로, 이는 비록 한때에 행하지 못한다 하더라도 오히려 오는 세상에는 행하여질 수 있는 것이다.
　이제 이 법을 가히 참고할 만한 것으로는 불과 한(漢)나라 「예문지(藝文志)」가 있을 뿐인데, 그 편의 목차를 보면 「안주고문(顏注古文 ; 고문효경)」 22장이니, 이것은 공벽(孔壁 ; 공자가 살던 옛 집의 벽)에 간직하여 둔 책이요, 「금문효경」 18장은 하간왕(河間王)이 얻은 안지본(顏芝本)이니, 이는 유향(劉向)이 교정한 것이다. 생각컨대 이는 모두 여러 선배들의 글을 모은 것으로, 모두 증자의 문인들이 기록한 옛글 그대로는 아니다.'

　무이웅화는 끝으로 이렇게 말하였다.

　'친구 호정방이 가지고 온 「효경대의」는 초학자를 위한 글이기 때문에 문장이 모두 명백하고 절실하니, 자세히 읽으면 뜻과 취지가 정밀하고 심오하며, 또한 얕은 학문과 좁은 견문으로는 능히 다 엿볼 수 없는 데가 있다. 이것을 내 족형(族兄)인 명중(明仲)이 경건한 마음으로 서숙(書塾)에 간포(刊布)하여 넓게 전하였으니, 이 어찌 한낱 배우는 자의 몸을 닦고 집을 다스리는 요점 뿐이겠는가.
　나라를 가지고 천하를 가진 자로서는 또한 어찌 이것을 외면

하고서 달리 백성을 감화시키고 풍속을 이룰 도리가 있겠는가.'

한편, 성화(成化) 22년 병오(丙午) 9월의 순안(淳安) 서관(徐貫)의 서문은 다음과 같다.

'주문공(朱文公)이 「효경」을 지을제 고문이 잘못되었다고 하여 새로이 경문 1장(章), 전문 14장, 도합 1,780자 중에서 123자를 삭제하였다.
……편차 생략……
이 「효경」 한 권은 공자와 증자가 전하여 주고받은 요지이다.
그러나 이 글은 진(秦)나라 때 병화(兵火)를 겪은 뒤로 잘못되고 없어진 데가 많았다.
그것을 송(宋)나라 대유(大儒) 주문공이 처음으로 옛 글을 따서 여기에 고정을 하고, 잘못된 곳을 고치고 간략하게 편찬한 뒤에 비로소 경(經)과 전(傳)의 계통이 서게 되었던 것이다.
이것을 동계형(董季亨)이 이어서 주석을 달고 보니 그 뜻이 더욱 분명하여져, 이것을 읽는 자가 진실로 그 말로 인하여 마음에 구하고, 마음이 같음으로써 집과 국가와 천하를 다스리는 데 미루어 나간다면 천하의 도가 모두 여기에 있는 것이다.
그러나 아깝게도 이 글은 간행된 것이 적어서 궁벽한 시골이나 먼 고을에 있는 사람들은 얻어 보지 못하고 있었다.
그러던 것이 내 요사이 우연히 진사 채개보(蔡介甫)의 집에서 이 글의 구본(舊本)을 얻어 드디어 간행시켜서 전하게 하여, 장차 사방에 있는 사람들로 하여금 집집마다 전하고 사람마다 외우게 하여 각각 그 부모를 사랑하는 마음이 일어나서, 어질고 효도하는 도리에 충실하게 하려 하니, 이렇게 함으로써 혹시 조금이라도 풍교(風敎)에 도움이 되면 다행이겠다.'

이상으로써 「효경」의 유래와 「고문효경」, 「금문효경」, 그리고 「효경대의」의 대강을 알 수 있을 것이다.

그런데 「효경대의」에서는 「고문효경」이나 「금문효경」에서의 제 1장, 제2장, 제3장, 제4장, 제5장, 제6장, **제7장**까지를 경문 1장으로 하고, 나머지는 전문으로 다루었다.

이상으로 「고문효경」과 「금문효경」과의 차이, 그리고 주자의 「효경대의」를 상세히 풀었다.

이 세 가지 본은 제각기 편차를 조금씩 달리하고 있으나 전체적으로 '효'의 근본개념에는 전혀 차이를 보이지 않고 있다.

독자 제현은 본서를 철저히 연구 탐독함으로써 우리 한민족에 유구히 흐르는 효사상의 재조명의 기회로 삼았으면 한다.

효경대의 발문

「효경」은 우리나라에서도 옛부터 간행하여 백성들의 교학 지침으로 삼았고, 조선왕조 제14대 임금 선조(宣祖)는 1589년에 「효경대의」의 언해본(諺解本)을 간행하게 했다. 이때 쓴 유성룡(柳成龍)의 발문을 여기에 소개하여 참고자료로 삼고자 한다.

'성인께서 육경(六經)을 지으사, 이것을 천하와 후세에 가르치셨으니, 거기에는 도덕과 성명(性命)의 말씀이 갖추어졌다. 그러나 그 중에서도 효도에 대하여서는 특별히 자세하였다.

그런데 따로 여기에 이 「효경」을 지은 것은 무슨 까닭인가?

그것은 대개 백 가지 행실이 효도가 아니면 서지 못하고, 만 가지 착한 일이 효도가 아니면 행하여지지 못하는 것이니, 이른바 이것이 하늘의 경(經)이요, 땅의 의리이며, 백성들의 떳떳한 바로서 천자로부터 서인에 이르기까지 진실로 하루라도 익히지 않으면 안 되는 것이다.

「수지(隋志)」에 말하기를,

"공자께서 이미 육경을 지으시나, 제목이 모두 같지 않고, 가르친 뜻이 차별이 있어, 혹 사도(斯道; 儒道)가 떠나고 흩어지지 않을까 두렵다. 그리하여 여기 「효경」을 지어서 육경의 뜻을 통합하여 그 지류는 비록 나뉘었으나, 근본은 원래 효도에서 싹터 나온 것이라는 것을 밝혔다."
하였다.

이 말에 보이듯이, 우리가 여기에 마음을 다한다면 육경의 도를 모두 여기에서 찾을 수 있을 것이다.

진(秦)나라 병화가 끝나자 남은 경서들이 간혹 들춰나와서 지금 글자 속에 유행되고 있으나 그 실상을 완전히 알기는 어려웠다.

그러던 것이 송나라 주자에 이르러서 비로소 잘못된 것을 정정하고, 또 경(經)과 전(傳)을 차서대로 편집하여 공자의 옛뜻을 회복시켰다.

또 계속하여 파양 동씨(鄱陽董氏)가 주석을 달아 그 뜻을 분명히 돌려 놓은 연후에, 한 경서로서의 조리가 뚜렷하여졌으니, 실로 성인의 공이 몹시 큰 것인즉, 이 책의 나타나고 감추어진 것은 실상 우연한 일이 아니라 하겠다.

우리 주상전하(선조를 가리킴)께서는 총명하시고 밝고 슬기로운 성인으로서 군사(君師)로서의 큰 책임을 맡아 백성들을 교화시키고 좋은 풍속을 이루시니 언제나 사람으로서 떳떳이 지켜야 할 도리에 대하여 소홀히 여긴 일이 없으시다.

어느 날 경연(經筵)에 거동하시어 유신(儒臣)들과 더불어 나라 다스리는 도를 의논하시다가, 「효경」 가르치는 것이 오랫동안 세상에 폐하여진 것을 탄식하시고, 또 주소(註疏)가 있고 없는 것을 물으시니, 좌우 신하들이 이 책이 있다고 대답하였다.

이에 책을 들여라 하여 한 번 보시더니 몹시 가상히 여기시고, 장차 이를 간행하여 널리 전하라 하셨다.

그리고 궁벽한 시골이나 어리석은 백성들이 그 뜻을 터득하지 못할까 걱정하여 이를 홍문관(弘文館)에 내리어서 모두 언문(諺文 ; 한글)으로 풀어서 사람들이 쉽게 알도록 하였다.

또 신(臣)에게 명하시어 책 끝에 대략 그 사유를 쓰라고 하셨다.

　신이 깊이 생각하건대, 요순(堯舜)의 도는 효도와 우애뿐이다. 구족을 친하게 하고, 백성들을 평화롭게 하고, 만방이 모두 화합하게 하고, 심지어 새나 짐승, 물고기까지도 다 즐거워하게 하는 것은 모두 효도에 근본하는 것이다.
　삼대(三代)의 성왕(聖王)들이 모두 사도(斯道)에 근원을 두어서 다스리고 감화시킨 높은 공적은 후세 사람들이 따르지 못할 바였다.
　이 도가 쇠하게 되자, 공자는 글은 없이 말만으로 제자들과 서로 주고받았는데, 그런 때문에 이 책 속에 실린 글을 보면, 말이 옛날에 미치면 반드시 선왕(先王)이라고 일컬었으니, 대개 그가 마음을 상한 것이 깊다 하겠다.
　이로부터는 걱정하는 말도 끊어지고, 대도(大道)가 무너져 인심이 흉흉하여진 지 이미 1천 5백여 년이 되었다.
　그후로도 역대로 비록 영특한 임금이 없었던 것은 아니나, 그 세도를 장악하는 것을 배척하고, 권리를 얻는 것을 주장하는 자가 모두 공리뿐이요 술수뿐이니, 누가 즐겨 이것을 생각하겠는가?
　이렇게 되었으니 나라 잘 다스려지는 것이 다시 회복되지 않고 화란이 서로 계속되는 것이 또한 괴상할 것이 없도다.
　이제 우리는 성상께서 홀로 조용히 깊이 생각하시고, 그 근원을 미루어 연구하시어 이에 성인의 경서를 높이 믿고 드러내시어 이미 이것으로써 몸소 행하여, 위에서 먼저 남의 모범이 되시고, 또 이로써 아래로 용렬한 백성들을 인도하셨으니, 요순삼대의 다스림을 회복함이 무엇이 이보다 더하리오.
　신은 또다시 감동하는 것이 있으니, 성인이 가신 지 오래이고, 그 말은 없어졌으며, 정서는 남은 것이 없고, 가르침은 해이하여져서 옛 도의 행함이 졸지에 나타나기를 바랄 수 없게 되었다. 그러나 한쪽으로 치우치지 않는 하늘에서 받은 덕과 진심과 또 타고난 천성은 비록 만고를 간대도 오히려 있는 것이라, 성경

(󰀀󰀀)에 써 있는 것은 곧 사람의 마음에 갖추어진 이치이니, 이것을 돌이켜 구한다면 어찌 얻지 못할 이치가 있으리오.

아아! 누가 부모가 없으며, 누가 사람의 자식 아닌 사람이 있으리오. 누가 먼저 부르는데 여기 화답하지 않으며, 누가 감동하는데 여기 응하지 않으리오.

그렇기 때문에 말하기를, 위에 좋아하는 자가 있으면 아래에 반드시 심한 자가 있다고 말하였으니, 이로써 신은 이 글이 간포되면 반드시 왕성하게 일어나고, 뛰는 듯이 따라서 성대하여 막을 수 없이 될 것이며, 집집마다 표창하게 될 아름다움을 가히 이룰 것인즉, 이것을 지극한 덕과 중요한 도라고 말한 것이 잘못이리오.

전하께서 여기에 수고롭게 노력하심이 마땅하다 할 것이다.
만력(萬曆) 17년 6월 하한(下澣)
춘추관사 신 유성룡(春秋館事 臣 柳成龍)은 임금의 명을 받들어 삼가 쓰노라.'

＊ 만력 17년은 선조 22년으로 서기 1589년임.

효　경(孝經)

개종명의 장(開宗明義章)

1

중니(仲尼)께서 어느 날 댁에 한가로이 계실 때, 시좌(侍坐)하고 있던 증자(曾子)에게 말씀하셨다.

"삼(參)아! 선왕(先王)께서는 지덕(至德)과 요도(要道)가 있어 이로써 천하를 순리로 다스리니 인민들은 화목하여 상하가 모두 원망이 없었느니라. 너는 이를 아느냐?"

原文 仲尼閒居하고 曾子侍坐라.
子曰이 參아, 先王이 有至德要道하야 以順天下하니, 民用和睦하야 上下亡怨하니라. 女知之乎아.

註 중니(仲尼) : 공자(孔子 ; B.C. 551~479년)의 자(字). 춘추시대(春秋時代 ; B.C. 770~403년)의 주(周)나라 영왕(靈王) 21년에 노(魯)나라 창평향(昌平鄉) 추읍(陬邑)에서 태어났다. 일설에는 B.C. 552년에 탄생하였다고 한다. 공(孔)은 성(姓)이고, 이름은 구(丘). 노나라의 이구산(尼丘山)에서 기도를 드리고 공자를 낳았는데, 공자의 머리가 이구산같이 가운데가 움푹 들어갔다 하여, 이름을 구(丘), 자(字)를 중니(仲尼)라고 지었다고 한다. 공자는 형이 한 분 있으므로, 백(伯)·중(仲)·숙(叔)·계(季)로 장유(長幼)의 차서를 칭하는 데 따라 중(仲)을 넣어 중니(仲尼)라 하였다고 한다. 공자는 처음에는 노나라에 봉직하였다. 뒤에는 10여 년간 유력(遊歷)하면서 제후를 설유(說諭)하였으나 받아들여지지 않자, 노나라로 돌아와 청소년들의 교육에 전념하였다. 당시 제자가 전국에 걸

처 3천 명에 이르고, 그 중 육예(六藝)에 통달한 자가 72인에 이르고 있었다. 한편 「시경(詩經)」・「서경(書經)」 등의 정리에 진력하고, 「춘추(春秋)」를 저술하는 등, 고전을 집대성하였다. 후세에 유학(儒學)의 비조(鼻祖)로 받들어졌으며, 현재 세계의 사성(四聖;공자・석가모니・예수・소크라테스)의 한 사람으로 추앙되고 있다. 그의 언행의 대부분은 「논어(論語)」・「공자가어(孔子家語)」에 실려 있다. 참고로 자(字)라는 것은 원복(元服;성인식) 때에 실명(實名) 이외에 붙여서 통칭하였던 이름이며, 호(號)는 본명이나 자, 또는 통칭 이외에 붙인 별명으로서, 아호와 같은 것이다. 또한 시호(諡號)는 죽은 뒤 그 덕을 기려서 붙여 주는 이름이다. 그밖에 노자다 공자다 맹자다 하는 '자'는 학덕이나 지위 등이 높은 분에게 붙이는 경칭이다. 이 「효경」은, 증자의 제자들이 지었으므로 공자에게는 그의 자 중니를 쓰고, 증자에게는 그 이름 삼(參)을 쓴 것은, 스승과 제자 사이의 의리를 따져서 한 것으로 보기도 한다. 증자(曾子):공자의 제자로서, 이름은 삼(參)이고, 자(字)는 자여(子輿). 부모에게 지극히 효도하였고, 「효경」의 저자라고도 전하여지고 있다. 특히 공자의 가르침을 전승하는데 가장 공이 컸던 사람 중의 하나로, 그 학문을 공자의 손자이며 「중용(中庸)」의 저자인 자사(子思;B.C. 492~431년)에게 전하였다. 학문의 근본을 삼는다는 「대학(大學)」과, 행동의 첫째로 삼는다는 「효경」이 그의 저작이라는 설이 있는데, 확실하진 않다. 한거(間居):집에 한가히 있음. 한(間)은 한(閑)과 동자(同字). 한(閑)은 한(間)의 본자(本字). 그러므로, '한거(間居・閑居・閒居)'로 읽는다. 거(居)는 자기 집에 '있음'을 말하며, 「금문효경」에는 '仲尼, 曾子坐'로 써어 있어, '공자가 자기 집에 증자와 같이 앉아 있었다'로만 되어 있다. 한(間)과 시(侍)가 빠져 있다. 시좌(侍坐):귀인의 옆에 앉아 있음. 윗분을 모시고 있음. 자왈(子曰):공자 가라사대. 공자가 말씀하시기를. 공자께서 말씀하셨다. '자(子)'는 공자를 높여 일컫는 말. 삼(參):증자(曾子)의 이름. 증삼(曾參). 스승인 공자가 제자를 부른 것으로, 「금문효경」에는 '子曰, 先王有至德要道'와 같이 '參'이 빠져 있다. 선왕(先王):전대(前代)의 제왕(帝王). 여기에서는, 중국에 있어서의 태고(太古)의 성인(聖人)인 이제 삼왕(二帝三王)을 말함. 이제는 요(堯)임금과 순(舜)임금이고, 삼왕은 하(夏)의 우왕(禹王), 은(殷)의 탕왕(湯王), 주(周)의 문왕(文王), 무왕(武王)을 말한다. 태고시대에는 성인이 아니면 제왕이 될 수 없었다. 지덕(至德):지극한 덕. 대덕(大德). 여기서는 군주의 효(孝)와 제(悌). 특히 효로써 인민을 교화하는 행위, 또는 인격. 그래서 효를 가리켜 지덕이라고 하는 설도 있다. 광지덕장(廣至德章)을 참조할 것. 요도(要道):중요한 도(道). 「효경」에서는, 효・제・예・악(孝悌禮樂)의 근본인 효도가 제일 요도(要道)라 하여, 지덕의 덕목인 효・제(孝悌)에, 예・악(禮樂)의 덕목을 요도에 넣고 있다. 광요도장(廣要道章)을 참조할 것. 이순천하(以順天下):천하를 순리로써 다스림. 도리에 어긋남이 없이 나라를 다스림. '순(順)'은 도리에 따름, 또는 자연의 질서에 따르는 것. **민용화목(民用和睦)** : 인민들은 이로써 화목하여의 뜻. 민(民)은 인민(人民), 백성(百姓), 서민(庶民)의 뜻. 용(用)은 이(以)와 같음. 따라서 '인민들은 지덕과 요도의 법도로써 화목하고'의 뜻이다. **상하무원(上下亡怨)** : 위·아래가 모두 원망이 없다. 상하는 윗사람과 아랫사람. 상위와 하위. 무(亡)는 무(無). 「금문효경」에는 상하무원(上下無怨)으로 되어 있다. **여지지호(女知之乎)** : 그대는 이것을 아는가? 여(女)는 여(汝), 호(乎)는 의문(疑問), 영탄(詠歎), 반어(反語), 호격(呼格)을 나타내는 어조사(語助辭).

[解説] 어느 날 공자께서 제자들과 한담하고 계실 때였다. 공자는 옆에 시좌하고 있는 증자를 보고, 삼(參)아, 하고 그의 이름을 부르며 말씀을 시작했다.

"옛날의 성왕(聖王)들이 정치를 하는 데는, 지덕과 요도 즉, 효제(孝悌)로써 천하를 순리대로 다스렸다. 백성들은 이 효도 사상으로써, 서로 다투는 일이 없이 화합하고 친목하여, 상하가 서로 상대를 원망한다든지 시기한다든지 하는 일이 없이 태평성대를 이루었느니라."

공자는 이어서 증자에게 '너는 이 이치를 아느냐?'라고 반문하여, 결론까지 급히 말하지는 않았다. 그것은 이 일이 워낙 중요하고도 큰 문제이기 때문에 성급히 말할 수 없기 때문이었다.

「효경」의 첫머리에 '선왕유지덕요도(先王有至德要道)'라는 말이 나온다는 것에 우리는 주목하여야 한다. 어쩌면 이 한 어구(語句)가 「효경」의 근본이념의 표출인지도 모르기 때문이다.

「효경대의(孝經大義)」의 전문(前文)에는 이렇게 써 있다.

'부모를 잘 섬기는 것을 효도라 한다. 사람의 행동에 효도보다 더 큰 것이 없으니, 요순(堯舜)은 큰 성인이지만, 요순의 도는 효(孝)와 제(悌), 즉 효도와 우애에 지나지 않는 것이다. 이 도는 우·탕·문·무·주공(禹·湯·文·武·周公)을 거쳐 공자에게 전하여졌으니, 이것은 한결같이 효(孝)와 제(悌)였다.'

또한 「효경대의」 서문에는 이렇게 써 있다.

'학문은 「대학」으로 근본을 삼고, 행동은 「효경」으로 제일을 삼는다. 이것은 위로는 천자에서부터 아래로는 서인에 이르기까지 마찬가지이다. 「서경」의 요전편(堯典篇)은 「대학」과 「효경」의 근본이 되는 것이다. 높은 덕을 밝히는 데서 시작하여, 구족(九族)이 친목하는 데 이르고, 더욱 나아가서 백성을 밝게 하고, 만방을 모두 화합하게 한다는 것은 「대학」의 서문이다. 그러나 효도가 올바른 도가 된다는 것은 이미 구족이 친목하는 속에 갖추어져 있는 것이다. 그렇다면 그것은 무엇인가? 그것은 그 근본이 하나인 때문이다.

여기에서는, 순(舜)은 극진히 효도한 것으로 오전(五典)에 기록되어 있고, 우(禹)는 효도를 가지고 사람이 지켜야 할 불변의 도라고 하였고, 이윤(伊尹)은 성탕(成湯 ; 湯王)의 덕을 서술하였으니, 그 하나는 사랑하는 마음을 세워, 오직 부모를 제일 소중히 여긴다 하였고, 다음으로는 조상 받들기를 은혜와 효도로 한다 하였으니, 사람의 기강을 닦는 것 가운데 그 무엇이 이보다 더 크리오.

문왕(文王)·무왕(武王)·주공(周公)이 이것을 본받아 행한 그 사실(史實)이 「예기(禮記)」에 갖추어 실려 있으니, 위로는 종묘에 제사 지내는 것과, 아래로는 자손을 보존하는 것이 모두 효도로서 이보다 더 큰 것이 없다. 이로써 공화(功化)의 성(盛)함이 심지어는 온 천하 사람으로 하여금 사람마다 제 부모를 부모로 여기며, 제 어른을 어른으로 여겨서 터럭 하나나 비늘 하나를 가진 미물이나, 싹 하나, 마디 하나를 가진 초목일지라도 모두 제자리를 얻게 하였으니, 생각하면 아아! 이제와 삼왕의 가르침이 가위 크도다. 이 「효경」 한 권은 곧 그들이 남긴 가르침을 기록한 책이다.'

이상으로써, 이제 삼왕의 선왕이 효제, 즉 효심(孝心)이 지극하여 이 요도로써 천하를 억압하지 않고 순리로 다스렸기 때문에 인민이 화목하고 상하가 원망없이 태평성대를 이루었다고 한 것이다.

도는 사람이 지켜야 할 바른길, 바른 행동이다. 그러므로 요도는 사람이 지켜야 할 중요한 행동으로 여기에서는 성왕이 몸소 실천한 효제 곧 효도를 가리킨다.

그러면 지덕은 무엇인가?

「논어」에 보면 공자는 요임금에게 최고의 찬사를 아끼지 않았다. 유가에서는 요임금이 만세에 걸친 군도(君道)의 상경(常經)을 세워 놓았다 하여, 그를 천자의 표준으로 받들어 왔다.

전설에 의하면 요임금의 덕은 하늘만큼이나 커서 그는 천하를 잘 다스려 태평성대를 만들어 놓고는, 천하를 가장 잘 다스리리라고 믿어지는 순임금에게 천자의 자리를 물려 주었다.

순임금은 요임금의 선양(禪讓)을 받아 천자가 되자 널리 인재를 등용하여 나라를 잘 다스림은 물론, 천자의 자리를 자기 자식에게 물려 주는 일을 하지 않았다. 그 인재들 중에서 가장 뛰어난 우왕(禹王)에게 역시 선양하였다.

또 우왕은 순임금의 선양으로 천자가 되자 악의악식(惡衣惡食)을 마다하지 않고 허술한 궁실에서 살며, 오직 나라 일에만 전력을 기울였다. 우왕은 곡식을 심어서 농사를 짓는데 성공하였고, 그의 자손은 후에 주(周)나라를 세워 천하의 종주(宗主)가 되었다.

덕의 근본은 자기 개인의 욕망을 억제하고 남을 위하여 일하는데 있다.

탕왕(湯王)은 하(夏)나라의 폭군(暴君) 걸왕(桀王)을 토멸(討滅)하고 상(商)나라를 일으켜 덕으로 나라를 다스리고, 주(周)나라 문왕(文王) 역시 덕치를 베풀고, 무왕(武王)은 은(殷)나라의 말왕(末王) 주(紂)의 포악함을 성토하고 결국 무력으로 혁명을 일으켜 천하를 차지하기에 이르렀다.

이상에서는 선왕들의 덕치를 말하고 있다. 그러면 덕이란 무엇인가? 도가 사람이 지켜야 할 바른 길, 도리라면, 유학(儒學)에서 말하는 덕은, 인간이 몸에 지니고 있는 기능을 말한다. 도가 인간의 행동을 말한다면 덕은 인간의 행위를 말한다.

덕이란 사람의 마음이 천리(天理)를 얻는 것이다. 즉 인(仁)·의(義)·예(禮)·지(智)·신(信)이 이것이다. 이 다섯 가지를 모두 덕이라고 부른다. 그런데 여기에서는 유독 덕의 지극한 것[至德]과 도의 중요한 것[要道]만 말하였다.

이것은 모두 사물의 당연한 이치로서 그 중의 중요한 것을 들면, 부자유친(父子有親), 군신유의(君臣有義), 부부유별(夫婦有別), 장유유서(長幼有序), 붕우유신(朋友有信)의 오륜(五倫)에 있어서의 어버이와 자식, 임금과 신하, 남편과 아내, 어른과 어린이, 벗 사이의 관계이다.

이것이 즉 인의예지신(仁義禮智信)의 성품들이다. 이 행위를 행동으로 옮기고 보면 도에 통달한 사람이 될 것이다.

도에 있어서도 마찬가지이다. 덕에서 말한 인의예지신을 모두 도라고도 볼 수 있다. 그러나 여기서 도의 중요한 것, 즉 요도만을 말한 것은, 도는 덕목이라는 행위를 행동으로 옮긴 것으로 도와 덕은 마찬가지이기 때문이다.

사람의 행실에 나타나는 것을 도라 하고 자기 마음에 스스로 터득하는 것을 덕이라 하는 것이므로, 덕의 지극한 것이 바로 도의 중요한 것이다. 그런데 여기에서 도의 가장 중요한 것 중에서도 그 첫째를 효(孝)라 하였기 때문에, 지덕이라는 것도 결국 효로 볼 수 있다.

이상에서 '선왕유지덕요도(先王有至德要道)'를 정리하여 보면, '선왕들께서는 하늘과 같은 큰 덕과 효심(孝心)을 가지고 천하를 순리로 다스렸다'는 뜻이다.

'이순천하(以順天下)'는, 천하를 순리로 다스린다는 것이다. 즉 덕치이다. 덕치는 법치(法治)와 상대되는 말이기도 하고, 억압정치의 반대이기도 하다. 다시 말하면 '지덕요도(至德要道)'를 가지고 나라를 다스리는 것이다.

결국은 효를 천자 자신이 솔선수범함으로써 백성이 저절로 따라오게 하였으므로, 백성들은 서로 화합 친목하고 상하간에 서로 상대를 원망하지 않고 계층간에 갈등도 없으며, 관리와 민간 사이에도 위화감이 없고 빈부간에도 마찰이 없었다.

「효경」의 광지덕장(廣至德章)에는 효도를 가르치면 '자기 부모뿐 아니라 세상의 남의 부모까지도 모두 자기 부모같이 공경할 것이고, 형제간에 우애함을 가르치면 남의 형과 남의 동생까지도 두루 우애하게 될 것이며, 지도자를 섬기는 것을 가르치면 다른 나라의 임금된 자까지를 공경하게 된다. 군자가 덕이 있으면, 백성들이 사랑하기를 부모와 같이 한다. 이는 지덕으로 사람을 가르쳐서 천하 사람들의 마음을 순(順)하게 하기 때문에 그 효험이 이같이 큰 것이다'라고 말하였다.

위의 광지덕장에서 공자는 이미 백성들에게는 효제로 교화하여야 한다고 말하고 나서, 광요도장(廣要道章)에서는, 또 한번 효와 제를 말하고, 아울러 예(禮, 예법)와 악(樂;풍류)에 대한 것까지도 말하였다.

즉, 효라는 것은 제 부모를 사랑하는 것이다. 그러므로 백성들에게 서로 친하고, 서로 사랑하도록 가르치는 데는 이 효도만한 것이 없다. 제라는 것은 어른을 공경하는 것이다. 그러므로 백성들에게 예의바르고 순하게 되라고 가르치는 데는 제만한 것이 없다.

화락할 수 있는 것이 즉 악(樂)으로서, 사람의 마음을 고무시키고 움직이는 힘이 있다. 그러므로 풍속을 순화하자면 악(樂)이 제일이다.

인간 사회의 질서를 유지시키는 것이 예(禮)이다. 예에는 상하와 존비의 구별이 있어, 위로는 임금을 편안하게 하고, 아래로 백성을 편안하게 하려면 이 예를 가져야 한다.

이 네 가지, 즉 효제예악(孝悌禮樂)의 근본은 결국 한 가지이다. 효도가 제일 요도이다, 라고 공자는 말하였다.

이 장(章)의 이름은 개종명의(開宗明義)이다. 말하자면, 「효경」의 총론에 해당한다.

그 중에서도 이상의, '선왕께서는 지덕과 요도가 있어, 이로써 천하를 순리로써 다스리니, 인민들은 화목하여 상하가 모두 원망이 없느니라'라는 공자의 말씀은 총론 중의 총론이라 할 수 있다. 바꿔 말하면 효(孝)의 종지(宗旨)이다.

2

증자가 피석(避席)하여 말하였다.

"삼(參)이 불민하와 어찌 그런 것을 알 수 있겠습니까?"

공자께서 이어 말씀하셨다.

"무릇 효(孝)는 덕(德)의 근본이요, 교(敎)의 발생(發生) 이유이니라.

原文 曾子避席曰, 參, 不敏하와 何足以知之乎리까. 子曰, 夫孝는 德之本也요 敎之所繇生也라.

註 피석(避席):스승이 물어오면 앉았다가도 벌떡 일어나 한 발자국 물러서서 대답하는 것이, 스승에 대한 제자의 예의로 되어 있었다. 피석(避席)을 피석(辟席)이라고도 쓴다. 삼불민(參不敏):'삼(參)이 불민하와.' 제자는 스승 앞에서 스스로 자기 이름을 칭하는 것이 예의이다. 불민(不敏)은, 증자가 자기를 낮추어, 어리석고 둔하다는 뜻으로 썼다. '제가 우둔(愚鈍)하와'라는 뜻. 하족이지지호(何足以知之乎):족이지(足以知)는 알 수 있다. 제가 어찌 그러한 깊은 뜻을 알 수 있겠습니까? 부효덕지본야(夫孝德之本也):'무릇 효는 덕의 근본이다.' 부(夫)는 별로 뜻이 없고, 새로운 말을 시작할 때 '저…'하고 말을 꺼내는 발어사. '효덕지본(孝德之本)'이라는 말에서 '덕본(德本)'은 '효(孝)'와 같은 뜻으로도 쓰인다. '효도는 도덕의 근본이다'의 뜻. 교지소요생야(敎之所繇生也):교(敎)는 가르침, 또는 학문. 교학(敎學) 즉, 교육과 학문. 소요(所繇)는 소유(所由). 요(繇)는 유(由) 즉, 까닭, 이유이다. '효는 교육과 학문이 생겨난 이유이다', '교학은 효 때문에 생겨났다', '효는 교학의 근원이다'라는 뜻. 「금문효경」에는 '교지소유생야(敎之所由生也)'로 되어 있다.

解說 공자가 성왕들이 지덕과 요도로써 덕치를 하였기 때문에 태평성대를 이루었다는 말을 하고, 증자에게 그 지극한 덕과 중요

한 도가 무엇인지를 아느냐고 물었다.
 이것은 매우 중요한 일이다. 그래서 증자는 일어서서 한 발 뒤로 물러나 사양하고 나서, '저 같은 어리석은 자가 어찌 그와 같은 성인의 도를 알 수 있겠습니까? 아무쪼록 밝히 가르쳐 주시옵소서' 하고 간청하기에 이르렀다.
 이윽고 공자는 '무릇 효는 덕의 근본이며, 또한 교육과 학문도 이 효에서 시작되는 것이니라'라고 말을 이었다.
 여기에 이르러 공자는 비로소 효라는 말을 꺼냈다. 이 효도야말로 앞에서 말한 지덕과 요도인 것이다.
 즉, 선왕으로 하여금 천하를 잘 다스리게 한 지극한 덕도 이 효도이고, 선왕으로 하여금 천하를 태평성대로 만든 중요한 도도 이 효도인 것이다.
 효도가 아니었던들 요순시절(堯舜時節)의 덕치가 없었을 것이고, 효도가 아니었던들 요순의 태평성대는 이루어지지 않았을 것이다. 그러니 이 효야말로 모든 덕목의 근본이다. 효야말로 가장 크고 지극한 덕 중의 덕이다.
 그러면 덕은 무엇인가? 인(仁)·의(義)·예(禮)·지(智)·신(信)을 모두 덕이라고 하며, 그 중에서도 인(仁)이 근본이 되는 마음의 온전한 덕이다. 인(仁)은 유교에서 말하는 최고 최상의 덕이다. 즉, 자기를 완성하고 사람들을 지도하는 인도(人道)의 근본이며 인간의 본성이다. 그래서 흔히 인은 도덕의 총칭으로도 쓰인다.
 의(義)는 무엇인가? 일반적으로는 예의 바른 훌륭한 태도를 말하나 유학(儒學)에서는 사람으로서 당연히 해야 할 바른 길을 뜻하며, 정의(正義)와도 같다. 오상(五常;인·의·예·지·신)의 하나이다.
 또한 군신(君臣) 사이의 바른 도덕을 말하며, 오륜(五倫;부자유친·군신유의·부부유별·장유유서·붕우유신)의 하나이다.
 예(禮)는 거짓이 없는 진심이 밖으로 나타난 모습으로서 오상(五常)의 하나이다.

지(智)는 사물을 이해하고 선악을 판단하는 능력을 말하며, 천하의 어디서나 존중받는 삼달덕(三達德) 또는 삼덕(三德), 즉 지(智)·인(仁)·용(勇)의 하나이다.

신(信)은 진실, 성실로서 거짓이 없음을 말하며, 오상의 하나이다.

덕의 근본인 인(仁)은 사랑하는 것이 주장이고 사랑이란, 부모를 사랑하는 것보다 더 큰 것이 없다. 그러므로 효도가 덕의 지극한 것이 된다고 하였다.

부자, 군신, 부부, 형제, 붕우 간의 덕목은 이 다섯 가지를 비록 모두 도라고 하기는 하지만, 친히 낳아 슬하에서 기르는 일이 행동의 첫째이기 때문에, 자식이 어버이에게 효도하는 것만이 유독 도의 가장 중요한 것이 되는 것이다.

근본이란 뿌리와 같다.

어진 것을 행하는 것은 반드시 효도로부터 시작되니, 군자가 가까운 사람을 친히 여겨서 백성들에게 어질게 하고, 백성들에게 어질게 함으로써 근본이 확고하게 서면, 모든 깊은 덕이 그곳에서 생기며 스스로 이루어지는 것이다.

성인은 이 다섯 가지 떳떳한 도, 즉 오상을 교육 목표로 삼았다. 그러므로 효를 덕의 근본으로 삼아서 '부자유친(부자간에는, 어버이는 아들을 사랑하고, 아들은 어버이에게 효도를 다한다는 친애의 도)'이라는 근본되는 도를 세웠다.

이것을 군신 관계에 옮겨서 '군신유의(임금과 신하 사이는 의로써 첫째를 삼음)'라는 도덕관을 정립하고, 다시 가정으로 옮겨서 '부부유별(부부사이에는 원래 하여야 할 일에 구별이 있으므로, 그 직분을 서로 침범하지 않도록 서로 지키면서 서로 화락함)'을 준수하고, 이것을 사회생활에 옮기어서 '장유유서(연장자와 연소자 사이에는 지켜야 할 순서가 있음)'로 효도사상을 확대시키고, 동문 또는 동지 사이는 '붕우유신(친구간에는 서로 진실과 믿음이 있어야 함)'이라는 덕목을 실천함으로써, 천하의 큰 일에 대하여서나 한가지 물건도 내 어진(仁)마음 속에 있지 않은 것이 없게 되고, 한가지 일도 마음 속에서 우러나오지 않는 것이 없다.

그러므로 모든 교(敎), 즉 교육(가르침과 배움, 또는 학문교육의 자료)이 여기에서 생기는 것이라고 말했다.

3

다시 앉으라. 내 너에게 이야기하리라.

신체발부(身體髮膚)는 부모에게서 받은 것이니, 감히 이것을 훼상(毁傷)하지 않음이 효의 시작이며, 입신(立身)하여 도를 행하고 이름을 후세에 날려, 이로써 부모를 빛나게 함이 효의 완성이니라. 무릇 효란 어버이를 섬기는 데에서 시작하여, 다음으로 임금을 섬기고, 끝으로 입신하는 것이니라.

대아(大雅)에 이르기를 '너의 조상 생각을 하지 않을 수 없을 것이니, 그 덕을 수득(修得)하여야 한다'고 하였느니라."

原文 復坐하라 吾語女하리라.
身體髮膚는 受之父母라, 不敢毁傷이 孝之始也요, 立身行道하고 揚名於後世하야 以顯父母는 孝之終也니라.
夫孝는 始於事親이요 中於事君이요 終於立身이니라.
大雅云, 亡念爾祖聿修其德이라 하니라.

註 복좌(復坐) : 이제 다시 제자리에 앉으라는 말. 복(復)은 돌아오다. 오어여(吾語女) : 여(女)는 여(汝). 오(吾)는 나. 내 너에게 이야기하겠다

의 뜻. **신체발부**(身體髮膚) : 신체(身體)는 몸, 발(髮)은 머리, 머리털. 부(膚)는 피부, 살갗. 그러므로 신체발부는 몸 전체, 몸. **수지부모**(受之父母) : 이[之]를 부모로부터 받았다는 뜻. **불감훼상**(不敢毁傷) : 감히 훼상하지 않음. 불감(不敢)은 굳이, 일부러, 조금도. 훼상은 아프거나 다치거나 하는 것. 조금도 아프거나 다치지 않음. **효지시야**(孝之始也) : 효도의 시작이다. **입신행도양명어후세**(立身行道揚名於後世) : 입신(立身)은 훌륭한 사람이 되는 것. 출세하는 것. 행도(行道)는 도를 행함. 즉, 사람으로서 할일을 하다. 양명(揚名)은 명성을 떨침. 입신양명(立身揚名)은 출세하여 명성을 높임. 훌륭한 사람이 되어 바른 일을 함으로써 후세에 이름을 떨침. **이현부모**(以顯父母) : 이로써 부모를 빛나게 함. 부모가 유명하게 됨. **효지종야**(孝之終也) : 효도의 끝마무리이다. 효의 최종 목표이다. 효도의 완성이다. **부효시어사친**(夫孝始於事親) : 부(夫)는 '대저, 무릇' 등의 발어사. 또는 '저, 그' 등의 지시사(指示辭). 사친(事親)은 어버이를 섬김. '그 효도라는 것은 어버이를 섬기는 데서부터 시작한다.' **중어사군**(中於事君) : 중(中)은 시(始)와 종(終) 사이. 중간. 시작하고 나서는. 그 다음. 사군(事君)은 임금을 섬김. '그 다음에는 임금을 섬기다.' **종어입신**(終於立身) : 입신(立身)으로 끝을 맺다. 결국 효는 입신이 최종목표이다. **대아운**(大雅云) : 대아(大雅)는 「시경」의 편명(篇名). 운(云)은 저서나 어느 말을 인용할 때 '……에 이르기를'의 뜻을 가진 말로써 쓰임. **무념이조율수기덕**(亡念爾祖聿修其德) : 무념(亡念)은 생각지 않음. 이(爾)는 너. 이여(爾汝). 조(祖)는 조상(祖上). 율수(聿修)는 조상의 덕을 수득(修得)함. 일설에는 율(聿)은 발어사로, 의미가 없으므로 단순히 수득한다, 터득한다의 뜻으로 보기도 함. 기덕(其德)은 그 덕. 조상의 덕. 궐덕(厥德)으로 쓰인 곳도 있다. '너의 조상의 생각을 잊을 수 없을 것이니, 그 덕을 터득하여야 한다고 하였느니라'의 뜻.

解説 공자는 '효도는 모든 도덕의 근본이요, 또한 교육의 근원이다'라고, 비로소 효라는 말을 끌어내어 그 개념과 큰 뜻을 말하였다. 그러나 효도의 뜻이란 몹시 커서, 그것을 설명하자면 또한 한이 없다.

이것을 서서 다 들을 수는 없기 때문에, 공자는 증자더러 다시 앉게 하고 자세히 설명한 것이다.

공자는 효도의 시작을 자기 몸을 건전하게 보존, 유지하는 데 두었다. 몸이 건강하여야 비로소 덕을 행하게 된다.

덕의 근본은 효이다. 그러므로 몸이 건강하여야 효도를 할 수 있다. 덕은 정신생활이다.

덕은 행위이고, 그 덕의 행동은 효도이다.
몸이 건강하여야 정신이 건전하다. 또 정신이 건전하여야 몸도 건전하다. 즉, 효도를 함으로써 몸도 건전하다.
신체발부는 부모로부터 이어받은 것이다. 광의(廣義)로 본다면, 조상으로부터 면면히 이어받은 소중한 육체이다. 머리 끝에서 발끝까지 심지어 머리카락 하나까지도 부모로부터, 또 조상으로부터 이어받은 것이다. 부모로부터 이어받은 이 몸이 건강하여야, 따라서 정신도 건전하여 효도를 할 수 있다.
몸을 훼상하면 효도를 할 수 없다. 몸을 훼상하면 정신도 훼상한다. 그래서 신체발부를 훼상하여서는 안 된다는 말은, 몸과 마음을 건전하게 지켜야 한다는 말이다. 부모가 온전히 하여 낳아주었으니, 나도 마땅히 온전히 지켜 돌려보내야 한다. 그런 까닭에 사람의 자식된 자는 제 몸과 정신을 소중히 지켜 나가는 것이 효도의 시작인 것이다.
다음으로 입신양명함으로써 제 몸이 후세에까지 빛나게 되고, 부모까지 명성이 높아진다. 이것이 효도의 최고 목표이다.
사회에 나아가서 일정한 자리를 차지하고, 자기의 지위를 확고하게 세워 출세하여 세상에 이름을 드날림으로써 후세에까지 자기뿐만 아니라 부모, 나아가서는 조상까지도 유명하여진다. 이것이 효의 완성이다.
신체를 훼상하지 않고, 그 도를 행하여 입신양명함으로써 부모를 빛나게 하는 것이 효이다. 바꿔 말하면, 효도라는 것은 제 부모를 섬기는 데서 시작하여, 다음으로 그 마음을 가지고 임금을 섬기면 충신이 되는 것이요, 이 충성과 효도를 둘 다 잘 행한다면, 마침내는 입신하여 온전한 사람이 되는 것이다.
대체 효도란 오상의 근본이요, 모든 행동의 근원이 된다. 그러므로 효도하고서 어질지[仁] 않은 사람이 없고, 효도하고서 의롭지[義] 않은 사람이 없으며, 효도하고서 예의[禮]가 없는 사람이 없으며, 효도하고서 지혜[智]가 없는 사람이 없으며, 효도하고서 신용[信]이 없는 사람이 있을 수 없다.

이 마음을 가지고 임금을 섬긴다면 충성이 될 것이요, 이 마음으로 형을 섬기면 우애가 될 것이요, 이 마음으로 백성을 다스린다면 사랑이 될 것이요, 어린이들을 돌본다면 인자함이 될 것이다.

그러므로 한 가지 효도하는 마음이 서게 되면 만 가지 착한 마음이 여기에 따라 저절로 생겨서, 처음에는 제 몸을 보전하는 길이 되고, 다음으로는 제 몸을 세우는 길이 된다.

또 감히 상하게 하지 못한다는 것은, 비단 제 몸을 상하게 하지 못할 뿐만 아니라, 반드시 그 행동까지도 잘못하지 않은 뒤에라야 비로소 제 몸을 세웠다고 말할 수 있기 때문에, 이것을 효도의 완성이라고 말할 수 있다.

증자는 어느 때 죽을 순간이 되었음을 알아차리고 제자들을 불러 모았다. 그런 다음 자기의 손과 발을 펴게 하여 부모에게 받은 몸을 상하지 않고 무사히 보존하여 온 것을 보여 주고, 그렇게 하기 위하여 극도의 조심을 하고 살아온 것을 회고했다. 이제는 죽음의 순간이 다가와 그러한 조심을 하지 않아도 좋게 되었음을 증자는 이렇게 말하였다.

"내 발을 펴고 내 손을 펴라. 시(詩)에 '두려워하고 조심함이 깊은 물가에 서 있는 것과도 같고 엷은 얼음을 밟고 있는 것과도 같다'라고 하였느니라."

증자는 '신체발부는 부모에게서 받았으니 이를 훼상하지 않음이 효의 시작'이라는 것을 실천하였고, 또 실천하기 위하여 대단히 애썼다.

정의(正義)를 위하여 목숨을 버리는 것은 차원이 높은 효이므로, 이 두 가지 요건은 효를 실천하는 데 있어 서로 모순되지 않는다는 것이 종래 유가들의 해석이다.

군주국가에서는 주권이 군주에 있다. 그 군주는 천자, 황제, 임금 등으로 호칭되며, 군주를 섬기는 것을 충이라 한다. 그러나 현재 우리나라와 같은 민주국가에서는 주권이 국민에게 있다. 그러므로 충성도 국민이나 국가를 위하여 정성을 다하는 것이 되고, 군신유의도 국가와 인민간의 도리로 해석하면 된다.

천자장(天子章)

공자께서 말씀하셨다.

"어버이를 사랑하는 자는 감히 남을 미워하지 못하고, 어버이를 공경하는 자는 감히 남을 업신여기지 못하나니, 사랑과 공경을 다하여 제 어버이를 섬기면 덕교(德敎)가 온 백성에게까지 미쳐서 사해에 모범이 되니, 이것이 본시 천자(天子)의 효이니라. 여형(呂刑)에 이르기를, '일인(一人)이 선도(善道)를 행하면 조민(兆民)이 이를 신뢰하게 되는 것'이라고 하였느니라."

原文 子曰, 愛親者는 不敢惡於人하고, 敬親者는 不敢慢於人하나니, 愛敬을 盡於事親하면 而德敎加於百姓하야 刑於四海라, 蓋天子之孝也니라. 呂刑云, 一人有慶이면 兆民賴之라 하니라.

註 애친자(愛親者) : 어버이를 사랑하는 사람. 여기에서는 천자를 가리킴. 불감오어인(不敢惡於人) : 감히 (굳이) 남을 미워하지 못함. 오(惡)는 미워함. 인(人)은 여기서는 타인(他人), 남. 경친자(敬親者) : 어버이를 공경하는 자. 여기서도 천자를 가리킴. 불감만어인(不敢慢於人) : 만(慢)은 업신여김. 모만(侮慢). 인(人)은 여기서도 타인. 감히 남을 업신여기지 못함. 애경진어사친(愛敬盡於事親) : 애경(愛敬)은 사랑하고 공경함. 사친(事親)은 어버이를 섬김. 양친에게 사랑과 공경을 다하여 섬기다. 이덕교가어백성(而德敎加於百姓) : 덕교(德敎)는 도덕의 가르침. 도덕의 가르침이 백성들에게까지 미침. 형어사해(刑於四海) : 형(刑)은 모범. 사해

(四海)는 천하(天下). 천하에 모범이 됨. 개천자지효야(蓋天子之孝也) : 개(蓋)는 뜻을 강조하는 발어사로서, 무릇, 도대체, 본시, 대저. 무릇, 천자의 효도이다. 여형운(呂刑云) : 여형(呂刑)에 이르기를. 여형(呂刑)은 「서경」에 수록된 편명. 보형(甫刑)이라고도 함. 「서경」은 「상서(尙書)」라고도 불렸으며 요순시대로부터 주(周)나라까지의 정사(政事)에 관한 문서를 공자가 수집하여 편찬한 책. 일인유경 조민뢰지(一人有慶 兆民賴之) : 일인(一人)은, 뒤에 조민(兆民)이라는 말이 나오므로 천자. 경(慶)은 선도(善道). 도덕에 맞는 바른길. 조민은 많은 인민. 만민(萬民). 뇌지(賴之)는 이를 신뢰(信賴)함. 천자가 도덕에 맞는 바른 길을 행하면, 만민이 이 천자를 신뢰한다.

[解說] 효경에서는 제 1 장 '개종명의(開宗明義)'에서 효의 총체적인 뜻을 말하고, 이어서 제 2 장에서는 '천자(天子)'의 효, 제 3 장에서는 '제후(諸侯)'의 효, 제 4 장에서는 '경대부(卿大夫)'의 효, 제 5 장에서는 '사(士)'의 효, 제 6 장에서는 '서인(庶人)'의 효, 제 7 장에서는 '효평(孝平)'이라는 제목으로 결론을 삼고 있다.

당(唐)나라 현종(玄宗)은, '다섯 가지 효도하는 방법은 각각 다르나, 백 가지 행실의 근원이라는 데에는 다름이 없다. 천자로부터 아래로 제후·경대부·사·서인들이 층을 이루어 국가사회를 이루고 있으니, 이것이 다섯 가지 등급이다. 공자는 이 다섯 가지 효도의 법을 들어, 그 지극한 도리를 갖추어 말했다. 즉 천자는 사해를 다스리고, 제후는 사직을 보전하고, 경대부는 종묘를 지키고, 사족(士族)은 제사를 지키고, 서인은 그 부모를 봉양하게 되는 것이다'라고 말했다.

효평장에서는 효에 대한 소위 인과응보를 설명하였다.

이 천자장은 효의 다섯 가지 중 첫번째에 해당하는 바, 공자는 천자의 효도에 대하여 이렇게 말씀하셨다.

"진심으로 자기 부모를 사랑하는 천자는, 다른 모든 사람의 부모도 똑같이 사랑하기 때문에 모든 사람을 미워하지 못하고, 진정으로 자기 부모를 공경하는 천자는, 다른 모든 사람의 부모도 똑같이 공경하기 때문에 모든 사람을 업신여기지 못한다. 그러므로 천자 스스로가 사랑과 공경을 극진히 하여 자기 부모를 섬긴다면, 그 훌륭한 도덕의 가르침이 온 백성들에게까지 미치고, 그 행실이 온 천하에 모범이 될 것이다. 무릇 이것이 천자의 효도이다. 「서경」의 여형편에, '천자 한 사람이 도덕에 맞는 바른 길을 행하면, 나라의 모든 백성이 천자를 신뢰하게 될 것'이라고 하였다."

공자는 이미 효도라는 것은 덕의 근본이요, 모든 학문과 교육이 여기에서 비롯됨을 갈파하고 여기에서는 천자의 효도를 말하였다. 덕교(德敎)는 천자에게서 시작된다. 그러므로 천자가 효도를 솔선수범하여야 하는 것이다.

천자는 천하의 대표이다. 윗사람이 행하면 아랫사람이 이를 본받게 된다. 임금이 덕을 베풀면 백성들도 이를 따라 덕을 지키게 마련이다.

천자가 자기 부모를 공손히 섬기면 아랫사람들도 자기 부모를 지극히 섬기지 않을 수 없다. 하물며 어린 아이들까지도 제 부모를 극진히 모시고 사랑과 공경을 다하고, 자라서는 그 형을 공경할 줄 알게 된다.

제 부모를 사랑하고 제 형을 공경한다는 것은 사람의 근본 마음과 하늘의 이치이므로, 이것은 곧 천성이다. 이에 천자도 또한 본래부터 있는 바를 순종하여 올바르게 인도하였을 뿐이다.

이른바 선왕이 지덕과 요도가 있어 백성들로 하여금 화목하고 상하가 원망이 없게 하였다는 것이 이와 같다.

「논어」에 보면, 공자의 제자 유자(有子)는 이런 말을 하였다. "사람됨이 효성이 지극하고 우애스러우면서 윗사람을 거역하기 좋아하는 사람은 드물다. 윗사람을 거역하면서 난동을 좋아하는 사람은 아직까지 본 바가 없다. 군자는 기본되는 일에 힘쓰거니와, 기본이 서야 도가 생겨난다. 효성과 우애라는 것은 인(仁)을 실천하는 기본이다."

이것은 도(道)의 본뜻은 길이지만, 방법·원리·이치 등의 뜻으로 확대되어 쓰였다는 것을 뜻한다. 즉, 도를 어떻게 실천할 것인가 하는 방법, 또는 도를 우리 생활에 어떻게 활용할 것인가

하는 방법으로 이해된다.

　인(仁)은 공자의 윤리관에서 최고의 이념으로, 사람답게 사는 데 요구되는 온순·친절·선량·자애 등 모든 덕성의 결정으로서 제시된 말이다.

　요약하면 인(仁)은 유교에서 말하는 최고의 덕이며, 자기를 완성하고 남을 지도하는 인도(人道)의 근본, 즉 인간의 본성이다. 그래서 모든 도덕을 통틀어 인(仁)이라 한다.

　공자는 이 천자장에서 그 나라의 최고 지도자는 인(仁)으로 다스려야 한다고 말한 것으로도 해석할 수 있다.

　이것은 지금으로부터 2천 5백 년전의 봉건제도하의 통치철학이다. 봉건제도란 천자가 직할령 이외의 토지를 나누어 주어 제후를 임명하고, 그곳을 다스리게 하였던 제도를 말한다.

　지금 우리나라는 봉건제도가 아닌 민주제도에서 살고 있다. 또한 공자가 말한 시대는, 경제가 오늘날과 같이 분화 발달하지 못하고, 인민 개개인이 자급자족을 원칙으로 하고 최소한의 물물교환 형태로 살아갔다.

　그렇다고는 하나 이 장에서 공자가 밝힌 천자의 정치이념은 2천 5백 년 후인 지금의 최고 지도자들에게도 그 근본이념은 적중하고 있지 않을까?

　현재 비도덕적인 최고 지도자들로 인해 세계 인류가 얼마나 화를 당하고 있으며, 비도덕적인 정치인으로 인해 얼마나 많은 사람이 고통을 받고 있으며, 얼마나 많은 국가가 빈곤에 허덕이고 있는가?

　무릇 지도자 특히 최고 지도자는 덕교 즉 인(仁)으로써 나라를 다스려서 국민의 모범이 되어야 하며, 선도를 행함으로써 국민의 신뢰를 얻어야 한다. 그렇게 될 때 비로소 분열하거나 불평불만이 없어져, 온 국민은 행복하고 나라는 부강할 것이다.

제후장(諸侯章)

공자께서 말씀하셨다.

"윗자리에 있으면서 남에게 교만하지 아니하면 지위가 높아도 위태롭지 않고, 욕망을 제어하고 법도를 삼가하여 지키면 권세가 차도 넘치지 않는다.

지위가 높아도 위태롭지 않으면 그것으로써 오래도록 귀함을 지키게 될 것이요, 권세가 차도 넘치지 않으면 그것으로써 오래도록 부(富)를 지키게 될 것이니라.

이렇듯 부귀가 그 몸에서 떠나지 않게 한 연후에 능히 그 사직을 보전하고, 그 백성을 화평하게 할 수 있는 것이니, 이것이 제후의 효이니라.

「시경」에 이르기를, '전전긍긍하기를 깊은 못가에 가까이 가듯 하고, 얇은 얼음을 밟듯 하여야 한다'고 하였느니라."

原文 子曰, 居上不驕면 高而不危요, 制節謹度면 滿而不溢이라.
高而不危는 所以長守貴也요, 滿而不溢은 所以長守富也라.
富貴不離其身 然後에야 能保其社稷하며, 而和其民人하리니 蓋諸侯之孝也라.

詩云, 戰戰兢兢하야 如臨深淵이요, 如履薄氷이라 하니라.

註 거상불교(居上不驕) : 거상(居上)은 위에 있다, 윗자리에 있다는 뜻. 백성들의 위에 있다. 재상(在上)으로 되어 있는 판본도 있다. 불교(不驕)는 교만하지 않다는 뜻. 고이불위(高而不危) : 지위가 높아도 위태롭지 않다. 이(而)는 말을 이을 때 쓰는 어조사. 제절근도(制節謹度) : 제절(制節)은 알맞게 제한함. 욕망을 분수에 맞게 제한함. 절제. 근도(謹度)는 법도를 삼가함. 법도는 법과 제도, 규칙, 예의의 기준. 욕망을 알맞게 누르고 법도를 삼가한다. 만이불일(滿而不溢) : 가득 차도 넘치지 않는다. 만(滿)은 여기서는 살림이 넉넉한 것. 부자. 일(溢)은 밖으로 넘쳐 흐르는 것. 소이장수귀야(所以長守貴也) : 소이(所以)는 까닭, 이유, 원인, 목적, 방법. 여기서는 '지키다(守)'라는 용언(用言)을 체언화(體言化)하여, '지키게 하는 것', '지키게 하는 바이다'의 뜻. 이로써 오래도록 귀(貴)를 지키게 되는 바이다. 소이장수부야(所以長守富也) : 이로써 오래도록 부를 지키게 되는 바이다. 부귀(富貴) : 부와 귀. 재물이 많고 고귀함. 불리기신 연후(不離其身 然後) : 기신(其身)은 그 몸, 불리(不離)는 떠나지 않게의 뜻. 연후(然後)는 그렇게 한 뒤. 그후. 그 다음. 능보기사직(能保其社稷) : 능히 그 사직을 보전하다. 사직은 토지의 신(神)과 오곡(五穀)의 신. 옛날 천자 또는 제후는, 이 이신(二神)을 궁전의 우측에, 종묘를 좌측에 모셨다. 국가의 가장 중요한 수호신. 뜻이 바뀌어 국가, 나라를 가리킨다. 능보(能保)는 온전히 유지함. 이화기민인(而和其民人) : 그리고 그 인민을 화평하게 한다. 이(而)는 그리고, 따위. 다음 말을 잇는 어조사. 화(和)는 화평(和平), 즉 전쟁이 없고 평온한 것. 평화로움. 민인(民人)은 인민(人民). 서민. 개제후지효야(蓋諸侯之孝也) : 무릇 제후의 효이다. 제후는 봉건시대에 천자에 딸려져 있으며 일정한 영토를 받아 가지고 그 영내의 백성을 지배하는 권력을 가졌던 사람. 국군(國君). 임금. 시운(詩云) : 시(詩)는 「시경」을 말함. 「시경」에 이르기를. 전전긍긍(戰戰兢兢) : 매우 두려워하여 조심함. 여림심연(如臨深淵) : 깊은 못가에 임하는 것 같다. 심연 가까이에 가 있는 것 같다. 심연은 깊은 못. 깊은 못가에 있는 것같이 무섭다. 여리박빙(如履薄氷) : 엷은 얼음을 밟는 것처럼 조심스럽다. 살얼음을 밟는 기분이다.

解説 이 장에서는 소위 다섯 가지 효도의 방법 중 두 번째인, 제후가 갖추어야 할 효도의 방법을 설명하였다.

옛날 중국에서는 중국을 중심으로 한국, 일본 등지를 포함한 그 주변을 세계의 전체로 알았다. 말하자면 하늘 아래 땅의 전부로 알았다. 그래서 이 세계를 다스리는 자를 천자라고 불렀다.

천자는 하늘의 아들이라는 뜻으로서, 하늘의 명령을 받아서 천하의 인민을 다스리는 자를 말한다. 다시 말하면 천명(天命)을 받들어서 하늘을 대신하여 천하를 다스리는 자로서, 천제(天帝)의 아들이라는 뜻이다. 천자는 황제(皇帝)의 존칭 또는 자칭(自稱)이다.

제후는 봉건제도 아래에서의 여러 영주, 군주, 국군, 국왕, 왕, 임금이다. 제후는 한 나라의 주인이므로 천자로부터 후왕(侯王)으로 봉(封)해지면 천자가 땅을 주어 제 나라로 돌아가서 사직을 세우게 된다. 사(社)는 땅을 관장하고 직(稷)은 곡식을 관장하는 것이니, 백성이 여기에 의지하여 편안히 살아간다.

제후가 한 나라 백성들의 위에 군림하면서 자기 권위를 과시하지 않고, 교만하거나 오만하지 않고, 방자무기하지 않으면 아무리 높은 지위에 있다 하더라도 군왕의 자리가 위태롭지 않을 것이요, 재물을 필요 이상으로 탐낸다거나 허영, 타락하지 않고 절제와 절도 있는 생활을 솔선수범한다면, 그 재물로 인해 화를 자초하는 일이 없어서, 그 부귀를 길이길이 누릴 수 있을 것이다.

이리하여 부귀가 자기 몸에서 떠나지 않아야만 비로소 제 나라를 보전할 수 있으며 인민들도 태평을 이룰 것이다. 이것이 곧 제후의 효도이다. 다시 말하면 이것이야말로 제후의 인(仁)이요, 제후의 덕(德)이요, 도(道)이다.

제후는 천자의 책봉이 있으면 땅과 백성을 가지게 되고, 사직도 두어서 이것을 자손들에게 물려 주게 된다. 이렇게 되니 이른바 국군이라는 것은 올바른 행적을 쌓고 여러 가지 공을 세워서 그 작위를 얻게 되는 것이다.

그러므로 제후가 된 자는 그 몸이 비록 죽더라도 그 마음만은 자기에게 어진 자손들이 생겨나서 대대로 그 나라를 지키고 영구히 잃지 말기를 기대하여야 한다. 그러므로 그 자손된 자들이 과연 올바른 이치를 추구하고 법을 받들어 길이길이 그 부귀를 지 킨다면, 이는 능히 선대에서부터 내려오는 사직을 보전하고, 선대로부터 물려받은 백성들을 태평하게 할 수 있을 것이니, 제후의 효도에 이보다 더 큰 것이 없으리라.

   그러나 제후 스스로가 방자무기, 오만불손하고, 분에 넘치게 제물을 탐내어 부정축재를 일삼고, 부도덕한 행위로 효를 저버리면 권력이 경조부박(輕佻浮薄)하여져 백성으로 하여금 원망을 사게 되고, 이 원망이 커지고 뭉쳐지면 민심이 오히려 천심(天心)이 되어 제후는 백성과 사직을 잃게 된다.

   그러므로「시경」에서도 말한 바와같이 제후와 같은 높은 지위에 있는 사람일수록 깊은 못가에 가까이 가듯, 살얼음판을 건너가듯, 세심한 주의를 다하여 조심조심 자기의 행실을 반성하는 효의 정신을 한시라도 잊지 않아야 한다.

경대부장(卿大夫章)

공자께서 말씀하셨다.
"선왕의 법복(法服)이 아니면 감히 입지 아니하고, 선왕의 법언(法言)이 아니면 감히 말하지 아니하고 선왕의 덕행이 아니면 감히 행하지 아니하나니라.
그러므로 법이 아니면 말하지 아니하고, 도가 아니면 행하지 아니하여, 이로써 입에 택언(擇言)이 없으며, 몸에 택행(擇行)이 없게 되느니라.
말이 천하에 가득 차더라도 그 입에 과실이 없고, 행동이 천하에 가득 차더라도 원망과 증오가 없게 되느니라.
이 삼자가 갖추어진 연후에라야 능히 그 녹위를 보전하고 그 종묘를 수호할 수 있을 것이다. 이것이 무릇 경대부의 효도이니라.
「시경」에 이르기를, '이른 새벽부터 밤 늦게까지 게을리하지 않고 일인(一人)을 섬긴다'고 하였느니라."

原文 子曰, 非先王之法服이면 不敢服하고, 非先王之法言이면 不敢道하고, 非先王之德行이면 不敢行이라.
是故로, 非法不言하고 非道不行하며, 口亡擇言하고 身亡擇行이라.

言滿天下라도 亡口過하며, 行滿天下라도 亡怨惡라.
三者備矣 然後에야 能保其祿位하며 而守 其宗廟함이
蓋卿大夫之孝也라.
詩云, 夙夜匪懈 以事一人이라 하니라.

註 비선왕지법복(非先王之法服) : 선왕의 법복이 아니면. 선왕은 성왕(聖王), 즉 이제(二帝)와 삼왕(三王). 법복(法服)은, 법도에 맞는 옷. 선왕은 신분에 따라 입는 옷을 다르게 하여, 사람의 벼슬 계급을 구별하였다. 제후에게는 제후의 옷이 있고, 경대부에게는 경대부의 옷이 마련되어 있었다. 불감복(不敢服) : 감히 입지 아니하다. 주제넘게 입지 않는다. 비선왕지법언(非先王之法言) : 선왕의 법언(法言)이 아니면. 법언은 법도에 맞는 말. 바른 도리. 불감도(不敢道) : 주제넘게 (감히) 말하지 않는다. 비선왕지덕행(非先王之德行) : 선왕의 덕행이 아니면. 덕행은 도덕에 맞는 어진 행실. 불감행(不敢行) : 감히 (주제넘게) 행하지 않는다. 시고(是故) : 이런 고로. 다시 말하면. 비법불언(非法不言) : 법이 아니면 말하지 않는다. 법은 도리(道理), 바른 일. 비도불행(非道不行) : 도가 아니면 행하지 않는다. 도는 바른 길, 도리. 여기서는 법(法)과 도(道)가 같은 뜻이다. 구무택언(口亡擇言) : 입에 택언(擇言)이 없다. 택언은 선악을 구별하여야 할 말. 무(亡)는 무(無)와 같음. 「금문효경」에는 무(無)로 되어 있다. 모두가 좋은 말뿐이어서, 말로서 선악의 구별이 안 된다는 뜻. 입으로는 바른 말만 한다. 신무택행(身亡擇行) : 택행은 선악을 선택하여야 할 행동. 신무택행(身亡擇行)은, 모두가 훌륭한 일이므로 선악의 구별이 안 된다는 뜻. 몸으로는 바른 행동만 한다. 언만천하무구과(言滿天下亡口過) : 말이 천하에 가득하여도 실언이 없다. 말이 아무리 많다 한들 실언이 없다. 행만천하무원오(行滿天下亡怨惡) : 행동이 천하에 가득하여도 원망과 증오가 없다. 어떠한 행동을 하더라도 사람들이 원망하거나 미워하지 않는다. 삼자비의연후(三者備矣然後) : 삼자(三者)를 갖춘 연후에야. 삼자는 세 가지, 즉 선왕의 법복(法服), 선왕의 법언(法言), 선왕의 덕행(德行). 의(矣)는 단정·결정·한정·의문·반어·영탄 등의 뜻을 나타내는 어조사. 능보기록위(能保其祿位) : 능히 그 녹위를 보전할 수 있다. 능히는 잘. 녹(祿)은 봉록(俸祿). 위(位)는 관위(官位), 작위(爵位), 벼슬. 이수기종묘(而守其宗廟) : 그 종묘를 지킬 따름이다. 종묘는 자기 왕가(王家)의 조상의 위패를 모신 곳. 주(周)나라 이후로 천자는 7묘, 제후는 5묘이다. 뜻이 바뀌어 국가, 나라, 천하의 뜻으로도 쓰이며, 사직과 같다. 개경대부지효야(蓋卿大夫之孝也) : 무릇 경대부의 효이다. 경대부를 경(卿)과 대부(大夫)로 나누어 살펴보기로 한

다. 첫째 집정(執政)의 대신(大臣)이며, 육경(六卿)이라고도 한다. 둘째 제후의 상대부(上大夫), 셋째 장군을 말한다. 대부(大夫)는 관리의 신분의 하나로서 주(周)나라에서는, 경(卿) 즉 대신의 아래, 사(士)의 위에 자리하며, 상·중·하의 3계급으로 나뉘어, 상대부·중대부·하대부로 일컬었다. 그래서 경대부라 하면 대신 및 고급관리를 의미한다. 숙야비해이사일인(夙夜匪懈以事一人) : 이른 새벽부터 밤 늦게까지 게을리하지 않고 천자를 섬긴다. 숙(夙)은 새벽. 비해(匪懈)는 태만하지 않음. 게을리하지 않음. 일인(一人)은 천자를 말한다.

解説 이 장은 다섯 가지 효도 중 천자의 효, 제후의 효에 이어 경대부의 효에 대한 대도(大道)를 밝혔다.

말하자면 장관들과 고급관리의 효도에 대한 공자의 말씀이다. 공자는 장관을 비롯하여 고급관리의 효도에 대하여, 첫째로 공무집행시에는 반드시 성군(聖君)들이 제정한 법복을 입음으로써 전통과 위엄을 바탕으로 위계질서를 스스로 지키고, 공정무사하게 집정(執政)에 임하라고 하였다.

둘째 성군의 법언(法言)이 아니면 말하지 말라고 하였다. 오로지 선왕의 법언만을 말하라는 것이다. 즉 법도에 어긋나는 말을 한 마디라도 하면 백성이 따르지 않는다는 뜻이다.

도리에 어긋나는 말은 선왕의 법언이 아니다. 도리에 맞는 말, 즉 선왕의 바른 도리가 아니면 주제넘게 말을 하여서는 안 된다. 위정자는 거짓말을 하여서는 안 된다. 위정자는 식언을 하여서는 안 된다. 위정자는 백성들에게 공약(空約)을 하여서는 안 된다. 위정자는 도리에 어긋나는 말을 하여서는 안 된다. 오로지 바른 말만을 하여야 한다. 이것이 '법언(法言)'이 아니거든 말하지 말라'는 것이다.

셋째로 경대부는 성군의 덕행이 아니거든 행하지 말아야 한다. 즉 도덕에 맞는 어진 행동을 하여야 한다. 부도덕한 언행으로 어찌 나라를 다스리고, 어찌 백성을 다스린단 말인가.

사람으로서 하여야 할 바른 길이 아니면 행동하여서는 안 된다. 비도덕적인 행동으로는 백성이 따르지 않을 뿐더러 그 자리를 유지하기 어렵다.

그러므로 바른 말만을 하고 바른 길만을 가면 백성이 저절로 따라와서 윗사람을 올바로 섬기게 되고, 아랫사람을 올바르게 인도하게 된다.

선왕의 덕행이 아니면 행하지 않는다는 것은, 경솔한 행동으로 인해 욕을 불러 일으킬까 두려워한다는 것이다. 이런 이유로 옳은 말이 아니면 말하지 않음으로써, 일단 말을 하였다 하면 반드시 법도에 맞고, 도가 아니면 행하지 않아서 행하는 일마다 반드시 도에 맞게 된다.

입에서 나오는 말마다 가릴 필요가 없게 되고, 몸으로 행하는 일 역시 가릴 필요가 없게 되면, 말을 많이 하여서 아무리 천하에 가득 찬다 하더라도 입으로 말미암은 과실이 없고, 행동을 많이 하여서 온 천하에 가득 찬다 하더라도 원망하고 미워하는 사람이 없게 된다.

근무시간에는 제정된 의관을 갖춰 입고, 옳은 말만을 하고, 바른 행동만을 하여, 이 세 가지가 모두 온전히 갖추어진 뒤에라야 위로는 임금에게 죄를 짓지 않고 아래로는 백성들에게 죄를 짓지 않아, 능히 그 종묘사직을 지켜 선조의 제사를 받들게 될 것이니, 이는 대개 경대부의 효도이다.

「시경」에 이르기를, 이른 새벽부터 밤 늦게까지 게을리하지 않고, 국사와 민원사무에 정려(精勵)하며, 공평무사한 덕행을 연마하여 일인(한 사람, 천자)을 섬겨 충성을 다하지 않으면 안 된다고 하였다.

여기에서 공자께서 안연(顏淵)에게 말씀하신 구절이 생각난다.

"자기를 극복하고 예로 돌아가는 것이 인이다. 어느 날이건 자기를 극복하고 예로 돌아가게 되면 온 천하가 인(仁)에 따르게 될 것이다. 인을 실천하는 것은 자기로부터 시작되지 남으로부터 시작되기야 하겠느냐?"

이 말씀에 안연이 "그 세목(細目)을 말하여 주시면 고맙겠습니다."하였더니, 공자께서 "예가 아니면 보지 말고, 예가 아니면 듣지 말고, 예가 아니면 말하지 말고, 예가 아니면 움직이지 말라."하고 말씀하셨다.

　안연은 안회(顔回 ; B.C. 521~490년)로 자(字)는 자연(子淵)이며, 공자의 문인 중 가장 뛰어난 사람으로서 덕행의 제일인으로 꼽히고 있다. 32세의 나이에 공자에 앞서 죽었다. 아성(亞聖 ; 성인에 버금가는 사람)으로 일컬어진다.

　또 예(禮)라 하면, 유교에서는 오상의 하나로서, 사람의 진심이 밖으로 나타난 형태라고 할 수 있다.

　여기에서 공자께서 '자기를 극복한다'함은, 자기 개인적인 욕구, 즉 사욕을 억제하는 것을 말한다. 예는 결국 겸양을 기본으로 한 대인관계에 있어서의 행위규범이므로 사리사욕을 억제하고 남의 이익과 욕구를 먼저 충족시켜 주는 방향으로 나가면 세상 사람들이 다 인자하여질 것이다.

　어느 누구라도 극기복례(克己復禮)하면 천하가 인(仁)에 따르게 된다는 것은 아니고, 위정자가 그렇게 할 때 비로소 국민들이 그것에 따라 인을 지향하게 되리라는 뜻이다.

　경대부라면 위로 임금 한 사람을 모시고 직접 정치 일선에 나선 사람들이나.

　위정자가 극기복례하여야만 천하가 인에 따르게 된다. 이 장에서 말하는 경대부의 극기복례란, 위정자는 법언·덕행, 더구나 성왕의 법언, 성왕의 덕행으로 정치를 하는 것을 말한다. 그래야만 비로소 천하가 인에 따른다고 하였다.

　정치하는 사람은 법복을 입고 정사를 다스릴 때 공사를 분명히 하여 사리사욕을 없애는 것이 극기복례의 길이다. 자기 욕심을 억제하고 국민 앞에 겸손하는 것이 법복이다.

　우리는 공자가 말한 제복 즉 법복을 겉에 입는 옷으로만 해석하여서는 안 된다. 국사에 임하는 마음가짐을 법복으로 해석하여야 한다. 국민 앞에 사리사욕을 한 오라기라도 걸치지 말고, 오로지 인(仁), 즉 위정자로서의 진심만을 밖으로, 행위로 나타내야 한다. 이것이 선왕의 법복을 입는 것이다.

　위정자는 이와 같은 인(仁)의 정신을 가지고 정치를 하는데,

그 행동지침이 되는 것이 말과 행동이다. 위정자는 말을 조심하여야 한다.

말이라는 것은 약속이나 법규·규범일 수도 있다. 글도 말이다. 그 말이나 글이 성왕의 그것이라야 한다. 즉 옳은 말, 바른 말, 인에 어긋나지 않는 말이라야 한다. 진리에 어긋나는 말은 법언(法言)이 아니다. 선악의 대강(大綱)에 대하여 성왕의 가르침을 지켜야만 신분이 유지된다.

공자는 위정자는 법언이 아니어든 말하여서는 안 된다고 하였다.

조리에 맞는 말을 하여야 한다. 꾸밈이 없는 말을 하여야 한다. 실천이 뒤따르는 말을 하여야 한다. 공사를 분명히 하여 사리사욕에 기울지 않는 말을 하여야 한다. 자기 욕심을 누르고 국민 앞에 겸손하게 예를 갖춘 말만을 하여야 한다.

이렇게 하면 설화(舌禍)도 면할 수 있고, 실언으로 말미암은 불신임도 받지 않는다. 이와같이 법도에 맞는 말만 하면, 위정자의 말이 온 천하에 가득하다 하더라도 국민은 당황하거나 말의 선악을 선택할 필요없이, 위정자의 모든 말을 그대로 믿고 실천할 것이다.

그러나 말 가운데에 진실이 아닌 말이 섞여 있으면, 국민은 택언(擇言)이라는 부담과 불신이 만연할 것이고, 결국 그 위정자를 믿지 않게 되고 경시하게 되고 멸시하게 될 것이다.

또한 공자는 성왕의 덕행이 아니어든 행하지 말라고 위정자들에게 경고하였다. 인·의·예·지·신에 어긋난 행동은 아예 취하지 말라고도 하였다.

성왕의 행실을 본받아 그 가르침에 따라 국사를 보살피면 국민들로부터 어떤 비난이나 불평불만도 사지 않아, 그 자리를 보전할 수 있고 국가의 기반도 튼튼해진다.

「시경」에도 경대부는 아침 일찍부터 밤 늦게까지 국정을 게을리하지 말아야 한다고 했다. 이것이야말로 경대부의 참된 효도이다.

사인장(士人章)

공자께서 말씀하셨다.

"아버지를 섬기는 것을 기준삼아 어머니를 섬기면 그 사랑하는 마음이 같을 것이요, 아버지를 섬기는 것을 기준삼아 임금을 섬기면 그 공경하는 마음이 같을 것이다. 그러므로 어머니를 섬기는 데는 그 사랑하는 마음을 취하고, 임금을 섬기는 데는 그 공경하는 마음을 취하니, 이 두 가지를 겸한 것이 아버지이다.

그러므로 효로써 임금을 섬기면 곧 충(忠)이 되는 것이요, 제(悌)로써 어른을 섬기면 곧 순(順)이 되는 것이다. 충과 순을 잃지 않고 그 윗사람을 섬신 연후에야 그 작록을 보전하고 그 제사를 지키게 될 것이니, 이것이 사(士)의 효이니라.

「시경」에 이르기를, '아침 일찍 일어나 밤 늦게 잘 때까지 직무에 정려(精勵)함으로써 자기를 낳아 준 이를 욕되게 하지 말라'고 하였느니라."

原文 子曰, 資於事父하야 以事母하니 其愛同이요, 資於事父하야 以事君하니 其敬同이라.

故로 母取其愛하고 而君取其敬하니, 兼之者父也라.

故로 以孝事君하니 則忠이요, 以弟事長하니 則順이

라. 忠順을 不失하고 以事其上 然後에야 能保其爵祿하
고 而守其祭祀하리니 蓋士之孝也라.
詩云, 夙興夜寐亡忝爾所生이라 하니라.

▣ 자어사부이사모(資於事父以事母): '아버지를 섬기는 것처럼 어머니를 섬기니'의 뜻. 자(資)는 표준 혹은 근본삼아. 사부(事父)는 아버지를 섬김. 여기에서 사(事)는 윗사람이나 어른을 잘 모시어 받드는 것. 그러므로 사모(事母)는 어머니를 잘 모시어 받드는 것이고, 사군(事君)은 임금을 잘 모시어 받드는 것. 기애동(其愛同): 그 사랑하는 마음이 같다. 어머니를 사랑하는 마음이 아버지를 사랑하는 마음과 같다는 뜻. 자어사부이사군(資於事父以事君): 자기 아버지를 섬기는 것처럼 임금을 섬긴다는 뜻. 기경동(其敬同): 그 공경하는 마음이 같다. 임금을 공경하는 마음이 아버지를 공경하는 마음과 같다. 고모취기애(故母取其愛): 그러므로 어머니에게서는 그 사랑하는 마음을 취한다. 이군취기경(而君取其敬): 임금에게서는 그 공경하는 마음을 취한다. 겸지자부야(兼之者父也): 이것을 겸한 사람이 아버지이다. 이것이란 사랑과 공경. 결국 사랑과 공경의 두 가지를 겸하고 있는 것은 오직 아버지뿐이라는 뜻. 고이효사군즉충(故以孝事君則忠): 그러므로 아버지를 섬기는 효성을 그대로 임금에게 옮겨 섬기면 곧 충성이 된다. 이제사장즉순(以弟事長則順): 제(弟)는 제(悌)와 같음. 연소자가 연장자에게 순종하는 것. 사장(事長)은 연장자를 섬기는 것. 결국 공경하는 마음으로써 어른을 섬기면 순(順)하여진다는 뜻. 충순불실(忠順不失): 충성과 순종의 도리를 잃지 않음. 이사기상연후(以事其上然後): 그 윗사람을 섬긴 연후에라야. 능보기작록(能保其爵祿): 능히 그 지위와 봉급을 보전할 수 있다. 작록은 작위와 질록(秩祿). 작위는 공작(公爵)·후작(侯爵)·백작(伯爵)·자작(子爵)·남작(男爵)의 오등급(五等級)의 작(爵), 즉 지위. 질록(秩祿)은 위로부터 받는 부지(扶持)·봉급. 이수기제사(而守其祭祀): 그리고 그 제사를 지킨다. 개사지효야(蓋士之孝也): 무릇 아전(衙前)의 효도인 것이다. 사(士)는 여기서는 천자·제후의 신하로서 경대부보다 하위에 속하는 하급 관리이다. 우리나라의 조선왕조의 관리계급으로는 아전이라는 말과 비슷하다. 시운숙흥야매무첨이소생(詩云夙興夜寐亡忝爾所生): 시운(詩云)은 「시경」에 이르기를. 숙흥야매(夙興夜寐)는 새벽에 일어나서 밤 늦게까지 자지 않고 부지런히 일하는 것. 무첨(亡忝)은 욕되게 하지 않음. 소생(所生)은 자기의 낳은 자식을 가리키나, 여기서는 자기 부모를 가리킴. 곧 자기를 낳아 준 이(부모)를 욕되게 하지 말라는 뜻. 전체의 뜻은 '「시경」에 이르기를, 아침 일찍부터 밤늦게까지 부지런히 일함으로써 자기를

낳아 준 부모를 욕되게 하지 말라고 하였느니라'의 뜻.

解說 이 장은 천자·제후·경대부·사·서인의 다섯 가지 국가사회의 등급 중 네 번째인 사(士), 즉 하급관리들의 효에 대한 공자의 말씀이다. 공자는 하급관리의 효에 대하여 다음과 같이 말씀했다.

아버지를 섬기는 도리를 기준삼아서 그 어머니를 섬기면, 그 어머니를 사랑하는 마음이 아버지를 사랑하는 마음과 그 근본이 같아질 것이다.

이는 비록 공경하지 않는 것은 아니지만 사랑하는 마음으로 기준을 삼기 때문이다.

또 아버지에게는 의리를 기준삼아 섬기고, 어머니에게는 은혜를 기준삼아 섬기기 때문이다.

또 아버지를 섬기는 도리를 기준삼아서 그 마음으로 임금을 섬기면, 그 공경하는 마음은 아버지를 섬길 때와 같을 것이다. 이는 비록 사랑하지 않는 것은 아니나 공경을 기준으로 삼는 것으로서, 임금과 신하 사이에는 의리가 은혜보다 앞서기 때문이다.

그러므로 어머니를 섬기는 데는 그 사랑하는 마음을 취하고, 임금을 섬기는 데는 그 공경하는 마음을 취한다. 그리하여 사랑과 공경의 두 가지를 겸한 것은 오직 아버지이다.

그러므로 아버지를 섬기는 효성심을 그대로 임금에게 옮겨 임금을 섬기면, 이것이 바로 충성이 되고, 아버지를 섬기는 공경심을 그대로 어른에게 옮겨 연장자를 섬기면, 이것이 바로 순종이 된다.

이렇듯 그 충성과 순종을 다하여 그 도리를 잃지 않고, 이 충성과 순종으로써 연장자를 섬긴 뒤에라야 능히 그 지위와 봉급을 지킬 수 있고, 따라서 자기 조상의 제사를 지켜 나갈 수 있을 것이다. 이것이야말로 하급관리의 효의 길이다.

공자가 임금에게는 사직을 말하고, 경대부에게는 종묘를 말하고, 사에게는 제사를 말한 것은, 사람마다 각각 자기가 섬기는 기준에 중점을 둔 것이다.

이 장에서는 특히 사람이란 것은 반드시 근본이 있어야 하니, 아버지야말로 인간의 근본임을 말했다. 부자와 형제 사이는 자연이 맺어준 인간의 순서 즉 하늘의 도리이다. 다시 말하면 이것이야말로 천륜(天倫)이다. 이 천륜의 파생으로 부부(夫婦)·장유(長幼)·군신(君臣)·붕우(朋友) 등 사람과 사람과의 관계, 질서가 생긴다. 이것이 인륜(人倫)이다. 그러므로 부자·형제의 천륜이 부부·장유·군신·붕우의 인륜에 앞서는 것은 당연하다.

또한 천륜 중에서도 아버지가 있기에 아들이 있고 형제가 있는 것이니, 아버지야말로 인간의 근본이다. 즉, 인륜은 천륜으로부터 파생하고, 그 천륜의 근본은 아버지이다. 그러므로 아버지를 섬기는 효야말로 도덕의 근본이요, 교학의 근원인 것이다.

여기에서 한 가지 의문점은 있다. 아버지에 대한 효와 어머니에 대한 효를 구별한 점이다. 그렇다면 아버지에 대한 효와 어머니에 대한 효는 어떻게 다른가 하는 의문도 남는다.

이것은 부모를 부계사회에서 보는 시각과 모계사회에서 보는 시각의 차이에서 온 것인지, 또는 유학에서는 '아버지는 나를 낳으시고 어머니는 나를 기르셨다'고 보고 있는데, 이와 같은 생(生)의 근원적인 문제에서 발생하였는지 궁금하다.

그러나 평범한 생각으로는 배[腹]가 다른 어머니는 있어도 씨[種]가 다른 아버지는 있을 수 없다는 부계사회에서의 발상으로 아버지와 어머니를 동격으로 보지 않은 효도관인지도 모르겠다.

이 장에서는 아버지에 대한 효를 근본으로 하고, 이것을 기준삼아 어머니를 섬기고, 임금에게 충성을 다하고, 형이나 어른(연장자)에게 제순(悌順)하라고 했다. 결국 효를 충순(忠順)으로까지 확대함으로써 하급관리로서의 입신양명과 자기 조상의 제사를 지키는 것이 효라고 하였다.

하급관리들의 효에 대하여 공자는 결국, 「시경」의 한 구절을 인용하여 보충설명하였다.

하급관리는 주야로 자기 직무에 충실하고 자기 소임을 다함으로써 부모를 욕되게 하지 않는 것이 효라는 것이다. 그는 직무에 충실함으로써 임금에게는 충이 되고, 따라서 지위가 유지되며, 그에 따른 봉록도 받게 되어 부모와 권속을 부양할 수 있을 뿐더러 자기 조상의 제사를 모실 수 있다.

이것이 개종명의장에서 말하는, '입신행도(立身行道)하고 양명어후세(揚名於後世)하야 이현부모(以顯父母)는 효지종야(孝之終也)니라'고 한 사(士)의 효이다.

「논어」의 학이편(學而篇)에 보면, 자하(子夏)는 효에 대하여 이런 말을 하였다.

"어진 사람을 만났을 때 내 안색을 고쳐 존경하는 마음을 나타내고, 부모를 섬기되 자기 힘을 다할 것이며, 임금을 섬기되 몸을 바쳐 충성할 것이며, 벗들과 사귀되 말에 믿음이 있다면, 상대방이 비록 배우지 않았다 하더라도 나는 반드시 그런 사람을 배움이 있는 사람이라고 할 것이다."

어진 사람을 마음 속으로 존경하고, 부모를 극진히 섬기며, 임금에게는 충성을 다하고, 친구와 사귈 때는 언행에 신의가 있어야 한다는 말이다.

자하(子夏 ; B.C. 507~420?년)는 공자의 문인으로서 성(姓)은 복(卜)이요 이름은 상(商)이며, 자하는 그의 자(字)이다. 그는 문학에 뛰어나고 예의 형식면을 존중하였다.

공자 사후에 위(魏)나라 문후(文侯)를 섬겼다.

공문 십철(孔門十哲)의 한 사람인 자하는 현인(賢人) 즉 스승을 존경하고, 부모를 극진히 섬기고, 몸을 바쳐 임금을 섬긴다는 군사부일치론(君師父一致論)을 전개하고, 나아가서 향당(鄕黨) 동문 선후배의 벗과는 신의로써 사귀는 것이 참다운 학문이라고 말하였다. 효의 실천이야말로 참다운 배움의 길이라고 설파하였다.

또 자공(子貢)과 공자와의 사(士)에 대한 문답을 여기에 들어 본다. 자공(B.C. 520~?년)은 공자의 문인으로서 성(姓)은 단목(端木)이요, 이름은 사(賜)이며, 자공은 그의 자(字)이다. 재능이 있고 변설이 좋아 공자 문인 중 제일의 정치가였으며, 또 이

재(理財)에 밝아 부를 누렸다. 공문십철의 한 사람이다.
하루는 자공이 공자께 여쭈었다.
"어떻게 하여야 선비라고 할 수 있습니까?"
공자께서 말씀하셨다.
"자기 자신의 행동에 수치스러운 짓을 하지 않고, 외국에 사신으로 파견되어 임금이 준 사명을 욕되게 하지 않는다면 선비라고 할 수 있다."
이에 자공은 다시 아뢰었다.
"감히 그 다음가는 것을 말씀하여 주십시오."
"친척들이 효성있다고 칭찬하고, 한 마을 사람들이 우애스럽다고 칭찬하는 것이다."
이어서 그 다음 것을 묻자 공자께서는 말씀했다.
"말에는 반드시 신의가 있고 행하고자 하는 일을 반드시 다 실행하는 것은 소인이기는 하나 그래도 역시 그 다음은 될 수 있다."
자공이 다시
"지금 정치에 종사하고 있는 사람들은 어떻습니까?"
하자, 공자께서는
"아아, 모두가 소인배들이니 축에 끼울 것도 못 된다."
라고 말씀을 맺었다.
이상의 자공의 물음과 동일한 내용을 자로가 다음과 같이 여쭈었다.
"어떻게 하여야 선비라고 할 수 있습니까?"
이에 대한 공자의 설명은 다음과 같았다.
"절실하고 자상하면서 화락하면 선비라고 할 수 있다. 진정한 선비는 벗들과 절실하고 자상하며, 형제들과는 화락한다."
공자는 언제나 제자의 자질이나 성품 등에 따라 도움이 될 충고를 했다.
자공은 외교사령(外交辭令)에 능숙했으므로, 그에게는 먼저 자기 자신의 행동을 바로 할 것을 말하고, 그 다음에 의교적 사명을 완수할 것을 말했다.

자로는 성격이 활달하고 용맹이 있는 반면 동정심이 부족했다. 그래서 자공의 물음에 대한 대답과는 다르게 대답했던 것이다.
　당시 제후국에는 지배자로서 경·대부·사가 있는데, 그것이 또 상·중·하로 삼분되어 아홉 계급이 된다. 그래서 대부는 상대부·중대부·하대부, 사는 상사(上士)·중사(中士)·하사(下士)의 벼슬아치로 나뉘었다.
　사에게 있어서 진정한 효도는 자기 자질에 맞는 직책을 성실히 수행함으로써 나라에 봉사하고, 안으로는 자기 조상의 제사를 지키는 것이며, 이것이 또한 충성으로 이어진다.

서인장(庶人章)

공자께서 말씀하셨다.
"천시(天時)에 순응하여 지리를 이루고, 근신 검약함으로써 부모를 봉양하여야 하느니, 이것이 서인(庶人)의 효이니라."

原文 子曰, 因天之時하야 就地之利하고, 謹身節用하야 以養父母하니, 此庶人之孝也니라.

註 인천지시(因天之時): 천지시(天之時)는 천시(天時). 전쟁에서 청우(晴雨)·한서(寒暑)·풍우(風雨)·주야(晝夜)·방향(方向) 따위 천후(天候)의 조건이 좋을 때를 택하여 공격하여도 견고한 요충지를 가지고 있는 자만 같지 못하고 그 지리(地利)는 인화(人和)만 같지 못하다. 즉 '천시(天時)는 불여지리(不如地利)요, 지리(地利)는 불여인화(不如人和)'인 셈이다. 따라서 인천지시(因天之時)는 '사계의 절후에 순응하여'의 뜻. 취지지리(就地之利): 지지리(地之利)는 땅으로부터 취하는 이익, 즉 농작물 따위로 얻는 이득. 취지지리(就地之利)는 농사를 짓는 것. 근신절용(謹身節用): 근신(謹身)은 몸을 삼가함. 행동을 조심함. 절용(節用)은 비용을 절약함. 낭비하지 아니함. 근신절용은 행실을 조심하고 생활을 검약하는 것. 이양부모(以養父母): 이로써 부모를 봉양함. 차서인지효야(此庶人之孝也): 이것이 서인(庶人)의 효이다. 서인(庶人)은 지위도 없고 관직도 없는 사람.

解說 이 장은 서인장(庶人章)으로서 서인의 효에 대한 공자의 말씀이다. 당(唐)나라 현종(玄宗)이 말한 다섯 가지 효도(천자의 효, 제후의 효, 경대부의 효, 사족의 효, 서인의 효) 중 마지막

계급의 효이다.

앞에서도 말하였거니와, 당시의 봉건사회에서는 경·대부·사는 천자·제후의 명을 받들어 나라를 다스리는 지배자 계급이고, 이 장에서 다루는 서인만이 피지배자 계급이다.

이 서인을 직분별로 다시 나누면, 소위 사·농·공·상(士農工商)의 4계급이 된다.

피지배자인 서인은 서민 또는 인민, 백성이라고도 하며, 관직을 가지지 않은 일반 국민이다. 또, 그 인민의 직분별 4계급인 사농공상의 사(士)는 관직이 없는 선비, 농(農)은 농민, 공(工)은 공인(工人), 상(商)은 상인(商人)을 말한다.

다시 말하면 피지배자의 4계급 중 사(士)만이 글을 배웠고, 나머지 농공상의 3계급은 글을 배우지 않은 계급이다. 현대는 물적 자본주의인데 반하여 당시의 중국은 지적(知的) 자본주의의 시대였다.

학덕을 갖춘 사람 중에서 경·대부·사 등 관리로 채용될 자는 녹봉으로 생활함으로써 입신양명하고 종묘·사직을 지키고 조상의 제사를 지킴으로서 충효를 다한다.

그러나 학식은 있으나 관리가 아닌 사람과 학식이 없는 인민, 즉 선비와 농민과 공인과 상인은 각기 알맞는 직업에 종사함으로써 생을 영위하여 부모를 봉양하여야 한다.

예전에는 현대인이 이해할 수 없는 직업의 귀천사상과 관존민비사상이 천하에 가득 차 있었다. 이에 따라 효도에 대한 차등개념도 생겨났을 것이다. 공자께서 20세기에 태어나셨다면 어떠한 효를 주창하셨을까 하는 점을 생각하면서 이 「효경」을 연구하면 쉽게 수긍이 가고 이해가 될 줄 믿는다.

공자는 서인의 효에 대하여 이렇게 말씀하셨다.

서인은 천시(天時), 즉 봄·여름·가을·겨울이라는 사계절의 변화와 청우(晴雨)·한서(寒暑)·풍우(風雨)·주야(晝夜)·방위(方位)에 따른 기후풍토에 맞추어 땅에 오곡이나 상마(桑麻)나 나무나 가축 따위를 길러서 먹고 살아간다. 그러므로 행실을 삼가고, 농경에서 얻은 물건을 근검절약함으로써 부모를 봉양하는 것만이 서민의 효도의 길이라고 하였다.

앞에서 서민은 사농공상의 4계급이라고 하였는데, 이것을 보면 당시는 아직 산업이나 직업이 농공상으로까지 크게 분화하지 않고, 즉 농경시대를 벗어나지 못하였는지도 모르겠다.

하늘 즉 자연의 기후조건과 땅 즉 토지의 입지조건에 맞추어 씨뿌리고, 가꾸고, 거두어들여서 먹고 살았으며, 땅에 자란 나무로 집짓고, 초목에서 옷감을 얻고, 약을 얻어서 의식주를 해결하고, 또 이것의 일부를 지배자들에게 나누어 줌으로써 임금을 비롯한 지배자 계급, 아니 관리들과 공동생활을 영위하였는지도 모른다.

산업이 극도로 발달한 현대에 와서도 천륜이나 인륜의 도덕은 조금도 다를 바가 없다.

공자는 효는 모든 덕의 근본이요, 교육과 학문의 근원이라고 하였다. 그럼에도 불구하고 서인의 효에 대하여는, 앞의 천자·제후·경대부·사 등 소위 지배자층의 그것과 사뭇 다르다.

첫째, 천자장에서는 천자는 스스로 애친(愛親)·경친(敬親)하여 백성들을 교화하라 하였고, 제후장에서는 제후는 교만하지 말고, 욕망을 누르고 법도를 삼가 사직을 지키라고 하였고, 경대부장에서는 법복·법언·덕행의 삼자를 갖춘 연후에 종묘를 지키라고 하였고, 사장에서는 충순을 잃지 말고 윗사람을 섬김으로써 조상의 제사를 지키라고 하면서, 이 서인장에서는 농사를 잘 지어서 근검절약하여 부모를 섬기라고 하였다.

서인은 먹고살기 바빠서 학문을 닦을 겨를이 없을 수도 있다. 아니, 학문은 차치하고라도 글자조차 익힐 겨를이 없다. 한자(漢字)는 표의문자(表意文字)이기 때문에 글자 한 자 한 자가 얼마나 철학적이고, 얼마나 오묘하고, 얼마나 어려운가.

3천자 정도만 익히려도 많은 시간이 걸린다. 당시는 원시산업시대이기에 지식이 물질에 앞선 자본이었을 것이다.

지식도 보통 지식이 아니고 체계화된 학문이라야 사람을 다스릴 수 있다. 그런데 그 학문의 자료인 글자가 그렇게 어려워서야, 하루하루 일하며 먹고 사는 농민으로서는 배우기 힘든 글자요, 익히기 힘든 학문이다. 그래서 공자는 서인의 효에 대하여 어려운 이론을 빼고 부모를 굶기지 말라고 하였을까?

살아 있는 사람도 먹고 살기 바쁜데 죽은 조상의 제사는 다 무엇인가, 하고 제사 이야기도 꺼내지 않은 것이 아닌가도 생각된다.

「효경」 전체를 자세히 읽어보면 이 서인장에 나타난 뜻이 결코 위와 같은 것이 아니라는 것을 알게 된다. 이 장은 물론 서인의 효에 대한 것이지만, 효의 기본, 사람의 기본, 생(生)을 영위하는 기본을 말한 것이다.

인간의 모든 생활은 의식주의 기본 물자가 필요하다. 서인에게는 특히 시량(柴糧)이 필요하다. 그런데 피지배자인 서인은 나라로부터 정기적으로 받는 봉록이 없으므로 최소한도의 생활필수품을 스스로 해결해 나가야 한다.

이 물자가 없이는 아무리 부모를 애경(愛敬)하는 마음이 있다 하더라도 그 효를 실현할 수 없다. 이 때문에 서인에게는 무엇보다도 급한 것이 땅으로부터 얻는 농경이다.

서인의 생활은 항상 불안정하다. 천지재변(天地災變)으로 말미암아 농작물의 수확이 큰 차이가 있다. 수해(水害)·한해(旱害)·풍해(風害)·한해(寒害)·상해(霜害)·설해(雪害)·병충해(病虫害) 등 서인의 주류를 이루는 농민은 1년 내내 한때도 방심할 수 없다.

흉작이 계속되거나 수입이 적거나 몸이 건강하지 못하여 노동을 못할 경우는 노부모의 봉양에 앞서 어린 자식의 양육 문제가 급선무로 등장한다. 여기에서 생각나는 것이 첫장 개종명의장에서 말씀하신, '신체발부는 수지부모니 불감훼손이 효지시야'라는 구절이다.

첫째, 우리의 몸을 잘 관리하여 건전한 신체를 유지하는 것이 효의 첫단계이다. 몸이 건강하지 않고서야 어찌 처자를 먹여 살릴 수 있단 말인가. 제 몸과 제 처자를 굶주리게 하고서야 어찌 효도라고 할 수 있는가. 직접 부모를 굶주리게 하고서야 어찌 효도라고 할 수 있겠는가.

몸을 건강하게 유지하는 것은 천자로부터 서인에 이르기까지 모두에 적용받는 효의 시작이며, 특히 서인에게 건강은 부모를 봉양할 노동력이라는 점에서 중차대한 문제이다.

그러기에 천시와 지리가 일치하여 풍작일 때는 장래의 흉작에 대비하여 사치와 허영을 버리고 몸을 삼가며, 근검절약하고 저축함으로써 자기 식솔의 양육에 차질이 없어야만 한다. 그래야만 비로소 부모를 올바로 봉양할 수 있는 것이다.

하루는 맹의자(孟懿子)가 효에 대하여 묻자, 공자께서 말씀하셨다.

"어기는 일이 없도록 하는 것이니라."

번지(樊遲)가 "맹손(孟孫 ; 맹의자)에게 무슨 뜻으로 하신 말씀이십니까?"하고 묻자, 공자께서는

"살아 있을 적에는 예로써 섬기고, 죽으면 예로써 장사지내고, 예로써 제사지낸다."

라고 말씀하셨다.

한편 맹무백(孟武伯)이 효에 관하여 묻자, 공자께서는

"부모는 오직 자식의 병을 근심하느니라."

고 말씀하셨다.

다시 자유(子游)가 효에 관하여 묻자 공자께서는

"오늘날에는 효라고 하면 부모를 먹여 살릴 수 있다는 것을 의미하는데, 개와 말까지도 다 먹여 살려 주는 사람이 있으니, 공경하지 않는다면 가축을 기르는 것과 무엇으로 구별하겠느냐?"라고 말씀하셨다.

자하(子夏)가 다시 효에 대하여 묻자, 공자께서는

"부모의 표정을 보고 알아서 행하기란 참으로 어렵다. 일이 생기면 자식들이 그 수고를 대신하고, 좋은 술과 음식이 생기면 부모에게 먼저 드시게 하는 것만으로 어찌 효를 다하였다고 할 수 있겠는가?"

라고 말씀하셨다.

　이상은 「논어」 위정편(爲政篇)에 나오는 구절이다. 효에 관한 공자의 사상을 알기 위하여 여기에 나오는 등장인물을 먼저 소개한다.

　맹의자(孟懿子)는 노(魯) 나라의 대부 중손씨(仲孫氏)로 이름은 하기(何忌). B.C. 481에 죽음. 의(懿)는 그의 시호(諡號). 적계(嫡系)로 치면 중손이나, 서계(庶系)로 치면 맹손(孟孫)이다. 그의 아버지 맹희자(孟僖子)가 그를 시켜 공자에 사사하여 예를 배우게 하였다. 시호를 쓴 것은 중손(또는 맹손) 하기(何忌)가 죽은 후에 그 일을 추기한 것이다.

　번지(樊遲)는 제(齊)나라 사람(일설에는 노나라 사람)으로 이름은 수(須), 지(遲)는 그의 자(字). 공자의 제자로서 공자보다 36세 연하였다.

　맹무백(孟武伯)은 맹의자의 아들. 이름은 체(彘), 무(武)는 시호, 백(伯)은 항렬.

　자유(子游)는 성(姓)은 언(言)이요, 이름은 언(偃), 자유(子游)는 자(字)이다. 오(吳)나라 사람(일설에는 노나라 사람)으로 공자의 제자. 공자보다 45세 연하였다.

　자하(子夏)는 앞서 사장에서 소개한 바와같이 문학에 뛰어나고 예의 형식면을 존중한 공문십철의 한 사람이다.

　위에 들은 효에 관한 공자의 말씀을 살펴보면, 대부 벼슬인 맹의자에게는 의식이 족해야 예절을 지킬 수 있는데, 자네는 의식 걱정은 없으니 살아 계실 때는 예로써 섬기고, 돌아가시거든 예를 갖추어 장사지내고, 그 뒤에는 예로써 제사지내라 하였고, 맹무백에게는 자식된 자는 자기 몸을 건강하게 유지하는 것이 유일의 효도라고 하였고, 자유와 자하에게는 효도라는 것은 봉양만이 전부가 아니라고 하였다.

　'지금의 효란 부모를 잘 봉양하는 것을 말하는데, 그렇다면 개나 말도 사람들이 먹여 살리지 않는가. 어찌 먹여 살리는 것만이 효란 말인가?' 하고 공자는 개탄하였다.

이것은 어떻게 보면 효의 기본은 봉양에 있다는 것을 역설하였다고도 볼 수 있다. 개나 말도 먹여 살리고 있는데, 어찌 부모를 굶주리게 하고 말로만 공경한들 이것이 효도이겠는가라고 말씀하신 것이나 다름이 없다.

　서인에게는 말할 것 없거니와 사족이건 경대부이건 제후이건 천자이건 모름지기 부모에게는 건강을 유지할 수 있도록 봉양하고, 한편 자기 자신도 굶주려 건강을 해치지 않도록 하는 것이 효의 첫걸음이다. 그러므로 이 서인장의 효는 비단 서인에 국한된 것이 아니고, 모든 사람에게 다 해당되는 효의 기본요소이다.

　다시 말하면 효는 서인장에서 말씀하신 것처럼 첫째, 잘 봉양하고, 다음에는 사장에서 말씀하신 바와같이 애경(愛敬)과 충순(忠順)으로써 윗사람을 섬겨 자기 조상의 이름을 빛내고, 다음으로 경대부장에서 말씀하신 바와같이 언행을 조심하여 남에게 실언이나 실수를 저지르지 않음으로써 나라에 공헌하는 것이라고 하였다.

　근검절약하여 최소한도의 의식주를 해결하는 것이 효도의 기본요건이라는 것이다.

효평장(孝平章)

공자께서 말씀하셨다.

"고로 위로는 천자로부터 아래로는 서인에 이르기까지, 효도는 처음부터 끝까지 계속하지 않으면 환난이 미치지 않을 자 없느니라."

[原文] 子曰, 故로 自天子以下부터 至於庶人까지 孝亡終始요 而患不及者는 未之有也라.

[註] 고(故) : 그러므로. 자천자이하지어서인(自天子以下至於庶人) : 위로는 천자로부터 아래로는 서인에 이르기까지. 효무종시(孝亡終始) : 효무종시(孝無終始)와 같다. 즉, '효도는 처음부터 끝까지 계속하지 않으면'이라는 뜻. 이환불급자미지유야(而患不及者未之有也) : 그리고 환난(患難)이 미치지 않을 자가 없다. 환불급자(患不及者)는 환난이 미치지 않을 자. 미지유야(未之有也)는 있지 않으니라. 환(患)은 근심과 재난.

[解説] 이 장은 위로는 천자로부터 아래로는 서인에 이르기까지 모든 사람이 행하여야 할 효도에 대한 평(評)이다. 평(平)은 평(評)과 통하므로 효평(孝平)은 효도에 대한 비평, 효도에 대한 총평의 뜻이다.

이 「효경」은 앞에서도 말한 바 있거니와, 제 1 장은 개종명의 장으로서 효에 대한 총론격으로 효의 종지를 개진하고 그 의(義)를 밝히고, 이어서 제 2 장 천자장에서는 천자의 효도, 제 3 장 제후장에서는 임금된 자의 효도, 제 4 장 경대부장에서는 장관 등 고급관리들이 행하여야 할 효도, 제 5 장 사장에서는 하급관리들의 효도, 제6장 서인장에서는 피지배자, 주로 농민·공인·상인들의 효도, 즉 당(唐)나라 현종이 말하는 다섯 가지 효도하는 구별을 밝혔다. 제7장인 이 장에서는 위로는 천자로부터 아래로는 서인에 이르기까지의 다섯 가지 효는 중요한 도임에도 불구하고, 간혹 효심이 두텁지 않은 자나 역행이 부족한 자, 또는 꾸준한 마음씨가 없는 자가 있어서, 효도를 행하여도 그만, 행하지 아니하여도 그만일 뿐, 큰 손실이 없다고 생각하는 자가 있지나 않을까 염려되어 충고와 비판을 가한 것이다. 그래서 이 장을 효평장(孝平章)이라고 했다.

효심이 깊으면 천자는 가히 천하를 다스리고, 제후는 사직을 보전하고, 경대부는 종묘를 지키고, 사족은 제 조상을 잘 받들고, 서인이라 할지라도 제 부모를 잘 공양하게 된다.

그 효도의 지극한 보람이 이와 같으니, 사람들은 마땅히 이 효를 서로 권장하여 행하여야 할 것이다. 그러나 모든 사람이 이 효는 백 가지 행실의 근본이라는 것을 망각하고, 처음부터 끝까지 잠시라도 이 효의 도를 믿는 마음이 중단되지 않을까 염려되어, 여기에 또 한번 경계와 충고를 하기에 이르렀다.

효도라는 것은 천자이건 농민이건 아무런 구별없이 모든 사람이 각각 그 마음을 지극히 하여, 처음부터 끝까지 끊임이 없으면 임금은 성군(聖君)이 되어 그 나라를 태평성대로 면면히 이어갈 것이요, 경대부나 사족들은 그 관직이 유지되고 제 부모의 명성까지도 길이길이 빛낼 것이요, 서인이라 할지라도 제 부모를 잘 공양할 수 있는 복이 저절로 올 것이다.

그러나 비록 천자이건 서인이건 모든 사람이 그 효도의 시작과 끝이 분명치 못하고, 또 처음부터 끝까지 계속성이 없으면, 반드시 환난이 그에게 미치게 될 것이다.

비록 천자일지라도 천하와 목숨을 빼앗기게 되고, 관리의 경우 탐관오리가 되어 나라로부터는 관직을 박탈당하고 백성으로부터는 지탄을 면치 못하여 제 조상의 이름까지 더럽히게 될 것이다.

서인은 서인대로 잠시라도 효도에 거스르는 길을 걷는다면, 더 큰 근심과 재난이 올 것이다.

  대개 효도는 그 시대 그 사회의 계층별로 구별이 있는 것이지만, 실상은 백 가지 천 가지 행실의 근본이 되는 것이다. 그것이 부모를 섬기는 데서 시작하여 제 몸을 세우는 데에 가서 그친다는 것은 천자로부터 서인에 이르기까지 한 가지 이치일 뿐이다. '효에 있어서 시종이 없으면 환난이 미치지 않을 자 없는' 것이다.

삼재 장(三才章)

1

증자가 여쭈었다.
"정말로 효란 위대한 것이로군요."
공자께서 말씀하셨다.
"무릇 효란 하늘의 불변의 도리이고, 땅의 올바른 도의이며, 백성의 행실이다.
이는 하늘과 땅의 도리를 백성들이 본받아야 하는 것이니, 공명정대한 하늘의 덕에 따르고, 공순한 땅의 덕으로 말미암아 천하를 순리로 이끄는 것이니라.
이로써 그 가르침은 엄숙하지 않고서도 이루어지며, 그 정사는 지엄하지 않고서도 다스려지느니라.

原文 曾子曰, 甚哉라, 孝之大也여.
子曰, 夫孝는 天之經也요 地之誼也요 民之行也라.
天地之經을 而民이 是則之하나니 則天之明하고 因地之利하야 以順天下라.
是以로 其敎는 不肅而成하며 其政은 不嚴而治하나니라.

註 심재효지대야(甚哉孝之大也) : 정말로 대단도 하도다, 효의 위대함이여. 재(哉)는 감탄사. 대(大)는 위대(偉大). 정말로 효란 위대한 것이

군요. 천지경야(天之經也) : 하늘의 변치 않는 도리이다. 하늘의 법칙이다. 지지의야(地之誼也) : 땅의 올바른 도리이다. 의(誼) 의(宜), 의(義)와 통한다. 정도(正道). 의리. **민지행야**(民之行也) : 인민으로서 마땅히 행하여야 할 행실. 천지지경(天地之經) : 하늘과 땅의 불변의 정도. **이민시칙지**(而民是則之) : 백성들이 이것을 본받아야 한다. 칙(則)은 법칙, 규칙. 여기서는 따르다, 본받는다는 뜻. **칙천지명**(則天之明) : 하늘의 공명정대한 덕을 따른다는 뜻. 칙천(則天)은 천리(天理)에 따르는 것. 공명정대는 공평하고 사심이 없고 속임수가 없는 것. **인지지리**(因地之利) : 땅의 덕으로 말미암아. 지지리(地之利)는 넓고 넓어 끝이 없는 대지. 공순(恭順)한 덕. 이순천하(以順天下) : 이로써 천하를 순리로 이끈다는 뜻. 시이(是以) : 이로써. 그러므로. 기교불숙이성(其敎不肅而成) : 그 가르침이 엄숙하지 않아도 잘 이루어진다는 뜻. 기정불엄이치(其政不嚴而治) : 그 정사가 지엄하지 않아도 다스려진다는 뜻.

解說 이 장은 삼재장(三才章)이다. 삼재(三才)는 천·지·인(天地人)의 삼자(三者)를 말하며, 또한 하늘의 도(天之道), 땅의 도(地之道), 사람의 도(人之道)를 가리킨다.

결국 이 장에서는 하늘의 도리, 땅의 도리, 사람의 도리인 삼재(三才)로써 천하를 순리로 이끈다는 것이다.

증자가 효행의 덕보다 더 크고 더 위대한 덕은 없다고 자못 감탄하여 여쭙자, 공자께서는 다음과 같이 말씀하셨다.

모든 도덕은 효를 근본으로 하여 생기는 것, 즉 효는 덕의 근본이며, 그밖의 도덕은 이 효에서 파생된 것이라고 하여도 과언이 아니다.

효도라는 것은 하늘의 도리이다. 그리하여 영원한 천체의 운행으로 날이 바뀌고 해가 바뀜에 따라 하늘은 만물이 자라는 비를 땅에 내려 주고, 햇빛을 고루 주어 한결같이 만물을 길러낸다. 그런가 하면 효는 땅의 도리이다. 땅은 이 하늘이 내려 주는 천혜(天惠)를 버림없이 두루 받아서 생물을 바르게 기른다. 효란 바로 이 하늘과 땅의 임무와도 같은 것으로서 사람의 당연한 행위이다.

효도는 이렇듯 천지지경(天地之經), 즉 하늘과 땅의 도리요, 자연의 덕이니만큼, 백성은 이를 본받아야 한다. 즉 공평하고 공정하고, 사심과 사리사욕이 없으며, 털끝만큼의 속임수도 쓰지 않는 하늘의 덕과, 이 광대하고 무궁무진한 땅의 공순(恭順)이라는 의로써 천하를 순리대로 이끌어가면 되는 것이다.

군주나 지배층은 백성에 대한 가르침이 엄숙하고 권위주의적인 대신 그들 스스로가 자기 부모에 대한 효도를 솔선수범해야 한다. 그렇게 함으로써 교화가 이루어진다. 천자나 지배층이 준엄하거나 물리적인 힘만으로 정치를 하지 말고, 이 역시 덕으로써 정사를 돌보면 온 나라가 순리로 다스려지는 것과 마찬가지이다.

그러면 이 장이 삼재(三才)이므로, 음양설(陰陽說)에 입각한 「효경대의」의 주석을 바탕으로 다시 풀어 본다.

하늘은 양(陽)으로서 만물을 자라게 하는 원천이므로 이것이 곧 아버지의 도이고, 땅은 음(陰)으로서 이것을 받아서 기름으로써 하늘의 뜻을 이어받아 따르니 곧 어머니의 도이다.

하늘은 만물을 낳으므로 도리이고, 땅은 하늘이 낳아 준 만물을 기르므로 의리이며, 사람은 이러한 하늘과 땅 사이에 나서 하늘(양)과 땅(음)의 성품을 받아 태어난 것이므로, 이야말로 자식이 제 어버이를 닮는 것과 마찬가지이다.

그러므로 사람은 하늘의 성품을 받아서 자애로운 마음을 갖게 되고, 땅의 성품을 받아서 공순한 마음을 갖게 된다. 그리하여 이 자애와 공순 두 가지가 바로 효가 되는 것이다. 그러므로 효도는 하늘의 상도(常道)이자, 땅의 정의이며, 사람의 행실이다.

효도는 또 하늘과 땅의 불변의 정도에 근본을 둔 것으로서, 이 것을 사람이 본받아 행동에 옮기는 것이다.

하늘과 땅의 정도는 아무리 오래되어도 절대로 변하지 않는다. 이것을 사람이 본받아 행하면, 이 역시 하늘과 땅과 함께 아무리 오래되어도 바뀌지 않는다. 그러나 이러한 모든 사람들 중에서 성인이 나와서 하늘의 도의 밝은 것을 본받고, 땅의 도의 올바른 것으로 말미암아 천하 사람들의 부모를 사랑하고 어른을 공경하는 마음을 순하게 하여 다스렸다.

이 때문에 그 가르침은 무섭고 엄숙하게 하지 않고서도 저절로 이루어지며, 그 정치는 위엄을 부리거나 엄하게 하지 않고서도 저절로 다스려지는 것이다.

이것은 무엇 때문일까? 그것은 효도란 천성의 자연스러운 것이요, 사람의 마음에 본래부터 있던 것이니, 이런 까닭으로 정치와 교화가 이렇듯 잘 이루어질 수 있는 것이다.

참고로 「효경대의」에서 주자는, 삼재장의 여기까지를 전문(傳文)의 셋째장으로 하고, 글의 뜻은 '효는 천하를 순하게 한다'는 것이라고 하고, '이 글 이하는 문맥이 통하지 않아 공자의 글로 보기 어렵고, 또 여기에 인용한 「시경」의 말 역시 친절하지 못하기 때문에 나는 여기에서 선왕견교(先王見敎) 이하 69자를 모두 삭제한다'고 말하였다.

2

선왕은 효를 가르침으로써 백성을 교화시킬 수 있다는 것을 알았으므로, 이에 앞서 박애(博愛)를 실천함으로써 백성들이 그 어버이를 버리지 않게 되고, 이들에게 덕과 의로써 베푸니 백성이 모두 일어나 선행을 하였다.

선왕이 이에 앞서 공경하고 사양하니 백성은 다투지 않으며, 이들을 예절과 음악으로써 다스리니 백성이 서로 화목하고, 이들에게 호오(好惡)로써 교시하니 백성은 금(禁)하여야 할 바를 이해하게 되었느니라.

「시경」에 이르기를, '혁혁한 재상이여, 모든 백성이 그대를 우러러보도다'라고 하였느니라."

原文 先王은 見敎之可以化民也라, 是故로 先之以博愛하

야 而民이 莫遺其親이요, 陳之以德誼하니 而民興行이
니라.
　先之, 以敬讓하니 而民이 不爭하고, 道之以禮樂하니
而民이 和睦하고, 示之以好惡하니 而民이 知禁이니라.
　詩云, 赫赫師尹이여 民具爾瞻이라 하니라.

註 선왕(先王): 전대의 임금. 여기서는 태고의 성군(聖君)인 이제와 삼왕. 견교지가이화민야(見敎之可以化民也): 이를 가르침으로써 가히 백성을 교화시킬 수 있다는 것을 알았다. 이를 가르친다는 것은 효를 가르친다는 것. 화(化)는 교화 또는 감화. 견(見)은 본다는 것보다도 그렇게 생각한다, 안다는 뜻. 선지이박애(先之以博愛): 선왕이 박애심으로 나라를 다스린다는 것. 이민막유기친(而民莫遺其親): 백성이 그 어버이를 버리지 않는다. 막(莫)은 않는다, 아니 다니고, 유(遺)는 유기(遺棄), 즉 버리는 것. 막유(莫遺)는 유기하지 않는 것. 버리지 않는 것. 진지이덕의이민흥행(陳之以德誼而民興行): 선왕이 이들에게 덕과 의로써 베푸니 백성이 모두 일어나 선행을 하였다. 선지이경양이민부쟁(先之以敬讓而民不爭): 선왕이 이에 앞서 공경하고 사양하니 백성이 서로 다투지 않는다. 선왕이 솔선수범하여 효제를 다하므로 백성들도 이를 본받아 서로 평화스럽게 지낸다. 경양(敬讓)은 효 즉 공경과 사양. 부쟁(不爭)은 다투지 않음. 도지이례악이민화목(道之以禮樂而民和睦): 이들을 예절과 음악으로써 다스리니 백성들이 서로 화목한다. 도(道)는 다스리다. 예악(禮樂)은 예절과 음악. 중국에서는 고대로부터 예는 사회의 질서를 바로 잡고, 음악은 사람의 마음을 부드럽게 한다 하여 존중되었다. 시지이호오이민지금(示之以好惡而民知禁): 선왕은 백성들에게 권선징악으로써 교시하니, 백성들은 하여서는 안 될 일을 스스로 알게 되었다. 시지(示之)는 이들에게 알리다, 이들에게 가르쳐 알리다. 이호오(以好惡)는 호오(好惡)로써. 호오(好惡)는 좋아하고 싫어함. 선을 권장하고 악을 징계함. 지금(知禁)은 금(禁)하는 바를 알다. 하여서는 안 되는 것을 분간하다. 시운(詩云): 시경에 이르기를. 혁혁사윤(赫赫師尹): 빛나도다, 재상이여. 혁혁(赫赫)은 이름이 빛나고 빛나는 것. 사윤(師尹)은 재상. 당시의 주(周)나라에서는 천자 다음가는 가장 높은 벼슬이 삼공(三公)이었는데, 삼공은 태사(太師)·태부(太傅)·태보(太保)였다. 즉 삼공에서도 으뜸인 태사의 사(師)에 장(長)의 뜻을 가진 윤(尹)을 붙여서 태사(太師)를 사윤(師尹)으로 나타낸 것이다. 그러므로 요즘말로 재상이라 하겠다. 그 시대에 어떤 명성 높은 태사가 있어 이를 가리킨 것 같다. 민구이첨

(民具爾瞻) : 백성들이 다 함께 그대를 우러러보도다. 구(具)는 여기서는 다같이, 함께.

해설 선왕께서는 백성들에게 효를 가르침으로써 백성들을 교화시킬 수 있다는 것을 알았으므로, 먼저 모든 사람을 널리 차별없이 사랑하는 박애, 곧 인(仁)을 몸소 실천함으로써, 백성들은 모두 그 어버이를 버리는 일이 없이 섬기게 되었다.

또한 선왕께서는 백성들에게 덕, 즉 훌륭한 인격과 의(誼) 즉 공명정대한 바른 길로써 다스리니, 백성들은 모두 일어나서 너도 나도 착한 일을 하였다.

선왕께서는 먼저 윗사람을 공경하고 아랫사람에게 겸양한 행동을 솔선수범하니, 백성들은 서로 다투는 일이 없어졌다. 선왕께서는 또한 예절로써 사회와 나라의 질서를 바로잡고, 음악으로써 사람의 마음을 부드럽고 즐겁게 하니, 백성들은 자연히 서로 화목하게 지내었다. 선왕께서는 백성들에게 착한 일은 권장하고 나쁜 일은 징계하니, 백성들 스스로가 좋고 나쁨을 분별하여, 지켜야 할 법도를 자연히 알게 되었다.

「시경」에 이르기를 '빛나고 빛나도다, 그 재상이여! 모든 백성이 그대를 우러러보도다' 라고 하였다."

앞에서도 말한 바와같이, 주자는 이 구절에 대하여 이렇게 말하였다.

'맨 첫장 증자왈, 심재(曾子曰 甚哉)부터, 국지지의(國地之義)까지는 모두 「춘추좌씨전(春秋左氏傳)」에 실린 말이다. 이 글에 보면, 자태숙(子太叔)이 조간자[(趙簡子 ; 춘추시대 진정공(晋定公)의 대신]를 위하여 자산(子產)의 말을 인용하여 말하기를, 오직 역례(易禮)라는 것이 효가 된다고 하였다. 그러나 그 문세(文勢)는 도리어 시원찮고, 그 조목은 갖추어지지도 못하였다. 그러고 보니, 이것이 저 글을 베낀 것이고, 저 글이 이것에서 취하지 않은 것이 분명하다. 또, 자산(子產)은 이렇게 말하였다.

"무릇 예란, 하늘의 떳떳한 것이며, 땅의 올바른 것이며, 백성의 행실이다. 이러한 천지의 떳떳한 것을 백성들이 실지로 본받는 것이니, 하늘의 밝은 것을 본받고 땅의 성품을 받는 것이다."

이렇게 말한 다음에 그는 또 하늘과 땅의 성품에 대한 조목과, 그리고 그것을 본받고 배우는 실상을 상세하게 말하였다. 이것을 본 조간자가 "장하도다, 예의 큼이여"라고 말하였다. 이것을 보면, 그 글의 머리와 끝이 서로 통하고, 조목이 갖추어져서 이 글과는 사뭇 다르다. 여기에 말하기를 "선왕의 가르침이 가히 백성을 감화시킬 수 있다"라고 하였다. 이것은 위에 있는 글과 서로 연결되지 않기 때문에 사마온공(司馬溫公)은 교(敎)를 효(孝)로 고쳐서 비로소 문장이 소통되게 하였다.

또 아랫 글에 있는 소위 덕의·경양과 예악·호오라는 것은 서로 문리가 통하지 않는다. 이것은 혹 다른 글에서 가져다 억지로 글자를 채워 놓고, 이것을 공자와 증자가 문답한 것처럼 하여 놓은 것이 아닌가도 생각된다. 그러나 이 글이 나온 출처는 도저히 알 수 없다.

그 앞의 글은 비록 되지 않았어도 이치만은 통하기 때문에 그대로 두는 것이 해로울 건 없다고 하겠으나, 뒤의 글은 모두가 의심스럽다.

여기에서는 "성인의 효야말로 가히 백성들을 감화시킬 만한 것임을 본 뒤에 자기 몸으로 시행하였다" 하였으니, 이는 이치에도 어긋나는 것이다. 더구나 박애를 먼저 하는 것은, 또한 부모를 먼저 사랑하라는 순서를 지키지 못한 것이니, 이러고서야 어떻게 백성들로 하여금 제 부모를 버리지 않게 할 수 있겠는가?

또 여기에 인용한 「시경」의 말 역시 친절하지 못하기 때문에 나는 여기에서 선왕견교(先王見敎) 이하 69자를 모두 삭제하는 것이다.'

이상은 「효경대의」의 주석이다. 참고하기 바란다.

효치 장(孝治章)

1

공자께서 말씀하셨다.

"옛날에 명군이 효로써 천하를 다스릴 적에는 감히 소국의 신하라 할지라도 버리지 않았거늘, 하물며 공(公)·후(侯)·백(伯)·자(子)·남(男) 등 제후의 경우에 있어서랴.

고로 만국의 환심을 얻음으로써 그 선왕을 섬기게 되었느니라.

原文 子曰, 昔者에 明王之以孝治天下也에 不敢遺小國之臣이어늘, 而況於公侯伯子男乎아.
故로 得萬國之歡心하야 以事其先王이라.

註 석자(昔者):옛날. 여기서는 중국의 고대. 명왕지이효치천하야(明王之以孝治天下也):명군이 효로써 천하를 다스린다. 명왕(明王)은 현명하고 훌륭한 군주. 명군(明君). 불감유소국지신(不敢遺小國之臣):감히 작은 나라의 신하라 할지라도 버리지 않는다. 유(遺)는 버리다, 소홀히 하다, 빼놓다라는 뜻. 소국(小國)은 조그마한 나라. 신(臣)은 신하. 소국지신(小國之臣)은 영지가 사방 50리도 못되는 작은 나라의 제후를 말한다. 부용(附庸)의 나라라고 하는 것이 바로 이것이다. 이황어공후백자남호(而況於公侯伯子男乎):이(而)는 말을 잇는데 쓰는 어조사로 별 뜻이 없다. 그리고, 저 따위의 뜻을 갖는다. '황어~호(況於~乎)'는 '하물며 이 경우에 있어서는 더욱 그러하다'라는 뜻. 황(況)은 황(況)과 같다.

전체의 뜻은 '그리고, 하물며 제후에 대하여서는 추호도 소홀히 하지 않았다'는 뜻. 공·후·백·자·남(公侯伯子男)은 모두 제후이다. 고대에는 영지의 크고 작음에 따라 제후에 5등급이 있었다. 공과 후는 지위에 상하의 차이(공이 후보다 위임)는 있으나 영지가 다같이 사방 100리였으며, 백은 사방 70리, 자와 남은 사방 50리였다. **고득만국지환심(故得萬國之歡心)** : 그러므로 여러 나라의 환심을 사다. 고(故)는 여기서는 고로, 그러므로. 득(得)은 얻는다. 산다. 만국은 세계 여러 나라. 여기서는 중국 안에 있는 여러 제후국. 옛날 중국은 중국 영토내에 많은 국명을 가진 나라가 있었다. 환심은 좋아하는 마음. 즐겁게 여기는 마음. 환(歡)은 환(懽)과 같다. 「금문효경」에는 환심(懽心)으로 써어 있다. **이사기선왕(以事其先王)** : 그것으로써 선왕을 섬기다.

解說 여기에서는 천자는 효로써 천하를 다스린다는 것을 밝혔다.

 옛날의 현명하고도 훌륭한 천자는 효도를 천하를 다스리는 근본이념으로 삼아서 이를 솔선수범, 만백성에 앞서서 스스로 실천함으로써 아랫사람들에게까지도 사랑과 공경으로 대하였다.

 천자의 경애하는 마음은 제아무리 작은 나라의 제후라 할지라도 예외는 아니었다. 하물며 소국의 신하보다 위인 공(公)·후(侯)·백(伯)·자(子)·남(男) 등의 제후의 경우에 있어서는 더욱 소홀히 대하거나 버리는 일이 없었다. 그러므로 천자는 모든 제후의 나라로부터 환심을 사게 되어, 임금과 어른을 공경하고, 임금과 어른들은 신하와 아랫사람을 경애하여, 서로간에 간격이 없이 모든 사람들의 마음은 화락하여진다.

 이렇게 하여 왕업은 굳건하여지고 사직이 튼튼하고 종묘가 편안하여지니, 이러한 지극한 덕으로 선왕을 받든다면, 이로써 효는 지극한 데에 이르게 될 것이다.

 옛날의 명군은 효를 치국의 근본으로 삼았다. 그래서 부모에 대한 애경심을 일반 백성에게까지 미치게 하고, 저 많은 소국의 하잘것없는 신하들까지도 대우를 소홀히 하지 않음으로써 천하만국의 인심이 다함께 순종하여, 임금을 더욱 공경하고 상하가 서로 화목하여 왕업도 안태하고 종묘사직도 평온하게 된다.

 이것이 명왕이 선대의 왕을 섬기는 지극한 효이다.

효도가 이렇게 지극하게 되고 보면, 나라 다스리기가 편안하게 된다. 그럼에도 불구하고 대를 잇는 임금들이 모두 이런 마음을 가지지 않는 것은, 곧 현명하지 못하고 정성이 부족한 때문이다.

모든 사물을 바르게 보아 하늘의 이치를 알고, 또 정성껏 행하여 미천한 사람까지도 잊지 않고 보면, 만국 백성들의 마음이 한 군데로 돌아와 선왕의 세상을 누릴 수 있는 것이다.

공자는 이 글에서 먼저 밝은 임금이라고 말을 꺼내고, 계속하여 감히 못한다고 말하였다. 이는 대개 감히 하지 못한다는 마음은 조심하는 정성에서 나오는 것이기 때문이다. 경문(經文)에서 말한 '천자의 효는 감히 남을 미워하거나 업신여기지 않는다(愛親者 不敢惡於人 敬親者 不敢慢於人)'는 것도 바로 여기에 해당되는 말이다.

2

나라를 다스리는 자는 홀아비나 과부라 할지라도 감히 모멸하지 않는 것이니, 하물며 사민(士民)의 경우에 있어서랴.

고로 백성들의 환심을 얻음으로써 그 선군을 섬기게 되었느니라.

原文 治國者는 不敢侮於鰥寡니 而況於士民乎아.
故로 得百姓之歡心하야 以事其先君이라.

註 치국자(治國者) : 나라를 다스리는 자. 치국(治國)은 나라를 다스림. '치국평천하(治國平天下), 곧 나라를 다스리고 천하를 태평하게 한다'에서 나라는 제후가 다스리는 일국(一國)이고, 천하는 천자가 다스리는 전국(全國)이다. 불감모어환과(不敢侮於鰥寡) : 환과(鰥寡)라 할지라도 감히 모멸하지 않는다. 모(侮)는 업신여기는 것. 모멸. 환(鰥)은 아내 없

는 늙은이, 곧 홀아비. 과(寡)는 남편 없는 늙은이, 곧 과부. 이 두 부류의 사람은 이른바 천하에서 가장 궁한 백성들인 동시에 쇠약하고 병들어도 어디에 말할 곳조차 없고 서로 의지할 곳이 없는 가련한 존재이다. 이황어사민호(而況於士民乎) : 하물며 사민(士民)의 경우에 있어서는 더욱 그렇다. 사민(士民)은 관리와 일반 백성. 사(士 ; 하급관리)와 서인(庶人). 득백성지환심이사기선군(得百姓之歡心以事其先君) : 백성의 환심을 얻음으로써 그 선군을 섬기게 되었다는 뜻. 선군은 처음 천자의 명(命)을 받아 나라의 임금이 된 자.

解説 여기에서는 제후는 효로써 치국(治國)한다는 것을 말했다.

위로는 천자로부터 스스로 효도를 실천함으로써 천하를 태평하게 다스리고, 제후 역시 효도를 솔선수범함으로써 나라를 다스려 이 사랑하고 공경하는 효도의 근본정신을 가지고 나라 사람 모두에게 미치게 하라는 것이다.

이러한 마음은 홀아비나 홀어미와 같은 천하고 가련한 사람들에게까지도 미쳐서 조금도 업신여기지 말아야 하며, 하물며 관직이 없는 선비나 농민이나 공인(工人)이나 장사치까지도 추호도 업신여겨서는 안 된다.

이렇게 하여 제후는 모든 백성들의 환심을 사게 되는 것이다.

백성들이 기뻐하지 않는 자가 없고 보면, 이로써 능히 그 나라의 모든 사람들을 화락하게 만들 수 있을 것이며, 그 국토를 보존할 수 있을 것이다.

또 이 효심으로 자기(제후)의 선군을 받들어 섬긴다면 이것이야말로 큰 효도이다.

이 글은 앞의 경문(經文) 제후장에서 말한, 제후의 효와 서로 잘 통한다. 특히 홀아비와 홀어미까지도 감히 업신여기지 말라고 한 것은, 곧 교만하고 사치하지 말라는 말의 다른 표현이다.

3

집안을 다스리는 자는 부하나 노비에게라 할지라도 감히 실수를 저지르지 말아야 할 것이니, 하물며 처자의 경우에 있어서랴.
고로 사람들의 환심을 얻음으로써 그 양친을 섬기게 되었느니라.

原文 治家者는 不敢失於臣妾之心이니 而況於妻子乎아. 故로 得人之歡心하야 以事其親이니라.

註 치가자(治家者) : 집을 다스리는 자. 치가(治家)는 소위 「대학」에서 말하는 수신제가 치국평천하(修身齊家治國平天下)의 제가(齊家)로서 가정을 잘 다스린다는 뜻. 자기 가정을 잘 다스리려든 먼저 자기 몸을 닦으라는 말은 새겨 들을 필요가 있다. 여기에서 치가자는 경대부를 가리킨다. 불감실어신첩지심(不敢失於臣妾之心) : 자기 부하나 노비에게라 할지라도 감히 실수를 저지르지 말아야 한다는 뜻. 실(失)은 실수, 과실. 신첩지심(臣妾之心)은 부하와 노비의 마음. 신첩(臣妾)은 여자가 임금 앞에서 자기를 가리키는 말로도 쓰이나 여기에서는 옳지 않다. 참고로 「효경대의」에서는 이 '지심(之心)'을 삭제하고 있다. 이황어처자호(而況於妻子乎) : 하물며 처자에 있어서랴. 처자는 아내와 자식. 득인지환심이사기친(得人之歡心以事其親) : 사람들의 환심을 얻음으로써 그 부모를 섬기게 되었다는 뜻. 환심은 기뻐하는 마음. 반기는 마음. 좋아하는 것. 만국지환심(萬國之歡心)에서의 환심은, 자기나라 이외에 그 주변에 있는 여러 나라로부터 미움을 받지 않는다는 것. 자기 주위에 있는 나라는 어느 나라나 적으로 보지 않으면 안 된다. 그러므로 그 나라들을 노엽게 하거나 불쾌하게 하거나 하여서는 안 된다. 그 대신 환심을 얻어야 한다. 득백성지환심(得百姓之歡心)에서는 제후는 백성으로부터 환심을 사야 하고, 득인지환심(得人之歡心)에서는 경대부는 사·서인(士庶人)으로부터도 환심을 얻어야 나라가 잘 다스려진다.

解說 여기에서는 경대부는 효로 가정을 다스리고, 아울러 사(士)

와 서인(庶人)을 다스리는 것도 언급하였다.

　집을 다스리는 자는 먼저 자기 몸을 잘 닦아야 한다. 그런 다음에 자기가 거느리고 있는 공직상의 부하나 자기 집에서 거느리고 있는 남복·여비 등에 대하여 사소한 실수나 잘못이 있어서는 안 된다.

　부하나 노비에게도 그런데 하물며 아내나 자식에게 더욱 실수나 잘못이 있어서야 되겠는가.

　부하나 노비는 미천하고 소원하며, 처자는 귀하고 친한 것이다. 사람들의 마음이 친하고 귀한 데에 후하고, 소원하고 미천한 데에 박하게 되는 것은 인지상정이다.

　옛날의 경대부는 먼저 자기 몸을 닦음으로써 효도로 집을 다스려 그 사랑하고 공경하는 마음을 아래로 부하나 노비에게까지 미치게 하여, 일찍이 조금도 그들의 마음을 잃지 않았다. 그리하여 그와 같은 미천한 자들에게까지도 마음을 잃지 않았거늘, 하물며 제 처자와 같은 친하고 귀한 자는 얼마나 사랑하고 공경하였겠는가?

　이렇게 되면 온 세상 사람들의 마음을 잃지 않음은 가히 짐작이 가니, 그러므로 귀한 자도 천한 자도 없으며, 친한 자도 소원한 자도 없이 모두의 마음을 얻어서 이것으로 그 부모를 섬기게 되는 것이다.

4

　오직 이와 같으므로 살아서는 양친이 편안히 지내고, 돌아가서서 제사 지내면 영혼은 흠향하게 되는 것이다. 이로써 천하가 화평하고 재해가 생기지 않으며, 화란이 일어나지 않게 되는 것이니라.

　그러므로 명왕(明王)이 효로써 천하를 다스리면 모두

이와같이 된다.
「시경」에 이르기를, '바른 덕행을 주변 나라들이 따른다'고 하였느니라."

原文 夫然故로 生則親이 安之하고 祭則鬼이 享之라. 是以로 天下和平하야 災害不生하여 禍亂不作이니라.
故로 明王之以孝治天下也이 如此라.
詩云, 有覺德行을 四國이 順之라 하니라.

註 부연고(夫然故) : 오직 이와 같으므로. 무릇 그러하거늘. 그러하므로. 생즉친안지(生則親安之) : 양친이 살아서는 편안히 지내고. 생즉(生則)의 즉(則)은 곧, 즉의 뜻이므로, 생즉은 '살아서는 곧'이라는 뜻. 살아서는 곧 어버이가 편안히 지내고. 제즉귀향지(祭則鬼享之) : 죽어서 제사를 지내면 곧 영혼은 제물을 흠향하게 된다는 뜻. 귀(鬼)는 여기서는 죽은 사람의 영혼. 향(享)은 영혼이 와서 흠향하는 것. 흠향은 영혼이 제물을 먹는 것. 시이(是以) : 이로써, 이로 말미암아. 천하화평(天下和平) : 천하가 화평하다. 화평(和平)은 전쟁이 없고 평온한 것. 재해불생(災害不生) : 재해가 일어나지 않는다. 화란부작(禍亂不作) : 난리가 일어나지 않는다. 화란은 병화전란(兵禍戰亂)의 약어(略語). 고명왕지이효치천하야(故明王之以孝治天下也) : 이 장에서는 이 문장이 맨 앞과 맨 뒤에 각기 한 번씩 나온다. 여기에서 장의 이름을 효치(孝治)로 한 것이다. 즉 효로써 천하를 다스리고(孝治天下), 효로써 나라를 다스리고(孝治國), 효로써 집을 다스린다(孝治家)는 것이다. 여차(如此) : 이와 같다. 여차여차(如此如此)는 이러이러하다. 유각덕행(有覺德行) : 올바른 덕행. 바른 덕행. 유각(有覺)은 곧다, 바르다, 올바르다는 뜻. 덕행은 도덕에 맞는 훌륭한 행동. 도덕적 행동. 사국순지(四國順之) : 주변 나라가 이에 따른다. 사국(四國)은 자기 나라와 이웃하고 있는 주변의 여러 나라. 순지(順之)는 이에 따른다.

解說 여기에서는 훌륭한 천자가 효로써 천하를 다스린 것으로 결론을 삼고 있다.
천자와 제후와 경대부 등의 지배자들은 모두 효도로써 천하와 나라와 가정을 다스려서 사람들의 환심을 얻었다. 그리고 이것으로써 그 부모를 섬겼다. 그러므로 그 부모가 살아 있을 적에는 그 부모의 마음을 편안하게 하고, 돌아가신 뒤에는 제사를 모심으로써 생전의 부모를 추모하게 된다.

이는 그 마음이 편안한 바를 따르고, 그 영혼이 감동하기 쉬운 바를 따르기 때문이다. 이 때문에 온 천하 사람들이 이미 화락하고 태평하게 되는 것이다.

화락하면 사리에 어긋나는 일이 없어지기 때문에 재해가 생기지 않고, 태평하면 도리에 벗어나는 일이 없기 때문에 재화와 난리가 일어나지 않게 된다.

재해란 장마나 가뭄, 또는 질병 같은 것으로서, 이런 것은 하늘에서 생기고, 화란은 임금을 해치거나 아비를 죽이는 것과 같으니, 이는 사람에게서 발생한다.

효란 하늘의 상도이고 땅의 정도이고 사람의 행실이라고 공자는 말씀하였다.

사람마다 모두가 효도하고 보면 온 세상 사람들의 마음이 화락하고, 온 세상 사람들의 기운이 화락하여져서 온 천지가 화기애애하게 될 것이다. 이것을 공자는 '위대한 군주가 효로써 천하를 다스리는 것이 모두 이와 같았다'라고 하였다.

이것은 대개 지고지존의 천자가 몸소 효도를 실천함으로써 제후는 이에 감화하여 역시 효도를 실천하고, 경대부 역시 이에 감화하여 효도를 솔선수범함으로써 모두가 자기 몸을 닦고(修身), 자기 가정을 잘 다스리고(齊家), 자기 나라를 잘 다스리고(治國), 천하를 잘 다스린다(平天下)는 것이니, 이는 곧 훌륭한 천자의 힘인 것이다.

공자는 또 「시경」의 한 구절을 인용하여 그 뜻을 더욱 밝혀 주었다. 즉 의로운 것으로 천하를 다스리는데, 바른 도덕을 실행함으로써 여러 나라가 이에 순종하게 되고, 다시 '명왕(明王)이 효로써 천하를 다스리기 때문에 제후와 경대부가 모두 효로써 그 나라와 그 가정을 다스린다'고 밝힌 것이다.

옛날 현명하고 위대한 군주가 효로써 천하를 다스린 것은 효로써 치국의 근본을 삼았기 때문이다. 그래서 부모에 대한 애정을 일반 백성에게까지 미치게 하고, 저 많은 소국의 미신(微臣)들에게까지도 감히 그 대우를 소홀히 하는 일이 없었다.

효자는 다른 사람까지도 공경하는 인격을 갖추고 있는 것이다. 이것이 대의(大義)이다.

그런데 대의를 저버리고 소의(小義)에 눈이 어두워, 자기 부모는 하늘같이 받들고 남의 부모는 소홀히 하고, 자기 형제는 경애하면서 남의 형제는 업신여기고, 자기 친족만 중히 여길 때 지배자는 족벌정치를 일삼고, 붕우에도 차등을 두어 자기 고향 친구나 동문에게 치우친 대우를 하고, 자기 조상은 분에 넘치는 외형적인 치장을 일삼으면서 남의 조상은 무시하게 된다. 우리는 수많은 임금들이 신하를 업신여기다가 해를 당한 예를 알고 있다.

임금은 군자의 도량을 지녀야만 그 자리를 지킬 수 있고, 후세에까지 그 이름을 떨칠 수 있으며, 자기 조상을 더럽히지 않게 된다. 다른 사람을 공경하고 사랑하는 정신, 한쪽으로 치우치지 않는 넓은 사랑, 공명정대하고 공평무사한 통치자라야 천하를 온전히 다스리고 보전하여 태평성대를 이룰 수 있는 것이다.

한낱 미천한 신하에 대하여서까지 그 대우를 소홀히 하지 않는 임금이기 때문에 공·후·백·자·남 등 제후에 대하여는 말할 나위도 없다. 그러므로 여러 제후의 나라 인심이 이 명군에게로 쏠려, 더욱 천자를 공경하게 되고, 따라서 서로 화목하여 국가의 기강은 날로 튼튼하여지고 백성은 날로 편안하여진다.

이것이 곧 명왕이 선대의 왕을 섬기는 지극한 효라고 하였다.

천하의 일인인 천자가 이미 이와 같으므로 그 아래의 제후도 또한 효의 정신으로 그 나라를 다스리려고 애경의 마음을 가지고 백성을 대한다. 세상에서 가장 궁하고 가련한 홀아비와 홀어미, 또는 병든 자 같은 하잘것없는 궁세민(窮細民)들도 감히 업신여기거나 소홀히하지 않는다.

이것이 효를 극치의 근본정신으로 삼았던 선왕들의 치적이다. 이와같이 궁세민에 대하여서도 그들의 인격에 손상을 주지 않았으니, 하물며 사·서인(士庶人)에 대하여는 말할 나위도 없다.

사서인에 대하여도 이러하였으니, 하물며 경대부, 즉 대신 이하 고급관리에 대하여는 더 말할 나위조차 없다. 고관대작들도 진심으로 이에 따르면 이번에는 그 사람들이 또 힘을 다하여 모든 국민의 마음을 풀게 하고, 나라를 지켜가게 한다.

이와같이 효로써 나라를 다스리는 것이 그 선군을 섬기는 제후의 효가 되는 것이다.

제후들이 이와 같았으므로 경대부 이하 사인·서인에 이르기까지도 이를 본받아 효로써 자기 가정을 다스리고, 항상 사랑과 공경을 다하여 자기 부하나 노비, 모든 백성들을 대하니, 그들에게도 아무런 불평불만이나 실망이 없다.

부하나 노비에게까지도 이와 같으니, 하물며 자기 처자에 대하여는 말할 나위도 없다. 이처럼 가족 모두가 한결같이 가장에게 순종하고, 각자 맡은 바 본분을 다하니, 가정도 잘 다스려지고 명성도 높아져서 집안도 번창하게 되고, 부모도 편안한 생활을 즐길 수 있는 것이다. 이것이 경대부의 효이고, 또한 사와 서인의 효인 것이다.

이와같이 위로는 훌륭한 천자가 있고 나라에는 선정을 베푸는 제후가 있고, 아래로는 경대부 이하 모든 백성에 이르기까지 효로써 그 어버이를 섬기므로 살아 계신 부모는 자식의 효성어린 봉양으로써 아무런 걱정없이 즐겁게 살아간다. 죽은 후에는 제사를 통하여 어버이들의 영혼일망정 추모를 받는 것이다.

이와같이 상하를 통하여 효순의 덕이 행하여져서 천하는 화평하고 모든 재해는 일어나지 않게 되며, 병화전란도 일어나지 않게 된다.

훌륭한 임금이 효로써 천하를 다스리면 모든 것이 이같이 된다. 「시경」에서도 '도덕에 맞는 천자의 훌륭한 행동은 모든 나라가 이에 따른다' 라고 하였다.

성치장(聖治章)

1

증자가 말하였다.
"감히 여쭈옵니다. 성인의 덕으로서 효보다 더한 것은 없습니까?"
공자께서 대답하셨다.
"하늘과 땅에서 받은 만물의 성품 중에서는 사람이 가장 귀하고, 사람의 행실에 있어서는 효보다 더 큰 것이 없고, 효에 있어서는 아버지를 존경하는 것보다 더 큰 것이 없고, 아버지를 존경하는 데 있어서는 하늘을 소중히 여기는 것보다 더 큰 것이 없나니, 이것을 두루 갖춘 이는 오직 주공(周公)뿐이었느니라.

原文 曾子曰, 敢問, 聖人之德이 亡以加於孝乎이까.
子曰, 天地之性에 人이 爲貴하고, 人之行은 莫大於孝하고, 孝는 莫大於嚴父하고, 嚴父는 莫大於配天하니 則 周公이 其人也니라.

註 감문(敢問) : 감히 문건대. 성인지덕무이가어효호(聖人之德亡以加於孝乎) : 성인의 덕으로서 효도보다 더 중요한 것은 없습니까? 호(乎)는 의문의 어조사. 천지지성인위귀(天地之性人爲貴) : 이 세상의 만물이 하늘

과 땅에서 받은 성품 중에는 사람이 가장 귀하다. 천지지성(天地之性)은 하늘과 땅으로부터 부여받은 만물의 성품. 인위귀(人爲貴)는 사람이 가장 귀하다. 인지행막대어효(人之行莫大於孝): 사람의 행실 가운데서는 효도보다 더 큰 것이 없다. 막대(莫大)는 이것보다 큰 것은 없다. 어효(於孝)는 효보다. 효막대어엄부(孝莫大於嚴父): 효도는 아버지를 존경하는 것보다 더 큰 것이 없다. 효는 아버지를 존경하는 것이 제일이다. 엄부(嚴父)는 엄격한 아버지, 아버지의 경칭, 아버지를 존경함 따위로 쓰이나, 여기에서는 아버지를 존경하는 것. 엄부막대어배천(嚴父莫大於配天): 아버지를 존경하는 데 있어서는 배천(配天) 보다 더 큰 것이 없다. 경부(敬父)는 배천이 제일이다. 배천은 왕후가 하늘을 제사 지낼 때 자기 조상을 함께 제사 지내는 것이다. 이것은 하늘과 아버지를 동일시하여, 하늘을 높이는 것같이 아버지를 높이기 때문이다. 배(配)는 짝짓는다는 뜻으로, 덕이 커서 하늘과 짝지을 만하다는 뜻이다. 곧, 배천은 하늘을 소중히 여긴다는 뜻. 즉주공기인야(則周公其人也): 곧, 주공(周公)이 그 분이다. 이것을 모두 갖춘 이는 주공이었다. 주공은 주(周)나라 문왕(文王)의 아들이고 무왕(武王)의 아우이며, 이름은 단(旦)이다. 지금의 섬서성(陝西省) 기산현(岐山縣)인 주나라를 다스렸기에 주공(周公)이라 일컬었다. 무왕과 그 아들 성왕(成王)을 도와서 주나라의 제도·문물을 제정하고, 주왕조의 기초를 세웠으며, 공자의 이상적인 성인이다. 주공은 주나라에 벼슬하여 지위가 삼공의 자리에 있었기 때문에 주공이라 불렀다.

解說 증자는 앞의 효치장에서 공자로부터 이미 명왕이 효도로써 천하를 다스리면 그 지극한 효험이 나타난다는 것을 들었다. 이 장에서는 그것을 다시 넓혀서 묻는다.

"감히 묻거니와 천자나 성인에 있어서 천하를 다스리는 것이 진실로 효도에 근본한다고 하셨는데, 그렇다면 성인의 덕이란 과연 이 효도보다 더한 것은 없는 것입니까? 그렇지 않으면 효도보다 더한 것이 있는 것입니까?"

이 물음에 대하여 공자는 다음과 같은 효의 진리, 즉 성인의 정치철학을 펴간다. 이것이 바로 성치(聖治)이다. 그래서 이 장의 이름이 성치장이다.

음양설에서는 하늘은 양(陽)으로서 만물을 낳고, 땅은 음(陰)으로서 만물을 기른다. 그러므로 하늘과 땅이 만물을 낳고 기르는 것은 음양의 기운으로 이루어지는 것이다. 그러나 이 기운은 말·소·개 등 만물의 형상을 이루게 되고, 또한 성품까지도 부여하기 때문에, 공자는 말하기를 '사람도 하늘과 땅의 성품을 받아 태어나지만, 이 세상 만물에 비하면 가장 귀한 것이다. 말하자면 사람은 만물의 영장이다. 그렇기 때문에 하늘(天)과 땅(地)과 사람(人)을 합쳐 삼재(三才)라고 한다'하였다.

이것을 다시 풀면 하늘과 땅의 성품으로 말하자면 사람이 가장 귀하고, 또 사람의 행실을 가지고 말한다면 효도가 제일 크다.

이것은 무슨 뜻인가.

사람이 하늘과 땅의 성품을 받은 것은 인·의·예·지·신의 다섯 가지뿐인데, 이 중에서 오로지 인(仁)만 가지고 말한 것은, 이 인(仁)이라는 것이 사람의 마음의 온전한 덕이 되고, 그 나머지인 의·예·지·신은 모두 그 인 속에 들어 있기 때문이다. 그런데 인이란 것은 사랑을 주장으로 삼고, 그 사랑이란 부모를 사랑하는 것보다 더 큰 것이 없다.

인이란 마치 물이 흘러내리는 것과 같아서 부모를 친애하게 하는 것이 제일이요, 백성들에게 어진 마음을 베푸는 것이 둘째 문제요, 그 다음으로는 만물을 사랑하는 것이다.

이는 사람들의 모든 행실이 되는 것이며, 이 행동 중에는 효보다 더 큰 것이 없다. 그럼에도 불구하고 사람들은 이 효도가 그렇게 크다는 것을 알지 못하고, 저마다 조그만 일에 빠져서 사람의 귀함을 알지 못하여 자기 몸을 천하게 여긴다.

이렇게 자기 몸을 천하게 여기면, 비록 사람으로서의 형용을 갖추었어도 금수와 다를 바 없고, 범인의 무리 속에서 빼어나지 못하게 된다.

이상은 공자께서 증자에게 대답한 말씀으로, 주로 「효경대의」의 주석에 따른 것이다. 여기에서 공자는 이 장의 서론으로 '하늘과 땅으로부터 받은 만물의 성품 중에서 사람이 가장 귀한 것이요, 이 사람의 행실 중에서는 효보다 더 큰 것이 없다'고 하였다.

이는 사람으로 하여금 저마다 자기 몸이 귀하다는 것을 알고 행실 중에서 제일 큰 것, 즉 효를 힘쓰도록 하기 위한 것이다.

전한(前漢)의 유학자(儒學者)인 동중서(董仲舒)는 '반드시 자기 몸이 다른 물건보다 귀하다는 것을 안 연후에라야 가히 착한 일을 할 수 있다'하였으니, 이야말로 역시 공자의 뜻이다. 이어서 공자께서는 다음과 같이 말씀을 잇는다.
　사람의 자식으로서 부모에게 효도하는 데는 여러 가지가 있지만, 그 중에서도 그 아버지를 존경하는 것이 제일 큰 효이다. 또 그 아버지를 존경하는 것도 여러 가지가 있지만, 그 중에서도 하늘과 같이 모시는 것이 제일 중요하다.
　오직 하늘만이 제일 커서 그보다 더 크고 존경할 것이 없는데, 자기 아버지를 이와같이 존경하고 보면, 이는 아버지를 향한 존경이 이보다 더 클 수가 없다. 이렇게 어진 사람과 효자가 부모를 사랑하는 것이 비록 무궁무진하기는 하나, 그러나 그 중에서도 능히 효도 중에 제일 큰 것을 골라 자기 아버지를 하늘처럼 존경한 이는 오직 주공뿐이었다.
　「중용」에서 공자는 '무왕(武王)이 아직 천자가 되기 전에 주공(周公)이 문무(文武)의 덕을 이루어 대왕과 왕계(王季)를 추숭(追崇)하여 임금으로 삼고, 위로 선공(先公)을 천자의 예로 제사 지냈다'라 하였으니, 그 아버지를 하늘과 같이 존경한 이는 오직 주공이었다고 말씀하였다.

2

　옛날에 주공께서 후직(后稷)께 춘추대제(春秋大祭)를 올림으로써 하늘을 소중히 하셨고, 주문왕(周文王)을 명당에 높이 받들어 제사 지냄으로써 천신(天神)을 소중히 하셨느니라. 이로써 사해 안의 모든 사람들은 각기 그 직책대로 와서 제사를 도우니, 무릇 성인의 덕이 어찌 이 효보다 더한 것이 있으리오.

[原文] 昔者에 周公이 郊祀后稷하사 以配天하시고, 宗祀文
王於明堂하사 以配上帝하시니라. 是以로 四海之內, 各
以其職으로 來助祭하니 夫聖之德이 又何以加於孝乎리오.

[註] 교사(郊祀): 천자가 교외에서 천지를 제사 지내는 것. 동지(冬至)에는 남교(南郊)에서 하늘을 제사 지내고, 하지(夏至)에는 북교(北郊)에서 땅을 제사 지냈다. 교(郊)는 본국과 멀리 떨어진 땅으로, 중국에서는 왕성 1백리 안을 '향(鄕)'이라 칭하고, 향 밖 1백리를 '수(遂)'라 하며 그보다 밖을 '교(郊)'라 하였다. 사(祀)는 제사 지내는 것. 후직(后稷): 주왕조(周王朝)의 시조(始祖). 이름은 기(棄). 어머니인 강원(姜嫄)이 거인(巨人)의 발자국을 밟아서 임신하여 낳았다고 한다. 순임금이 이 사람에게 명하여 직(稷)삼아 백성들에게 모든 곡식을 재배하는 법을 가르치고, 비로소 태(邰)라는 곳에 봉하여 제후를 삼아 그 나라의 임금노릇을 하게 하였다. 그러므로 후직이라고 불렀으니, 이분이 바로 주(周)나라의 시조이다. 원래는 직(稷)은 오곡(五穀)이고, 후(后)는 장관이므로 후직은 농업을 관장하는 장관이다. 교사후직이배천(郊祀后稷以配天): 주나라 교외에서 시조 후직을 하늘과 땅과 함께 제사 지냄으로써 하늘을 소중히 여긴다. 종사문왕어명당이배상제(宗祀文王於明堂以配上帝): 주문왕(周文王)을 명당(明堂)에서 제사 지냄으로써 천신(大神)을 소중히 버신다. 종사(宗祀)는 높이 받들어 제사 지내는 것. 종(宗)은 존중하다. 명당은 임금이 나와서 정사를 다스리는 궁전으로서, 남향이므로 밝아서 명당이라 하였다. 지금 우리들은 색 좋은 묘자리를 말한다. 배상제(配上帝)는 상제와 함께 함. 즉 상제를 소중히 함. 상제는 하늘의 신. 천제(天帝). 천자 또는 상고(上古)의 제왕을 말하기도 한다. 사해지내(四海之內): 온 천하. 각이기직래조제(各以其職來助祭): 각기 그 직책대로 와서 제사 지내는 것을 조력하였다. 부성지덕우하이가어효호(夫聖之德又何以加於孝乎): 무릇 성인의 덕이 또한 어찌 효도보다 더한 것이 있으리오.

[解説] 공자께서는 여기에서 말씀을 계속하셨다.

옛날 주공(周公)의 제례(祭禮)에, 주왕조(周王朝)의 시조 후직을 교외에서 천신(天神)·지신(地神)과 함께 제사 지냄으로써 하늘을 소중히 여겼고, 주문왕(周文王)을 명당에 높이 받들어 제사 지냄으로써 천신을 소중히 받들었으며, 이로써 천하의 모든 사람들은 다 각기 그 맡은 바에 따라 와서 제사를 도우니, 무릇 성인의 덕이 어찌 이 효도보다 더한 것이 있을 수 있겠는가.

공자께서는 이처럼 주공이 시조를 비롯한 그 조상을 높이 받들어 모신 제사에 대하여 말씀하셨다.

옛날 주공의 제례에, 하늘을 제사 지내는 데에는 후직과 함께 하였으니, 이는 후직을 존경하기를 하늘과 같이 한 것이요, 종묘에서 천신께 제사 지내는 데에는 주문왕과 함께 하였으니, 이는 문왕을 천신과 같이 존경한 것이다.

주공께서 그 아버지와 할아버지를 이와같이 존경하였으니, 이 때문에 그 덕교가 사해에 미쳤다. 이에 천하 안에 있는 모든 제후는 각각 그 직분에 맞추어 와서 조력하여 동지(冬至)에는 남교(南郊)에서 추향(秋享), 하지(夏至)에는 북교(北郊)에서 춘향(春享) 등 춘추대제(春秋大祭)를 지냄으로써 하늘과 땅에 제사 지내고, 또한 천자가 정사를 보는 궁전에서 종묘의 제사를 지냈다.

효도가 사람을 감화시키는 것이 이와 같았으니, 성인의 덕이 어찌 이 효도보다 더한 것이 있겠는가?

이와같이 공자께서는 증자의 물음에 대한 대답이 지극하였다. 이는 이 아랫글에, 성인의 효로 백성을 가르치는 것을 다시 상세히 말하려는 때문이다.

3

그러므로 친애의 정은 출생하여 양친의 품안에 있을 때 싹트고, 자라서 부모를 봉양함으로써 날로 공경하는 마음이 생겨나는 것이니, 성인은 이 존엄으로써 공경하는 것을 가르치고, 친애의 정으로써 사랑하는 것을 가르친다.

이로써 성인의 가르침은 엄격하지 않고서도 이루어지

며, 그 정사는 엄중하지 않고서도 다스려지니, 그것은 그들이 근본을 바탕으로 삼기 때문이니라."

原文 是故로 親生毓之하고 以養父母하여 曰嚴하나니, 聖人이 因嚴以敎敬하고 因親以敎愛니라.
聖人之敎 不肅而成하며, 其政이 不嚴而治하니 其所因者 本也라.

註 친생육지(親生毓之) : 생육(生毓)은 낳아 기른다는 뜻. 육(毓)은 육(育)과 같다. 친애의 마음은 부모의 품안에 있을 때 생긴다는 뜻. 「금문효경」에는 '고로 슬하에 나서 부모의 사랑을 알 뿐이요(故親生之膝下)'로 되어 있다. 이양부모왈엄(以養父母曰嚴) : 커서 부모를 봉양함으로써 날로 부모를 공경하는 마음이 생기게 된다. 엄(嚴)은 여기서는 공경하다. 성인인엄이교경(聖人因嚴以敎敬) : 성인은 존엄으로써 공경하는 것을 가르친다. 인친이교애(因親以敎愛) : 친(親)으로써 사랑하는 것을 가르친다. 친(親)은 친숙. 성인지교불숙이성(聖人之敎不肅而成) : 성인의 가르침은 엄격하지 않고서도 이루어진다. 기정불엄이치(其政不嚴而治) : 그 정사가 엄중하지 않아도 다스려진다. 기소인자본야(其所因者本也) : 그 까닭인즉 그들이 근본을 바탕으로 삼기 때문이다.

解說 대개 사람이 출생하여 부모의 품안에서 자라는 어렸을 때에는 오직 부모가 가까운 사이라는 것 정도만을 알 뿐이요, 부모를 공경하여야 한다는 것은 알지 못한다.

그러나 차츰 커감에 따라 자연히 부모를 친애하는 마음과 공경하는 마음을 억제하지 못하는 것은, 이것이 곧 하늘의 성품이요, 또 비록 친히 사랑하기는 하나 높고 낮은 지위는 이미 일정하여서 바꿀 수 없으니, 이것이 하늘의 분수이다.

이는 또한 사람으로서 갖추어야 할 본연의 자세이므로, 성인이 가르침을 행하는 데 있어서도 역시 억지로 하지는 못하는 것이다. 그렇기 때문에 공자는 다음과 같이 말씀하셨다.

즉, 존엄한 것으로 말미암아 공경하는 것을 가르치고, 친한 것으로 사랑하는 것을 가르치니, 이 공경과 사랑을 가르치는 것은, 양심을 열어 그 착한 성품을 펴게 할 뿐이요, 밖으로 다른 것이 오기를 기다리지 않는다. 그러므로 그 가르침은 엄숙하기를 기다리지 않고서도 저절로 이루어지며, 그 정사는 엄한 것을 기다리지 않고서도 저절로 다스려진다.

사람이 자식으로 태어나면, 누구나 3년이 지나야만 그 부모의 품을 벗어나는 것이니, 나를 키우고 길러 주시며, 나를 돌보고 일깨워 주시며, 먹여 주고 입혀 주고 하는 골육의 정이 이보다 더한 것이 없고, 낳고 길러 준 은혜가 이보다 더 큰 것이 없다. 이 때문에 이 은혜는 하늘처럼 높고 큰 것이다.

다시 말하면 부모의 은덕은 하늘과 땅과 같이 크니, 비록 자식된 자로서 효도를 다하여 이 은혜를 갚았다 한들 역시 끝이 없다. 그리고 이는 모든 사람의 마음 속에 타고난 성품이다. 이 때문에 갓난 어린애라도 그 부모를 사랑할 줄 알게 되는 것이다. 성인은 다시 이것이 한낱 사랑하는 데만 흐르고 공경하지 않는 일이 생길 것을 걱정하여, 여기에서 엄한 것으로써 공경함을 가르쳐, 이 사랑하는 것으로 좋지 못한 버릇이 생기지 않게 하고 다시 또 친애로써 사랑하는 것을 가르쳐 공경하는 것이 소홀히 여겨지지 않도록 하였다.

이는 성인이 인심(人心)과 천리(天理)에 공을 쌓아 인륜이 땅에 떨어지지 않도록 애쓴 바이다.

주자는 이 장에서, 여기에서는 효는 덕의 근본임을 풀이한 것이라 하고 다음과 같이 말하였다.

"여기에서는 아버지를 존경하기를 하늘과 같이 하는 것을 말하는데, 성인인 주문왕과 주공의 일을 예를 들어서 그 효도하는 것을 찬미한 것이요, 모든 효도하는 자들이 반드시 이렇게 하여야 한다는 것은 아니고, 더구나 효도가 크다는 것은 스스로 깨닫는 점이 있으므로, 그것이 이를 말한 것이 아니겠는가 ? 그렇지 않고, 만일 반드시 이렇게 하여야만 효도가 된다고 하면, 이는 남의 신하나 자식된 자로 하여금 모두 이것을 어렵게 생각하여 도리어 큰 불효가 되고 말 것이다.

　그런데 이 글을 여기에 넣은 자는 다만 그 효도가 크다는 것만 보고, 여기에 수록한 것이요, 이것이 천하의 공통된 교훈이 아니라는 것은 알지 못한 것이다.

　그러므로 읽는 사람이 이것을 자세히 살펴 글로써 그 뜻을 해치지 말아야 할 것이다. '그러므로 친애의 정은 나서 부모의 품안에 있을 때' 이하는 글 뜻이 친절하기는 하나 윗글과는 연결이 되지 않고, 아랫글과 오히려 가깝기 때문에 지금의 글은 아래의 두 장과 합쳐서 한 장을 만들었다.

　다만 아랫장 첫머리에는 말을 고쳐서 글뜻이 역시 중복되었으니, 이것을 합쳐서 한 장을 만들 수 없기 때문에 이것은 역시 옛 글대로 윗장에 붙이거나 따로 한 장을 만드는 것이 옳을 것이다."

부모생적장(父母生績章)

공자께서 말씀하셨다.

"부자의 도리는 천성이요, 군신의 의리이니라. 부모가 나를 낳으셨으니 대를 잇는 것이 이보다 더 큰 것이 없고, 임금과 부모로 임하니 은혜 두터움이 이보다 더 중한 것이 없느니라."

原文 子曰, 父子之道는 天性也요 君臣之誼也라. 父母生之하시니 績莫大焉이오, 君親臨之하시니 厚莫重焉이니라.

註 부자지도(父子之道): 부모와 자식간의 도리. 어버이는 자식을 사랑하고, 자식은 어버이를 공경하는 것. 천성야(天性也): '천성(天性)이다'의 뜻. 천성은 타고난 본성. 천분(天分). 군신지의야(君臣之誼也): 군신간의 의리. 「금문효경」에는 '군신지의야(君臣之義也)'로 되어 있다. 부모생지적막대언(父母生之績莫大焉): 부모생지(父母生之)는 부모가 나를 낳으셨다. 적막대언(績莫大焉)은 대(代)를 잇는 것이 이보다 더 큰 것이 없다. 적(績)은 실을 뽑는 것. 자손을 끊지 않고 대를 잇는 것. 또한 아들을 낳아 자손을 잇는 것은 인류의 공적이라고 풀이하는 수도 있으나, 역시 잇는다고 보는 편이 타당하다. 막대(莫大)는 이보다 더 큰 것이 없다. 지극히 크다. 언(焉)은 의문이나 반어(反語)를 나타내는 어조사. 이보다 더 큰 것이 있겠는가? 아니, 절대로 없다의 뜻. 군친림지(君親臨之): 어버이와 자식의 관계는 때로는 임금과 같은 존엄성이 있고, 때로는 어버이로서의 친애함이 있다. 후막중언(厚莫重焉): 그 은혜의 두터움이 이보다 더 중한 것이 있겠는가? 아니, 절대로 없다.

解說 이 글은 '부모가 나를 낳아 대(代)를 잇는다(父母生, 績莫

大)'는 부모생적장(父母生績章)이다.

　이 장에서는 비록 '공자께서 말씀하셨다' 하고 새로 말을 꺼내기는 하였지만, 앞장의 성치장(聖治章)의 뜻을 이어서 한 말씀이다.

　부자간의 도리를 가리켜 하늘의 성품 즉 사람이 태어날 때부터 가지고 있는 본성이라고 한 것은 친하다, 가깝다는 뜻이고, 군신의 의리라고 한 것은 엄하다는 뜻을 각기 나타낸다.

　「주역」에 말하기를 '집안 사람 중에도 엄군(嚴君)이 있도다. 이는 부모를 이름이다' 했는데 이를 두고 말한 것이다.

　대개 가족이란 부모를 중심으로 하는 혈족관계이다 이 가족의 영원한 생명은 종족보존이라는 본능에서 유래한다. 그러므로 자손이 끊이지 않도록 자자손손 대를 이어 가는 것이 효의 대의인 것이다.

　맹자는 또한 '불효에는 세 가지가 있는데, 후사가 없는 것이 그 중 가장 큰 불효이다'라고 말하였다.

　어버이와 자식의 관계는 임금을 대함과 같은 존엄성이 있으며, 동시에 또 어버이로서의 친애함이 있다. 즉 임금의 존엄과 부모의 사랑이 겸하여 있는 것이 아버지의 은혜이다.

　그 은혜로 말미암아 사람이 이 사회에서 편히 생활할 수 있다면, 그 은혜의 두텁고 큼은 그 어느 것에도 비할 수가 없다. 그러므로 자식된 자가 그 은혜를 사모하고 존경하는 것은 자연의 이치이자, 진리이다.

효우열 장(孝優劣章)

1

공자께서 말씀하셨다.

"자기 부모를 사랑하지 않으면서 다른 사람을 사랑하는 것을 패덕(悖德)이라 하고, 자기 부모를 공경하지 않으면서 다른 사람을 공경하는 것을 패례(悖禮)라 하느니라.

原文 子曰, 不愛其親이오 而愛他人者를 謂之悖德이오, 不敬其親이오, 而敬他人者를 謂之悖禮니라.

註 불애기친(不愛其親) : 부모를 사랑하지 않는다. 불애(不愛)는 사랑하지 않는다. 기친(其親)은 그 양친. 이애타인자(而愛他人者) : ~하면서 타인을 사랑하는 자. 이(而)는 ~하면서, 그리고. 위지패덕(謂之悖德) : 이를 패덕(悖德)이라고 말한다. 위지(謂之)는 이것을 ~라고 말한다. 패덕은 도덕에 어긋남. 배덕(背德). 불경기친이경타인자(不敬其親而敬他人者) : 그 부모를 공경하지 않으면서 남을 공경하는 사람. 위지패례(謂之悖禮) : 이를 패례(悖禮)라고 말한다. 패례는 예에 어긋남.

解說 이 장에서는 효도에도 참다운 효, 올바른 효와 어긋난 효, 잘못된 효가 있다 하여, 효에 우열(優劣)을 두어 말씀하셨기 때문에 효우열장(孝優劣章)이라 일컬었다.

 부모와 자식 사이는 모든 인륜의 근간을 이루는 것이다. 스스로 자기를 낳아 기른 부모의 은덕을 알고, 이를 사랑하고 공경하는 것은 사람의 자식된 자로서 갖추어야 할 최소한의 상도이다. 그러므로 자기 부모를 처음부터 끝까지 일생을 두고 사랑하고 공경하면서, 그 효의 정신을 남의 부모, 즉 어른이나 윗사람들에게까지도 옮겨 남을 사랑하고 공경하며 임금을 공경하고 나라를 사랑하는 것 역시 자연의 도리요, 천리(天理)이다. 이것이 바로 순덕(順德)이요 순례(順禮)이다.

이에 반하여, 내 어버이를 충분히 사랑하지도 않고, 내 어버이를 깍듯이 공경하지도 않으면서 남의 어버이, 즉 남을 사랑하고 공경하며, 내 임금, 내 나라를 미워하고 멸시하면서 다른 나라 임금이나 다른 나라를 사랑하고 공경하는 것 따위는, 그 근본을 버리고 역행하는 것이니, 곧 패덕이요, 패례이다.

앞장에서 말한 바와같이, 주자(朱子)는 위의 글까지만 잘라서 부모생적장에 넣어 전문 제6장으로 하고, 다음 글 29자는 삭제해 버렸다.

2

그와 같이 법도에 어긋나는 일을 가르친다면 백성들은 본받을 곳이 없게 될 것이요, 선(善)에 마음을 두지 아니하니 모두들 나쁜 마음을 가지게 될 것이니라.

비록 그가 뜻을 이루었다 할지라도 군자는 이에 따르지 않을 것이다. 군자는 그러하지 아니하니, 말을 할 때는 도에 합당한가 먼저 생각하고, 행할 때는 즐거울까 어떨까 먼저 생각하여 보느니라.

그 덕과 의는 존경할 만한 것이 되게 하고, 행동에 있어서는 법도에 맞도록 노력하며, 용지(容止)는 보기 좋게 하고, 거취는 다른 사람의 모범이 될 만하게 하며, 이로써 그 백성들에 임하면 백성들이 이를 외경하고 친애하고 법도로 삼으며 본받게 되느니라.

그러므로 그 덕교를 이루게 되고, 그의 정령을 행할 수 있게 되느니라.

「시경」에 이르기를, '선량하고 덕이 높은 훌륭한 지배자는 그 규율이 바뀌지 않는다'고 하였느니라"

原文 以訓則昏이면 民亡則焉이오, 不宅於善이면 而皆在於凶德이니라.

雖得志라도 君子弗從也라. 君子則不然이니 言思可道하고 行思可樂이니라.

德誼可尊하고 作事可法하며, 容止可觀하고 進退可度하여 以臨其民하니라. 是以其民은 畏而愛之하고 則而象之니라.

故로 能成其德敎하야 而行其政令이니라.

詩云, 淑人君子여 其儀不忒이라 하니라.

註 이훈칙혼(以訓則昏):법도에 어긋나는 것을 가르침으로써. 칙(則)은 여기에서는 법칙, 법도(法度). 혼(昏)은 어긋나는 일.「금문효경」에는 '어긋난 법도에 따르면 (以順則逆)'으로 되어 있다. 민무즉언(民亡則焉):백성들은 본받을 것이 없다. 불택어선(不宅於善):선(善)을 바탕으로 하고 있지 않다. 선(善)에 거(居)하지 않다. 이개재어흉덕(而皆在於凶德):그리고 모두가 나쁜 성질을 가지게 될 것이다. 흉덕(凶德)은 악덕. 나쁜 성질. 수득지군자불종야(雖得志君子弗從也):비록 뜻을 이루었다 할지라도 군자는 따르지 않을 것이다. 수(雖)는 비록 ~할지라도. 득지(得志)는 뜻을 얻다. 입신출세하다. 군자는 덕망이 높은 훌륭한 사람. 불종(弗從)은 따르지 않다. 불(弗)은 불(不)보다 부정의 뜻이 강하다. 군자즉불연(君子則不然):군자는 곧 그러하지 않을 것이다. 군자는 곧 그런 일을 하지 않는다. 불연(不然)은 복종하지 않는 자라는 뜻과 그렇지 않다라는 뜻이 있다. 언사가도(言思可道):말할 때는 옳은 일인가를

먼저 생각한다. **행사가락(行思可樂)**: 행할 때는 (이것을 하면) 즐거울 것인가, 어떨까를 먼저 생각하여 보고 나서 한다. **덕의가존(德誼可尊)**: 사람으로서 **행하여야** 할 바른 도리는 존경할 만한 것이 되게 한다. 덕의(德誼)는 사람으로서 행하여야 할 바른 도리. **작사가법(作事可法)**: 행동에 있어서는 법도에 맞도록 힘쓴다. 작사(作事)는 일을 꾸미는 것이나 여기에서는 자기의 **행동**. **가법(可法)**은 법도에 맞도록 노력하는 것. **용지가관(容止可觀)**: 몸가짐을 보기 좋게 한다. 용지(容止)는 몸가짐. 또는 기거(起居)와 동작. 가관(可觀)은 남이 훌륭하게 보는 것. 그러나 현재 가관은 '꼴불견'이라는 뜻으로 많이 쓰인다. **진퇴가도(進退可度)**: 거취가 다른 사람의 모범이 될 만하다. 진퇴(進退)는 앞으로 나아감과 뒤로 물러감. 가도(可度)는 법도에 알맞음. 여기서는 빈틈없이 예법에 적합하여 조금도 어지럽지 않은 것을 말한다. **이림기민(以臨其民)**: 이로써 그 백성들을 대한다. 임(臨)은 임하다, 미치다, 다다르다. **시이기민외이애지(是以其民畏而愛之)**: 이로써 그 백성들이 이를 외경하고 친애한다. **칙이상지(則而象之)**: 법도로 삼으며 이를 본받는다. 상(象)은 외형을 본받는 것. **능성기덕교(能成其德敎)**: 능히 그 덕교(德敎)를 이룬다. 덕교(德敎)는 도덕의 가르침. 착한 길로 인도하는 교훈. **이행기정령(而行其政令)**: 그리고 그 정사가 잘 행하여진다. 정령(政令)은 다스리는 일. 정사. **숙인군자(淑人君子)**: 숙인(淑人)은 선량하고 덕이 많은 사람. 군자도 덕에 관여하는 사람. 재위자(在位者). 그러므로 여기서는 직접 정치하는 사람. **기의불특(其儀不忒)**: 그 규율이 바뀌지 않는다. 의(儀)는 규율, 특(忒)은 변하다, 틀리다, 불특(不忒)은 변하지 않는다. 바뀌지 않는다.

[解說] 공자께서는 자기 부모를 사랑하지 않으면서 남을 사랑하는 것은 덕에 어긋난 짓이요, 자기 부모를 공경하지 않고 남을 공경하는 것은 예에 어긋난 짓으로써 두 가지 다 패륜이라고 못박고, 이어서 다음과 같이 주로 위정자들에게 주의를 환기시켰다.

위정자 또는 정치인이 피지배자 또는 백성들에게 법도에 어긋난 것을 가르치거나, 자기 스스로 법도에 어긋난 행동을 한다면 백성들은 그 위정자에게서 아무것도 본받을 것이 없게 되고, 위정자가 선을 바탕으로 하여 백성을 다스리지 않고, 즉 선정을 베풀지 않으면, 백성들이 모두 나쁜 성질을 가지게 되고 나쁜 짓만을 골라서 하게 될 것이다.

또한 지배자가 비록 착한 일을 하지 않고 도에 벗어난 행위를 하여 설사 입신출세를 하였다 한들, 사리사욕에 눈이 어두운 부도덕한 어리석은 사람이라면 몰라도 군자와 같이 마음이 바르고 덕망이 높은 훌륭한 사람이라면, 이러한 위정자는 따르지 않을 것이다.

군자라고 일컬어지는 바른 인간은 도리에 어긋나는 일이라면 그런 일은 하지도 않을 뿐더러 생각지도 않는다. 도의에 벗어난 일이면 아예 거들떠보지도 않는 것이 군자의 도인 것이다.

그러므로 위정자는 말하기 전에 먼저 그 말이 도(道)에 어긋나는가 아닌가를 생각하고 나서 말을 하고, 행동으로 옮길 때는 이 일이 과연 자기 자신이나 상대방에게 즐거운 결과를 가져올 것인가 불쾌한 결과를 가져올 것인가를 생각하여, 조금이라도 불쾌감을 줄 일이면 아예 하지 않는다.

사람으로서 마땅히 행하여야 할 바른 도리는 존중하고, 법에 어긋난 일은 행하지 않기 때문에 양심에 부끄러운 점이 없는 것이다. 또한 아무리 의식이 족하지 않다 하더라도 바른 길을 걷는 사람은 마음은 반드시 고결하여 이것이 밖으로 나타나 몸가짐이 훌륭하고, 거취가 분명하여 그 품위가 고귀하다.

이러한 인격을 갖춘 자가 정사를 다스릴 경우, 백성은 그를 마음 속으로 존경하고 공경하며 친애하고 신뢰하여, 그 지배자의 행실을 본받는 것을 명예롭게 생각하게 될 것이다. 그렇게 되면 세상은 안정되고, 국사는 바르게 행하여져 참으로 이상적인 나라가 될 것이다.

「시경」에도, 덕망이 높고 훌륭한 군자는 그 예의 범절을 틀리게 하는 법이 없다고 하였다.

기효행장(紀孝行章)

1

공자께서 말씀하셨다.

"효자가 부모를 섬김에 있어서 평소 슬하에 있을 때에는 그 공경하는 마음을 다하고, 봉양함에 있어서는 부모가 즐거움을 다하도록 하고, 부모가 병이 나셨을 때는 근심을 다하도록 하고, 부모가 돌아가시면 슬픔을 다하도록 하고, 제사에 있어서는 엄숙한 마음을 다하도록 하여야 하니, 이 다섯 가지가 갖추어진 연후에야 부모를 잘 섬겼다고 말할 수 있을 것이니라.

原文 子曰, 孝子之事親也에, 居則致其敬하고 養則致其樂하고 疾則致其憂하고 喪則致其哀하고 祭則致其嚴이니, 五者備矣 然後에야 能事其親이니라.

註 효자지사친야(孝子之事親也) : 효자가 어버이를 섬김에 있어서. 효자로서 양친을 섬기는 방법은. 거즉치기경(居則致其敬) : 평소에 부모님 슬하에 있을 때에는 부모님께 공경을 극진히 한다. 거(居)는 여기서는 집 안에 있는 것. 아직 어려서 부모의 품안에서 자라고 있을 때. 치(致)는 마음을 미루어서 그 극진함에 이른다는 말. 양즉치기락(養則致其樂) : 부모가 늙어서 식사를 봉양할 때에는 부모님의 마음을 기쁘게 하여 드린다. 양(養)은 봉양, 즉 평상시의 음식 또는 기거를 말함. 낙(樂)은 여기서는 즐기는 것, 기뻐하는 것. 그러므로 부모님의 식사나 기거에 불편이 없고, 노후생활을 즐기시도록 극진히 봉양한다는 뜻이다. 질즉치기우(疾

則致其憂) : 부모님이 질병이 있으시면 불쌍히 여겨 간병을 극진히 하여야 한다는 뜻. 질(疾)은 여기서는 질병, 병환. 원래 질(疾)은 시름시름 앓는 것이고, 병은 질이 심한 것이다. 우(憂)는 근심하고 걱정하는 것. 마음이 편안하지 못한 것. 상즉치기애(喪則致其哀) : 부모님이 돌아가셔서 복(服)을 입게 되면 지난날의 부모님을 생각하여 몹시 슬퍼하여야 한다. 상(喪)은 근친자가 죽었을 때 일정한 기간 동안 특별한 생활을 하면서 슬픔을 나타내는 예. 복(服)을 입는 것. 상중(喪中)은 상제의 몸으로 있는 기간. 애(哀)는 슬퍼하는 것. 곧 지난날의 부모님의 일을 생각하며 애통해 하는 것. 제즉치기엄(祭則致其嚴) : 부모님의 제사에 있어서는 지극히 엄숙한 마음으로 모셔야 한다. 제(祭)는 신(神)이나 죽은 사람의 영혼을 음식을 바쳐 정성을 표하는 것. 엄(嚴)은 청결히 하고, 엄숙하고, 공경하고, 삼가하고 어려워하는 것. 오자비의연후(五者備矣然後) : 위의 다섯 가지가 갖추어진 다음에야. 능사기친(能事其親) : 능히 그 어버이를 섬겼다고 말할 수 있다. 그 어버이를 제대로 잘 섬겼다고 할 수 있을 것이다.

解說 이 장은 자식의 효도에 대한 행실을 말한 것이다.

효는 백행지본(百行之本), 즉 효행의 덕은 모든 선행의 근본이다. 다시 말하면 효자덕지본(孝者德之本)이다.

그러므로 자식된 자는 어려서 부모의 품안에서 자랄 때는 진실로 부모를 사랑하고 부모의 말씀에 복종함으로써 언제나 그 공경하는 마음을 다하여야 하고, 부모가 자식을 먹이고 입히고 하여 기르다가 늙으셔서 기력이 쇠퇴하면, 자식은 그 부모를 봉양함으로써 즐겁게 해 드려야 한다. 불행히도 부모가 와병중에 계시면 간병에 온 정성을 쏟아 조심하여야 한다.

그러다 상사(喪事)를 당하면 애통 속에 복을 입고, 제사가 돌아오면 엄숙히 모셔야 한다. 이 다섯 가지 행실을 잘 이행할 때 비로소 부모를 잘 섬겼다고 할 수 있을 것이다.

2

부모를 섬기는 자는 윗자리에 있어도 교만하지 않고,

남의 밑에 있어도 질서를 어지럽히지 않고, 추류(醜類) 중에 있어도 다투지 않느니라.

 윗자리에 있으면서 교만하면 곧 망할 것이요, 남의 밑에 있으면서 질서를 어지럽히면 형벌을 받을 것이요, 추류 중에 있으면서 싸우면 곧 상처를 입을 것이니라.

 이 세 가지 일을 없애지 아니하면 설령 날마다 쇠고기다 양고기다 돼지고기로써 봉양한다 하여도 오히려 불효가 될 것이니라."

原文 事親者는 居上不驕하고 爲下不亂하며 在醜不爭이니라.

 居上而驕則亡하고 爲下而亂則刑하고 在醜而爭則兵이니라.

 此三者를 不除하면 雖日用三牲之養이라도 猶爲不孝也니라.

註 **사친자**(事親者) : 양친을 잘 섬기는 사람, 곧 효자. **거상불교**(居上不驕) : 윗자리에 있으면서 교만하지 아니하다. 거상(居上)은 지위가 높은 자리에 있는 것. 불교(不驕)는 교만하지 않음. **위하불란**(爲下不亂) : 남 밑에 있어도 문란하지 않음. 위하(爲下)는 지위가 아랫자리인 것. 남의 밑에 있는 것. 불란(不亂)은 질서를 어지럽히지 않음. 윗사람을 공경하고 윗사람의 명령에 복종함. **재추부쟁**(在醜不爭) : 추류(醜類) 속에 있으면서도 서로 다투지 않음. 추류(醜類)는 같은 무리, 같은 패, 패거리라는 뜻. 같은 무리, 같은 또래끼리 만나면 흔히 다투는 것이 일쑤이다. 지위가 위도 아니고 아래도 아닌 같은 지위끼리의 모임을 말한다. **거상이교즉망**(居上而驕則亡) : 윗자리에 있으면서 교만하면 결국 망한다는 뜻. **위하이란즉형**(爲下而亂則刑) : 남의 밑에 있으면서 질서를 어지럽히면 곧 형벌을 받을 것이다. **재추이쟁즉병**(在醜而爭則兵) : 추류 중에 있으면서 싸우면 곧 다치게 되는 것이다. 병(兵)은 상처를 입는다, 다친다는 뜻. **차삼자부제**(此三者不除) : 이 세 가지를 없애지 않는다면. 부제(不除)는 제거하지 않다, 그대로 둔다는 뜻. **수일용삼생지양**(雖日用三牲之養) : 비

록 날마다 진수성찬으로 대접한다 하더라도. 수(雖)는 비록 ~한다 하더라도. 일용(日用)은 날마다 사용함. 삼생지양(三牲之養)은 쇠고기·양고기·돼지고기의 세 가지 좋은 반찬이라는 뜻. 삼생(三牲)은 세 가지 희생(犧牲), 곧 신명(神明)에게 바치면 소·양·돼지. **요위불효야(猶爲不孝也)**: 오히려 불효가 된다. 요(猶)는 여기서는 오히려. 유(猶)와 통한다.

解說 이 장에서는 먼저 천자·제후·경대부의 효에 대한 착한 것을 말하고, 다음에서 착하지 못한 행실을 말함으로써 효행을 설명하였다. 그래서 기효행장(紀孝行章)이다.

　효자가 부모를 섬기는 데는, 남의 윗자리에 있어도 마땅히 공경하는 마음으로 아랫사람들에게 임하고 그들을 사랑하여야 함은 물론이요, 조금이라도 교만하거나 잘난 체하지 말아야 한다.

　또 남의 아랫자리에 있다고 하여도 마땅히 공경하고 삼가하는 마음으로 윗사람을 섬기고, 조금도 방자하거나 질서를 문란하게 하거나 불평 불만을 터뜨리거나 하여서는 안 된다.

　자기가 윗자리에 있는 것도 아니고, 자기가 남의 밑에 있는 것도 아니고, 같은 무리끼리 서로 어울릴 적에는 마땅히 서로 화평(和平)하고 화기애애하게 사귀어야 하며 절대로 서로 다투거나 싸우지 말아야 한다.

　그렇지 않고 남의 윗자리에 있을 때 그 아랫사람들에게 교만하면 바른 도리를 잃어 마침내는 그 자리에서 물러나야 될 것이며, 아랫자리에 있으면서 그 상사를 존경하지 않고 질서를 어지럽히면, 제 분수를 범하여 급기야는 형벌을 받게 될 것이며, 같은 무리끼리, 또는 동지끼리 모여 있다고 하여 서로 다투고 싸우다 보면 마침내는 서로 틈이 생겨 다치게 된다.

　그러므로 아랫사람에게 교만한 마음과 윗사람에게 불손한 행동, 동료끼리 다투는 짓 등 이 세 가지 일은 삼가하여 아예 하지 말아야 한다.

　이것을 참지 못하고 우를 범한다면 결국 윗자리에 있을 때는 그 자리에서 쫓겨나고, 아랫자리에 있을 때는 처벌을 당하고, 동료 사이에서는 몸에 훼상을 당할 것이다.

이렇게 되면 한 몸이 위태롭고 한 집안이 망하게 되어, 마침내는 그 화가 부모에게까지 미치게 될 것이니, 그 불효는 이루 말할 수 없이 크다. 일이 이에 이르면 날마다 끼니마다 진수성찬으로 부모를 대접하여 봉양함으로써 효도를 다하였다 해도 그 부모가 어떻게 마음 편히 앉아서 이것을 먹겠는가? 그렇기 때문에 이는 커다란 불효가 된다고 말한 것이다.

이 장에서의 주자의 생각은 이러하다.

'공자는 이 장에서는 공경하는 것으로 효를 주장하였는데, 먼저 착한 것만 말하고, 뒤에 착하지 않은 것을 말하지 않으면 세상의 공경하지 않는 자들은 모두 이와 반대될 것이다. 그러므로 효도를 다하고자 하는 자가 그 부모를 사랑하려면 어찌 우선 공경하는 마음부터 다하지 않을 수 있으랴.'

이와같이 말한 주자는, 이 글을 전문 제 7 장으로 하여, 여기에서는 부모 섬기는 일에서 시작하여 제 몸을 감히 상하지 않을 것을 설명하였다고 말하였다.

일반적으로 효자로 이름이 난 사람의 마음가짐은 첫째, 부모가 평소 무사할 때는 특별히 섬기는 방법이 따로 있는 것이 아니라, 저녁에는 부모의 침소를 정돈하고 아침에는 아침 인사를 여쭈며, 겨울에는 따뜻하게 모시고 여름에는 시원하게 모시는 데 정성을 쏟고, 공경하는 마음을 가지고 섬길 것이며, 결코 푸대접하거나 귀찮은 기색을 보여서는 안 된다.

둘째로, 부모를 부양함에 있어서는 의복에 조심하고 신변의 시중에 세심한 주의를 하여야 하며, 조석으로 식사를 바치는 경우에는 안색을 부드럽게 하고, 말씨는 공손하게 하여야 하며, 행동은 얌전하게 함으로써 부모의 마음을 편안하게 하여야 한다.

셋째로, 부모께서 병이 났을 경우에는 진심으로 근심하고 재빨리 치료에 임하여야 함은 물론 밤낮으로 정성껏 간병하여 부모의 마음을 위로하여야 한다.

넷째로, 불행히도 부모께서 돌아가셨을 적에는 법도에 따라 삼가 상에 임하여야 하며, 복중의 제 절차를 소홀히 하여서는 안

됨은 물론이고 추모의 정이 간절하여 진심으로 슬퍼하여야 한다. 상이라 하면 대개 근친자가 죽었을 때 일정 기간 동안 특별한 생활을 하면서 슬픔을 나타내는 예법으로서, 부모는 보통 삼년상이었으니, 이것을 복을 입는다고 하며 이 기간 동안을 복중이라 하고, 탈상 때까지가 상(喪) 또는 복(服)이다.

다섯째로, 탈상 후에는 제사가 있는데, 제사는 반드시 정결하고 근엄하게 지내야 하며, 생전과 다름없이 지성으로 섬기는 것을 잊지 말아야 한다.

이 다섯 가지는 효자의 지성의 발로라고 할 수 있는데, 그 중의 세 가지, 즉 공경하고 봉양하고 보살피는 것은 살아계실 때의 예이고, 상과 제의 두 가지는 돌아가신 후의 효도의 예이다.

이 다섯 가지가 다같이 갖추어지고 나서야 비로소 부모를 잘 섬긴다고 할 수 있다. 그 중 한 가지만 소홀히 하여도 불효의 누명을 벗기 힘들다.

이상의 다섯 가지는 효에 있어서의 선한 면을 말한 것이다. 그러면 여기에서 효의 선하지 못한 점 세 가지를 말하면 다음과 같다.

첫째, 부모를 섬기고 있는 자로서 그 지위가 남의 윗자리에 있어 신분이 높다 할지라도, 그 아랫사람이나 동료나 모든 사람에게 항상 공경하는 마음을 잊어서는 안 된다. 추호라도 교만하거나 아랫사람을 경시하여서는 안 된다.

둘째로, 지위가 낮아서 남의 아랫사람이 되었을 때는 항상 공손한 마음을 가지고 윗사람을 공경하고, 윗사람의 명을 존중할 줄 알아야 한다. 그렇지 않고 남을 배반하거나 불평불만을 일삼고 질서를 어지럽히는 일이 있어서는 안 된다.

셋째로, 지위가 상·하로 맺어진 사이가 아니고 동지끼리, 또는 동료끼리 모였을 때는 항상 화목하고 협동함으로써, 남을 모함하거나 능멸하지 말아야 한다.

만일 위에 있는 자가 교만하면 그 자리에서 쫓김을 당하여 몸을 망치게 되고, 아래에 있는 자가 질서를 어지럽히면 그 몸이 형벌을 받게 되고, 동료들끼리 싸우면 흉기로 몸을 다치게 된다 이 세 가지는 실로 중대한 불효의 근원이 되는 것이다.

교(驕)·난(亂)·쟁(爭)과 같은 세 가지는, 파직당하여 한 몸을 망치고, 형벌을 받게 되고, 한 몸에 상해를 입을 뿐만 아니라, 부모님에게까지 미치어 불효를 면치 못하게 된다.

그렇게 되면 날마다 산해진미로 봉양한다 하더라도 그것을 어찌 참다운 효라 하겠는가.

오형 장(五刑章)

공자께서 말씀하셨다.

"다섯 가지 형벌의 종류가 삼천이나 되지만, 그 죄에 있어서는 불효보다 큰 것은 없느니라.

임금에게 강요하는 자는 윗사람을 업신여기는 자요, 성인을 비난하는 자는 법을 업신여기는 자요, 효를 부정하는 자는 부모를 업신여기는 자이니, 이는 큰 혼란의 도이니라."

原文 子曰, 五刑之屬이 三千이로되 而辜莫大於不孝니라. 要君者는 亡上이오, 非聖人者는 亡法이오, 非孝子는 亡親이니, 此大亂之道也니라.

註 오형지속삼천(五刑之屬三千) : 오형(五刑)에 속하는 종류가 3천이다. 오형은 다섯 가지 형벌. 중대, 고대의 형벌로서 시대에 따라 일정하지 않다. 전설시대인 순임금 때의 오형은 묵형(墨刑)·의형(劓刑)·비형(剕刑)·궁형(宮刑)·대벽형(大辟刑) 등이다. 묵형은 자자형(刺字刑)으로서 얼굴 따위 피부에 먹물을 넣어 전과의 표적으로 하였다. 묵죄(墨罪)·묵벌(墨罰)이라고도 한다. 의형은 코를 잘라내는 형. 비형은 발의 힘줄을 끊는 형. 궁형은 남자는 거세하고, 여자는 감방에 유폐하는 형. 대벽은 사형. 주(周)나라 때는 야형(野刑; 남의 농사를 해친 죄)·군형(軍刑; 군대에서의 명령 불복종죄)·향형(鄕刑; 불효, 기타의 부도덕죄)·관형(官刑; 관리로서의 책임 불이행죄)·국형(國刑; 신민으로서의 불충죄) 등이 있었다. 진(秦)나라 때는 경형(黥刑)·의형(劓刑)·참형(斬刑)·참좌우지(斬左右趾), 효수형(梟首刑), 후주(後周) 때에는 장형(杖刑)·편형(鞭刑)·도형(徒刑)·유형(流刑)·사형(死刑), 수(隋)나라 때는 태형(笞

刑)・장형(杖刑)・도형(徒刑)・유형(流刑)・사형 등이 있었다. 수(隋) 이후는 대체로 이에 따랐으며, 우리 나라에서도 이에 따른 예가 많았다. 속(屬)은 종류 또는 세목. 오형의 종류가 3천 가지나 된다는 것. **이고 막대어불효(而莫莫大於不孝)** : 그리고 죄에 있어서 불효보다 큰 것은 없다. 3천 가지나 되는 그 많은 죄 중에서도 불효죄가 가장 크다. 고(辜)는 허물. 고(皋)와 통한다. 고(皋)는 죄(罪)의 고자(古字)로 진시황이 이 글자가 황(皇)자와 비슷하다 하여 죄(罪)로 고쳤다고 한다. **요군자망상(要君者亡上)** : 군주를 위협하는 자는 임금을 업신여기는 자이다. 요(要)는 여기서는 강제, 강요를 뜻한다. 군(君)은 임금. 망상(亡上)은 상(上)을 업신여기다. 망(亡)은 업신여기다. **비성인자망법(非聖人者亡法)** : 성인을 비방하는 자는 법을 멸시하는 자이다. 비(非)는 비난, 비방(誹謗)의 뜻. **비효자망친(非孝者亡親)** : 효도를 그릇된 것이라고 하는 자는 양친을 업신여기는 자이다. **차대란지도야(此大亂之道也)** : 이것은 큰 혼란의 도이다. 이것이야말로 크게 어지러운 길이다.

解說 이 장에서는 사(士)와 서인(庶人)에 대하여, 불효의 죄를 오형을 들어 극언하였다. 그래서 오형장(五刑章)이다.

앞의 주에서 설명한 것과 같이, 오형이 옛날에는 육체에 가하여졌는데, 한(漢)나라 문제(文帝) 때 비로소 이 제도를 없애고, 다리를 자를 자에게는 태형 5백, 코를 벨 자에게는 태형 3백 대를 때렸다. 그 뒤에 문제의 아들 경제(景帝)가 다시 법을 정하여 태형 5백은 3백으로, 태형 3백은 2백으로 각각 줄였다.

여형(呂刑)에 이르기를, 묵형에 속하는 죄가 1천 가지, 의형에 속하는 죄가 1천 가지, 비형에 속하는 죄가 5백 가지, 궁형에 속하는 죄가 3백 가지, 대벽에 속하는 죄가 2백 가지라 하였으니, 오형의 죄가 모두 3천이다.

공자께서는 이 여형을 인용하여 여기에서 말하기를, 형벌의 조목이 비록 이같이 많지만, 그 중에서 죄가 가장 큰 것은 불효보다 더 큰 것이 없으니, 이 불효란 천지간에 용납할 데가 없다고 했다.

백성의 임금이 된 자는 백성들에게 법령을 반포하여 이를 시행케 하고, 백성들은 그 임금에게 모든 일을 품신하여 행하는 것으로서, 감히 백성으로서 임금을 위협·강요한다는 것은 윗사람을 업신여기는 짓이다.

또 성인이란 천하의 법을 만들어내는 분인데, 감히 이를 그르다고 비난한다면 이는 그 법을 업신여기는 것이나 마찬가지이다. 더구나 사람마다 부모 없는 자가 없거늘, 감히 효도하는 것을 나쁘다고 한다면 이 또한 그 부모를 경멸하는 것이 된다.
　온 세상 모든 사람은 그 부모로 하여 생겨났다. 마찬가지로 나라에는 최고 통치자가 있음으로써 사람들은 내우외환을 막아내고 편안히 살 수 있다. 또한 법이 있어 이 법으로 다스린 연후에야 비로소 사람의 도는 없어지지 않으며, 사회질서는 유지되고 국가는 어지럽지 않게 된다.
　만일 이 세 가지, 곧 임금의 명에 따르고, 성인의 법을 지키고 부모에게 효도하는 것을 실행하지 않는다면, 세상은 크게 어지러워지게 된다. 그런데 이 세 가지 중에서도 불효가 제일 큰 것이니, 대개 효도란 반드시 임금에게 충성하고, 반드시 성인의 법을 두려워하게 마련이다.
　이와 반대로 불효하는 사람은 부모를 봉양할 일을 돌아다보지 않기 때문에 이로 말미암아 임금과 신하도 없으며, 위와 아래도 없어져서, 법을 무너뜨리고 죄를 범하여 형벌을 받게 되니, 이는 모두 효도하지 않는 죄이다.
　주자는 이 글을 전문 제 8장으로 하고 이렇게 첨언하였다.
　'윗글의 불효한 것으로 인하여 여기에 더욱 부연한 것이니, 이 또한 격언이다.'
　공자께서는 오형이라는 가혹한 육형(肉刑)을 들어 형벌의 무서움을 말하고, 그 죄 중에서도 불효의 죄가 가장 크다고 과격한 충고를 서슴치 않았다.
　이는 주로 서인에 대한 경고이다. 서인은 학문이 없고, 농사나 공인이나 장사로 생계를 이어가는 층이기 때문에 가혹한 형벌을 들어 불효를 꾸짖었다.
　그러나 「논어」 자로편(子路篇)에서는 위정자에게 이런 말을 하였다.
　'(위정자) 자신이 올바르면 명령을 내리지 않아도 잘 되어 나

가고, 자신이 올바르지 않으면 명령을 내린다 하여도 복종하지 않느니라.'

이 말은 효는 덕의 근본이기 때문에 서인의 불효는 오직 위정자에 있지 서인의 잘못이 아니라는 말로도 해석된다.

앞에서 말한 서인에 대한 가혹한 경고와는 모순되지 않는가라는 생각이 든다. 그러나 아무리 선정을 베풀어도 죄를 범하는 무리가 생기고, 불효를 범하는 무리가 생기는 것 또한 현실이 아니겠는가? 더구나 학문이 없는 서인배(庶人輩)에 있어서랴. 이 사람들에게는 그 무서운 육형을 예시함으로써 다소나마 효과가 있을 것이다.

앞에서 말한 바와같이 덕행의 근원은 효에 있고, 죄악의 근원은 불효에서 생긴다. 그러고 보면, 3천 가지나 되는 그 많은 죄악은 모두 불효의 반영이라고 보아야 한다.

백성의 몸으로서 군주를 위협하고 협박하고 비난하고 비방하고, 심지어 불온한 행동을 하는 자는 반역자이다. 임금이 아니더라도 주권자 내지 국헌을 흔들고 멸시하는 자는 역적과 다름 없는 대죄를 범한 것이나. 곧, 큰 불효를 저지른 것이 된다.

한편, 성인은 하늘의 뜻을 받들고 민의를 수렴하여 법을 세운 분이다. 그리고 이를 바탕으로 하여 교학을 세운 분이다. 이 법이란 가정과 사회와 국가의 안녕과 질서를 보장하는 규율이다. 사리사욕을 떠나서 공명정대한 이 성스러운 법을 세운 성인을 비난하고, 나아가서는 그 규범을 파기하고 유린하는 죄 또한 막대하다. 그렇기 때문에 불효 또한 극심하다 아니할 수 없다.

그리고 부모는 내 몸의 근본이며 혈족의 본원이다. 바꿔 말하면 천륜의 근본이며 시작이다. 그 근본을 무시하고 더구나 모든 덕의 근본이요, 백행의 근본인 효를 비난하는 것은 부모를 업신여기는 것이며, 사회질서의 근본을 파괴하는 자이다. 만약에 이와같이 된다면 인간과 금수와의 차이가 없어지니, 이야말로 엄청난 죄인 것이다.

불효야말로 3천가지 죄 중 가장 큰 죄라 아니할 수 없다.

광요도장(廣要道章)

1

공자께서 말씀하셨다.
"백성에게 친애를 가르치는 데는 효도보다 좋은 것이 없고, 백성에게 예순(禮順)을 가르치는 데는 우애보다 좋은 것이 없으며, 풍속을 고쳐 세상을 좋게 하는 데는 풍류보다 좋은 것이 없고, 임금을 편안하게 하고 백성을 다스리는 데는 예법보다 좋은 것이 없느니라.

原文 子曰, 敎民親愛는 莫善於孝요, 敎民禮順은 莫善於弟요, 移風易俗은 莫善於樂이요, 安上治民은 莫善於禮니라.

註 교민친애(敎民親愛) : 백성들에게 친애를 가르침. 교(敎)는 교화하는 것, 가르치는 것. 친애(親愛)는 상대방을 사랑하여 다투지 않는 것. 백성을 친애로써 교화한다. 막선어효(莫善於孝) : 막(莫)은 ~이 없다. 부정의 조사. 막선어효(莫善於孝)는 효보다 좋을 수 없다. 교민례순(敎民禮順) : 백성을 예순으로써 교화한다. 예순(禮順)은 예의 바르고 순종하는 것. 사람을 공경하되 예의 바르고 순한 태도를 지키는 것. 막선어제(莫善於弟) : 우애보다 더 좋은 것은 없다. 제(弟)는 제(悌)와 같음. 이풍역속(移風易俗) : 풍속을 잘 고쳐나감으로써 세상을 살기 좋게 하는 것. 풍속을 이역(移易)함. 막선어락(莫善於樂) : 풍류보다 더 좋은 것은 없다. 안상치민(安上治民) : 군상(君上)을 편안하게 하고 백성을 잘 다스

린다. 상(上)은 군상, 임금, 천자(天子). 안상(安上)은 임금을 편안하게 하는 것. 치민(治民)은 백성을 다스리는 것. 막선어례(莫善於禮) : 예보다 더 좋은 것은 없다.

解說 효도라는 것은 자기 부모를 사랑하는 것이다. 그렇기 때문에 백성들에게 서로 가까이 지내고 서로 사랑하도록 가르치는 데는 이 효도가 제일이라고 공자는 말문을 열었다.
 이어서 우애라는 것은 어른을 공경하고 아랫사람을 사랑하는 것이다. 그러므로 백성들에게 예법을 지키고 온순하게 되라고 교화시키는 데는 우애가 제일이다.
 나라 사람 모두가 화락할 수 있는 것이 즉 풍류요, 또 이 풍류는 남의 마음과 내 마음을 고무시키고 움직이는 힘이 있다. 그러므로 풍속을 잘 갈고 닦아서 미풍양속으로 승화시켜 가려면 이 풍류를 쓰는 것이 제일이다.
 사람의 질서를 얻을 수 있는 것이 곧 예법이다. 예법에는 상하와 존비의 구별이 있다.
 그러므로 위로는 임금을 편안하게 하고, 아래로는 백성을 편안하게 하려면, 이 예법을 가져야 할 것이니, 이 효(孝)·제(悌)·낙(樂)·예(禮)의 네 가지는 대개 그 요점만 가지고 말한 것이다. 그러나 이 네 가지의 근본은 결국 하나이다.
 이「효경」은 효도가 제일 요도인 것을 주장하고 있거니와, 위에서 말한 네 가지 중에서도 가장 중요한 것이 효임은 새삼스럽게 말할 나위조차 없다.
 그것은 부모에게 효도하고 보면 자연히 어른에게 공경하게 되고, 효와 공경을 행하는 사람은 또 반드시 화순한 것이니, 화락이란 곧 풍류요, 화순한 것이란 곧 예인 때문에, 이 네 가지는 서로 연결되는 한 가지 근본이고 그 근원은 결국 효도인 것이다.

2

　　예란 공경하는 것일 따름이다. 그러므로 남의 아버지를 공경하면 그 아들이 기뻐하고 남의 형을 공경하면 그 아우가 기뻐하며, 남의 임금을 공경하면 그 신하가 기뻐하게 되느니라. 이와 같이 한 사람의 아버지를 공경함으로써 천만 사람이 기뻐하게 되고, 공경받는 자는 적어도 기뻐하는 자는 많게 되니, 이것이 이른바 요도이니라."

原文 禮者는 敬而已矣라. 故로 敬其父則子說하고, 敬其兄則弟說하며 敬其君則臣說하니라. 敬一人에 而千萬人이 說이라. 所敬者 寡요 而說者 衆하니 此之謂要道니라.

註 예자(禮者) : 예라는 것은. 여기에서의 예는 사회생활에 있어서의 자율적인 행위 규범으로서, 인간의 정리를 기본으로 하여 욕망을 조절시켜 사회의 질서를 유지하기 위하여 예제(禮制)가 발전한 것이라 하겠다. 경이이의(敬而已矣) : 공경하는 것일 따름이다. 즉, 공경하면 되는 것이다. 남을 공경하면 그것이 바로 예이다. 경(敬)은 공경. 이이(而已)는 ~따름이다. 경기부즉자열(敬其父則子說) : 남의 아버지를 공경하면 그 아들이 기뻐한다. 자기 아버지가 공경받음으로써 그 아들의 마음이 기쁘다. 열(說)은 열(悅). 기뻐함. 경기형즉제열(敬其兄則弟說) : 남이 형을 공경하면 기쁜 사람은 남에게 공경받는 형의 아우이다. 경기군즉신열(敬其君則臣說) : 남의 나라 임금을 공경하면 그 나라 신하들이 기뻐한다. 경일인이천만인열(敬一人而千萬人說) : 한 사람의 아버지를 공경하면 천만 사람이 기뻐한다. 공경하는 마음을 한 사람의 아버지에게 베풀어도, 저들은 천만 사람이 기뻐한다. 소경자과이열자중(所敬者寡而說者衆) : 남에게서 공경받는 자의 수는 적은데 기뻐하는 자의 수는 많다. 차지위요도야(此之謂要道也) : 이것이 소위 요도(要道)이다. 이것을 요도라 이른다.

解說 각자가 아버지에게 효도하면 전 백성이 기쁨에 넘치게 되니

결국 공경을 받는 자의 수는 적은데도 기뻐하는 자의 수는 많게 된다. 이것이 세상을 다스리는 가장 중요한 도이다. 즉 요도를 넓히는 길은 이것뿐이라는 데서 광요도장(廣要道章)이라 이름불였다.

위에서 공자는 **효**·제·예·악의 네 가지를 말하고, 여기에서는 유독 예만을 따로 두드러지게 내세웠다. 또 예를 말하는 데는 공경하는 것을 주장삼았다. 공경은 곧 효의 발로이므로, 여기에서는 효도를 예도에서 찾은 것이다.

그러면 「논어」를 통하여 공자의 예 사상을 간단히 살펴보기로 한다.

「논어」의 태백편(泰伯篇)에서 공자는 이런 말씀을 하였다.

'공손하면서 예가 없으면 힘이 들고, 신중하면서 예가 없으면 두려워지고, 용맹스러우면서 예가 없으면 난동을 저지르게 되고, 정직하면서 예가 없으면 박절하여진다.'

이 말씀을 본다면, 사람이 공손하고, 신중하고, 용맹스럽고, 정직하다 한들 예를 지키지 않으면 가정생활이나 사회생활이나 또는 위정자의 정사나 다 힘이 들고 의기가 소진하여지고 난폭하여지고 인정이 박절하여진다는 것이다.

그렇다면 예야말로 모든 사회의 윤활유 역할을 하여, 모든 일을 부드럽게 하고 따뜻하게 하고 질서를 세우고 인정을 훈훈하게 하는 것이다.

공자는 또 안연편(顏淵篇)에서 이렇게 말씀하셨다.

'예(禮)가 아니면 보지 말고, 예가 아니면 듣지 말고, 예가 아니면 말하지 말고, 예가 아니면 움직이지 말라.'

이것을 보면, 예는 결국 겸양을 기본으로 한 대인관계에 있어서의 자율적인 행위규범이므로, 사리사욕을 억제하고 남의 이익과 욕구를 먼저 충족시켜 주는 방향으로 나가면 세상 사람들이 다 인자하여질 것이다.

여기에 밝혀져 있지는 않으나 어느 한 사람이라도 극기복례(克己復禮)하면, 천하가 인(仁)에 따르게 된다는 것은 아니고, 위정자가 그렇게 할 경우에는 국민들이 그것에 따라 인을 지향하게 되리라는 의미로 말한 것이다.

공자는 또 태백편에서 이렇게도 말씀하셨다.

'시(詩)로써 감흥을 갖고, 예로써 자립하고, 음악으로 완성한다.'

주자의 해설에 따르면, 시는 그것을 읊는 동안에 억양과 반복이 있으므로 사람을 감동하게 하여 손쉽게 그 세계로 이끌어들이고, 선을 좋아하고 악을 미워하는 마음을 일으켜 준다.

예는 행위의 절도이므로 그것에 의하여 행동하면 사물에 동요됨이 없이 자립할 수 있게 된다.

음악은 성정을 화평하게 하여 주고, 사악하고 더러운 마음을 씻어 주므로, 음악으로 고상한 인품을 이룩하게 된다.

대개 자식의 입장에서 부모를 생각하여 보면, 한 몸에서 나누인 것이기 때문에 사랑하기는 쉽지만 공경하기는 그리 쉬운 일이 아니다.

그러므로 앞에서는 비록 사랑과 공경을 함께 주장하였지만, 여기서는 유독 공경하는 것만 말한 것은 예법을 소중히 여기라는 뜻에서이다. 또 그것은 사람이 질서를 지키고 화락하려면 언제나 이 공경에 근본하지 않고는 안 되기 때문이다.

그러므로 공자는 이 공경이라는 것의 효과를 넓게 주장하였다. 대개 제 마음이 겸양하여, 이 겸양의 덕이 승화하여 남의 아버지를 공경하고 보면, 그 자식된 자가 기뻐하지 않는 사람이 없고, 이 공경하는 마음으로 남의 형을 자기 형같이 공경하고 보면, 그 아우된 자가 기뻐하지 않는 사람이 없으며, 또 이 공경하는 마음으로 다른 나라 임금을 공경하고 보면 그 나라 신하된 자가 기뻐하지 않는 사람이 없을 것이다.

이것은 대체로 남의 자식이나 남의 아우나 다른 나라 신하가 되어 있는 자들에게도, 본래부터 자기 아버지를 공경하고, 자기 형을 공경하고, 자기 나라 임금을 공경하는 마음이 있기 때문이다. 그러므로 내가 그들을 공경하고 보면 자연히 그들의 환심을 살 수 있는 것은 자명한 이치이다.
　이 공경하는 마음을 한 사람에게 베풀어도 저들은 천만 사람이 기뻐하여, 공경받는 자는 적어도 기뻐하는 자는 많으며, 공경하는 마음을 지키는 자는 적어도 베풀어지는 곳은 넓으니, 이것이 이른바 요도인 것이다.
　주자는 이 글을 전문 제2장으로 하였다.

광지덕 장(廣至德章)

공자께서 말씀하셨다.

"군자가 효도를 가르치는 것은 집집마다 찾아다니며 날마다 사람들을 만나서 하는 것이 아니다.

효도하라고 가르치는 것은 천하의 모든 사람들의 아버지를 모두 공경하라고 가르치는 것이요, 우애하라고 가르치는 것은 천하의 모든 사람의 형을 모두 공경하라고 가르치는 것이며, 신하 노릇을 잘하라고 가르치는 것은 천하의 모든 나라들의 임금을 모두 공경하라고 가르치는 것이니라.

「시경」에 이르기를, '개제(愷悌)의 군자는 백성들의 부모로다' 하였으니, 지극한 덕이 아니라면 누가 능히 이와같이 위대하게 백성들을 따르도록 할 수 있겠는가?"

原文 子曰, 君子之敎以孝也는 非家至而日見之也라.
敎以孝는 所以敬天下之爲人父者也요, 敎以弟는 所以敬天下之爲人兄者也요, 敎以臣은 所以敬天下之爲人君者也라.
詩云, 愷悌君子여 民之父母라 하니, 非至德이면 其孰能訓民이 如此其大者乎아.

註 군자지교이효야(君子之敎以孝也) : 군자가 사람들에게 효도를 가르친다. 군자는 여기서는 임금이다. 교이효야(敎以孝也)는 효로써 가르친다는 것. 비가지이일견지야(非家至而日見之也) : 집집마다 찾아가서 날마다 만나보고 가르치는 것이 아니다. 교이효소이경천하지위인부자야(敎以孝所以敬天下之爲人父者也) : 효도하라고 가르치는 것은, 천하의 남의 아비된 자를 공경하라는 것이다. 교이효(敎以孝)는 사람들에게 효도를 가르치는 것은. 소이(所以)는 이유·원인, 또는 방법. 경천하지위인부자야(敬天下之爲人父者也)는 천하 사람의 아비된 자를 공경하라는 것이다. 세상의 모든 사람들의 아버지를 모두 공경하라고 가르치는 것이다. 제(弟) : 우애. 형 또는 연장자를 잘 섬기는 것. 인군(人君) : 임금. 개제군자(愷悌君子) : 화락하고 단정한 사람. 덕이 갖추어진 사람. 개제(愷悌)는 화락하고 단정함. 민지부모(民之父母) : 백성의 부모. 비지덕(非至德) : 지극한 덕이 아니라면. 기숙능순민(其孰能順民) : 그 누가 능히 백성을 순하게 하겠는가. 숙(孰)은 누구. 능(能)은 능히 ~할. 순(順)은 거스르지 않고 잘 따르다. 어느 사람이 백성들을 잘 따르게 하겠는가. 여차기대자호(如此其大者乎) : 그 효험이 이와 같이 큰 것이다. 그 효과가 이와같이 위대하도다.

解說 이 장은 군자(임금)는 지덕으로써 천하를 잘 따르게 한다, 즉, 지덕을 넓힌다는 뜻에서 광지덕장(廣至德章)이다.

군자가 사람들에게 효도를 가르칠 때, 반드시 날마다 집집마다 사람들을 일일이 찾아다니면서 효도는 이렇게 하는 것이다 하고 설법할 수는 없는 일이다. 그보다 군자 자신이 그 본보기를 보여 백성들 앞에서 솔선수범하면, 국민들의 눈은 하늘의 일월을 우러러보는 것과 마찬가지로 그 군자의 덕행에 대하여 하나하나 주목하게 된다. 이리하여 대부분의 백성들은 그 행동을 스스로 본받아 군자와 같이 효도를 실천하기에 이른다.

공자께서는 군자라는 말을 즐겨 사용하였는데, 이 장에서는 특히 군자의 도를 강조하였다. 이것은 군자나 임금은 폭력이나 강권이나 권위로써 국민을 다스려서는 안 된다는 뜻이 강조되었다고 볼 수 있다.

그러면 공자가 「논어」에서 말한 군자에 대한 구절을 몇 가지 들어 그의 군자에 대한 주장을 살펴보기로 한다.

공자는 이인편에서 다음과 같이 말했다.

'군자는 이 세상 모든 일에 꼭 주장하지도 않고 부정하지도 않으며 오직 정의에 의지하여 살아 나간다.'

'군자는 덕을 생각하는데 소인은 땅을 생각하며 군자는 형벌을 생각하는데 소인은 은혜를 생각한다.'

여기에서 덕은 인·의·예·지·신과 같은, 인간이 살아오는 동안에 경험을 통하여 얻어진 행위를 가진 규율하고 규제하는 힘을 말한다.

땅이라 함은 자기가 만족하고 처하여 있는 국한된 범위 즉 인간의 전체적인 범주를 살피지 않고 자기가 속하여 있는 작은 부문의 이익, 다시 말해 큰 이익보다 작은 이익만을 추구하는 것을 말한다.

형벌은 법률, 즉 나의 이 행위가 법률적으로 어떠한 제약을 받는가 하는 점을 생각하는 것이고, 은혜는 자기가 잘못이나 불법을 저질렀을 때 예외적으로 받게 되는 용서를 말한다.

공자는 이어서 이렇게 말하였다.

'군자는 말에는 더디고, 실천에는 민첩하고자 한다.'

'덕은 외롭지 않고, 반드시 이웃이 생긴다.'

'임금을 섬기는 데 있어서 간언이 잦으면 욕을 보게 되고, 친구와 사귀는 데 있어서 충고가 잦으면 사이가 멀어지게 된다.'

위의 말들은, 말은 삼가고 옳은 일은 행동으로 옮기는 데 주저하지 말라는 뜻이다.

즉, 임금을 바른 길로 이끌고 친구를 선도하는 데도 절제가 있어야지, 간언이 가납되지 않는데도 덮어놓고 귀찮게 되풀이하고, 친구가 충고를 받아들이지 않는데도 별스럽게 보챈다면 도리어 역효과를 초래한다.

자로편에서 공자는 또 이렇게도 말하였다. 자로가 공자에게

"위(衛)나라의 임금이 선생님께서 정치를 하여 주시기를 기다리고 있다면, 선생님께서는 무슨 일부터 먼저 하시겠습니까?"
라고 말씀드리자, 공자께서는

"반드시 이름을 바로잡을 것이다."

라고 하셨다. 자로가 다시,
"그러한 생각을 가지고 계십니까? 선생님께서는 일에 어두우십니다. 이름을 바로잡아서 무엇하시겠습니까?"
라고 말씀드리자, 공자께서는 이렇게 말씀하셨다.
"야비하구나, 유(由;자로)는. 군자는 자기가 모르는 것에 관하여는 보류하여 두는 법이다. 이름이 바르지 않으면 말이 맞지 않고, 말이 맞지 않으면 일이 제대로 되어지지 않는다. 일이 제대로 되어지지 않으면 예와 악이 성행하지 않는다. 예와 악이 성행하지 않으면 형벌이 바르게 가하여지지 않는다. 형벌이 바르게 가하여지지 않으면 백성들은 손발을 둘 데가 없어진다. 그러므로 군자는 이름을 붙이게 되면 반드시 그것에 관하여 말할 수 있게 되고, 말하면 반드시 그것을 실행할 수 있게 되는 것이다. 군자는 자기의 말에 구차한 점이 없을 따름이다."

공자가 위(衛)나라에 있을 때, 자로도 때마침 위나라에서 벼슬살이를 하고 있었다. 이때의 위나라 임금 출공은, 당시 망명중이던 아버지의 귀국을 거부하는 등 대의명분에 어긋나는 일을 많이 하였다.

그래서 공자는 우선 이름을 바로잡겠다고 하였다. 이름을 바로잡겠다는 뜻은 대의명분을 세우겠다는 말이다. 자로는 공자의 이 말의 진의를 모르고, 오히려 공자를 일에 소원하다고 비난하였을 정도였다. '군자는 자기가 모르는 것에 대하여는 보류하여 두는 법이다'는 자로가 알지도 못하면서 도리어 비난하는 말을 한 것을 책망하는 말이다. 자기가 모르는 것은 이러쿵저러쿵 논란하지 않는 것이 군자다운 태도라는 것이다.

공자는 또 자로편에서 이런 말씀도 하였다.

'군자는 화합하기는 하나 뇌동하지는 않고, 소인은 뇌동하기는 하나 화합하지는 않는다.'

군자는 남과 대처할 때 소신이 다르다고 남의 기분을 상하게 하지는 않으나, 그렇다고 자기 소신을 굽히고 명리를 위한 뇌동은 하지 않는다. 소인은 이와 반대로 자기의 명리를 위하여서는 남에게 곧잘 뇌동하나 남과 화합할 줄은 모른다.
 헌문편(憲問篇)에서 공자는, 군자에 대하여 또 이런 말씀도 남겨놓았다.
 '군자이면서 인자하지 않은 사람은 있었으나, 소인이면서 인자한 사람은 있은 적이 없다.'
 '군자는 위로 올라가고, 소인은 밑으로 내려간다.'
 군자는 공명정대한 도리에 따라 살아나가므로, 날로 향상하여 고명한 경지에 도달하는데, 소인은 이와 반대로 사소한 이욕에 좌우되어 살아가므로 날로 저열하여져 더러운 지경에 들어가고 만다는 것이다.
 공자는 헌문편에서 또 이렇게도 말씀하였다.
 '군자는 그 직위에 있는 것이 아니면 그 직무에 대하여 논의하지 않는다.'
 공자의 군자에 대한 말씀은 끝이 없으나 계씨편(季氏篇)에서 한 가지만 더 든다.
 '군자에게는 두려워하는 것이 세 가지가 있다. 첫째, 천명(天命)을 두려워하고, 둘째, 큰 인물을 두려워하고, 셋째, 성인의 말씀을 두려워한다. 반대로, 소인은 천명을 몰라서 두려워하지 않고, 큰 인물에게 가까이 굴며 경시하고, 성인의 말씀을 조롱한다.'
 '군자에게는 생각하는 일이 아홉 가지가 있다. 첫째, 보는 데는 뚜렷이 보기를 생각하고, 둘째, 듣는 데는 똑똑하게 듣기를 생각하고, 셋째, 안색에는 부드럽기를 생각하고, 넷째, 용모에는 공손하기를 생각하고, 다섯째, 말에는 성실하기를 생각하고, 여섯째, 일에는 조심하기를 생각하고, 일곱째, 의심나는 것에는 묻기를 생각하고, 여덟째, 분이 날 때에는 어려운 일을 당할 것을 생각하고, 아홉째, 이득이 있을 것을 알면 그것이 의로운가를 생각한다.'
 그러면 다시 이 장의 군자의 효에 대하여 알아보자.
 군자가 사람들에게 직접 효도를 가르치는 것보다 군자 스스로 효를 실천함으로써 효도를 가르쳐야 한다. 사람들에게 효도하라고 가르치는 것은, 온 천하의 모든 사람의 아버지된 사람을 존경으로 섬기도록 이끌어서, 모두가 아버지를 섬기는 도리를 다 알게 하면, 이로써 천하의 아버지된 자를 공경할 줄 알기 때문이다.

또 우애하라고 가르치는 것도 천하의 모든 사람의 아우된 사람으로 하여금 형을 섬기는 도리를 알게 하면, 천하의 형된 사람을 공경할 줄 알기 때문이다. 또한 신하 노릇을 잘하라고 가르치는 것은 모든 신하된 사람으로 하여금 모두 임금 섬기는 도리를 다 알게 하면, 천하의 임금된 자를 공경하게 되기 때문이다.

아버지에 대한 효, 형이나 연장자에 대한 제(弟), 임금에 대한 충(忠), 단지 이것만으로도 도는 세상 천지에 넘치게 되어 천하에 악이라 할 만한 것은 모두 모습을 감추게 된다. 대개 내가 남을 공경한다는 것은 마침내 끝이 있지만, 사람으로 하여금 이것을 가르치게 하는 것은 무궁한 것이다.

또한, 공자는 「시경」의 형작편(泂酌篇)을 인용하여, '개제군자(愷悌君子), 즉 얼굴과 기상이 화락하고 용모가 단정하며 덕이 갖추어진 사람, 다시 말하면 유덕군자는 백성들이 사랑하기를 부모와 같이 한다'고 말하였으니, 이는 대개 지극한 덕, 즉 지덕으로 사람을 가르쳐서 천하 사람들의 마음을 이에 따르게 하기 때문에 그 효험이 이같이 큰 것이다.

한 나라의 번영은 덕치로 근본을 삼는 위대한 지도자에게 달려있다. 그 위정자의 일거수 일투족은 온 나라 백성의 본받는 바가 되기 때문에, 그 행동은 물론 말 한 마디도 소홀히 할 수 없는 것이다.

통치자의 언동이야말로 국민의 화합과 국가의 번영에 바로 영향이 미쳐 한 마디의 말이나 한 가지의 행동이 국가의 흥망성쇠와 직결된다.

공자는 말씀하였다. 백성의 장이 되는 군자가 효도를 남에게 가르치는 것은, 반드시 가가호호를 방문하면서 매일같이 설유한다든지 가르친다든지 하는 것을 의미하는 것이 아니라, 단지 군자는 스스로 효를 자기 가정에서 행하기만 하면 그것에 의하여 모든 사람들도 자연히 감화되어, 나라가 잘 다스려지고, 천하가 화평하여진다.
　남의 자식된 자가 모두 이 군자의 도를 따라 각자 그 아버지에게 효도함으로써 천하의 수많은 남의 아버지들을 공경하는 것이 되는 것이다.
　이와 똑같은 이치로 형과 모든 연장자를 공경하고, 또한 지배자를 공경하여 온 천하가 겸손과 공경으로 충만하면, 이것이 바로 수신제가 치국평천하이다.
　공자는 이 광지덕장에서, 백성들에게는 효도와 우애로 가르쳐야 한다고 말하였는데, 주자는 이 장을 전문제장으로 하였다.

응감장(應感章)

1

공자께서 말씀하셨다.

"옛날에 명군은 아버지를 섬기는 것이 효성스러웠기 때문에 하늘을 섬기는 것도 분명하였고, 어머니를 섬기는 것이 효성스러웠기 때문에 땅을 섬기는 것도 잘 살펴서 하였고, 장유(長幼)가 다같이 도를 따랐기 때문에 상하가 잘 다스려졌다. 하늘과 땅을 잘 밝히고 살피면 신명(神明)이 나타나는 것이니라.

그러므로 비록 천자라 할지라도 반드시 그보다 더 높은 분이 있으니 이것은 그 아버지가 계심을 말하는 것이며, 반드시 자기에 우선하는 자가 있으니 이것은 그 형이 있음을 말하는 것이니라.

原文 子曰, 昔者에 明王은 事父孝라 故로 事天에 明하며, 事母孝라 故로 事地察하며, 長幼順이라 故로 上下治하니 天地明察하면 鬼神이 章矣로다.
故로 雖天子라도 必有尊也라, 言有父也며, 必有先也니 言有兄也니라.

註 석자(昔者) : 옛날에, 왕년(往年). 자(者)는 어조사. 그러나 석(昔)은 작(昨)과 통해 어제, 작일(昨日)을 뜻하기도 한다. 명왕사부효(明王事父孝) : 명군은 아버지를 섬기는 것이 효성스러웠다. 명왕(明王)은 현명하고 훌륭한 군주. 여기서는 태고의 명군인 이제 삼왕을 가리킨다. 사부효(事父孝)는 아버지를 섬김에 있어 효로써 한다. 고사천명(故事天明) : 고로 사천이 명하다. 그러므로 하늘을 섬기는 것이 분명하다. 사천(事天)은, 하늘은 부모의 근본이며 또한 만물의 근원이므로 부모를 정성스럽게 섬기듯 하늘을 섬기는 것. 명(明)은 밝은 것, 사념(邪念)이 없는 것, 분명(分明)한 것. 사모효(事母孝) : 어머니를 섬김에 있어 효로써 한다. 고사지찰(故事地察) : 고로 땅을 섬기는 것을 살펴서 한다. 찰(察)은 숨은 빛을 나타나게 하는 것. 명(明)과 통하는데, 사념없이 그 덕을 높이는 것. 장유순(長幼順) : 연장자는 연소자를 사랑하고, 연소자는 연장자를 공경하고 순종하는 것. 어른과 어린이는 서로 사랑하고 공경하고 순종하여 질서가 서 있음으로써 장유가 서로 도를 따르게 된다. 고상하치(故上下治) : 고로 상하가 잘 다스려지다. 치(治)는 어지럽지 않고 서로 다투지 않아 모든 사람이 원만하게 생활해 나가는 것. 천지명찰(天地明察) : 천지(天地)를 명찰(明察)하다. 하늘과 땅을 분명하게 간파하다. 귀신장의(鬼神章矣) : 신명(神明)이 나타나는 것이다. 귀신(鬼神)은 여기서는 천지신명, 즉 신명, 신. 천신(天神)과 지신(地神). 장(章)은 여기서는 나타나다, 명백하다. 천지간, 즉 자연의 음양의 배치가 순조로와서 재해나 이변이 없고, 오곡은 풍요하여 계절이 순조로운 것. 「금문효경」에는 신명창의(神明彰矣)로 되어 있다. 고수천자필유존야(故雖天子必有尊也) : 그러므로 비록 천자라 할지라도 반드시 높은 분이 있다. 언유부야(言有父也) : 아버지가 있다는 것을 말한다. 필유선야(必有先也) : 반드시 자기보다 앞선 사람이 있다. 언유형야(言有兄也) : 그 형이 있다는 것을 말하는 것이다.

解説 이 장은 천자의 효도를 말하되, 천자 스스로 효도하여 백성들을 감응시키라는 글이다. 그래서 응감장(應感章)이다.

「주역」에 건(乾)은 하늘이다. 그러하기 때문에 아버지를 일컫고, 곤(坤)은 땅이니 어머니라 일컫는다.

아버지에게는 하늘의 도가 있고, 어머니에게는 땅의 도가 있다. 임금된 자는 하늘의 뜻을 받아 백성들을 아들로 여겨 하늘을 아버지로 삼고 땅을 어머니로 삼는 것이니, 대개 그 하늘과 땅을 섬기는 도리는 역시 부모를 섬기는 도리에 벗어나지 않는다.

공자께서 말씀하시기를, 옛날의 요·순과 우·탕·문·무왕 같은 명철한 임금들은 아버지를 섬기는 것이 지극히 효성스러웠으며, 따라서 그 아버지를 섬기는 것과 똑같은 정성으로써 하늘을 밝게 섬겼다. 하늘은 부모의 근본이며 만물의 근원이므로, 아무런 사념없이 분명하게 섬겼던 것이다.

어머니도 또한 아버지 섬김과 똑같이 섬겼으며, 따라서 그와 똑같은 정성으로 땅을 섬기는 일을 살폈다. 즉, 하늘은 양(陽)이라 모든 것이 드러나 있지만, 땅은 음(陰)이라 숨어 있다. 그러므로 그것을 드러냄으로써 만물을 생육하는 자연을 섬겼다.

부모에게 효성을 다하였을 뿐 아니라, 연장자는 연소자를 사랑하고, 연소자는 연장자를 공경함으로써 나아가서는 사회의 질서를 확립하고 상하가 서로 경애하여 지배자와 피지배자 사이에까지도 아무런 분쟁없이 평화로운 세상을 만들었다.

천지, 즉 하늘과 땅, 대자연을 섬기는 데 있어서도 하늘과 땅을 분명하게 간파하였기 때문에 천지 음양에 조화가 이루어지고, 절후가 때에 맞아 오곡은 해마다 풍작을 이루어 백성은 의식주 걱정이 없게 되었다.

천자는 이 세상에서 지존의 존재이다. 천자야말로 천하에 하나밖에 없는 존귀한 신분이요, 일인의 지위임에는 틀림 없다. 그러나 그 천자에게도 반드시 존숭하는, 그리고 존숭하여야 하는 분이 있는데, 그것이 바로 천자 자신의 아버지이다.

또 천자보다 한 발자국 앞서 태어난 사람으로서, 비록 천자일지라도 반드시 존경하여야 할 연장자가 있는데, 그것이 바로 천자의 형인 것이다.

2

종묘에 공경을 다하는 것은 양친을 잊지 않음이요, 몸을 닦고 행실을 삼가는 것은 선조의 이름을 욕되게 할까 두려워하기 때문이니라.

종묘에 공경을 다하면 선조의 영혼이 나타나 감응(感應)하니, 이는 효도와 우애의 지극함이 신명에 통하고 사해에 빛나 미치지 않는 데가 없는 것이니라.

「시경」에 이르기를, '동쪽으로부터, 서쪽으로부터, 남쪽으로부터, 북쪽으로부터, 사방으로부터 복종하지 않는 자가 없다'고 하였느니라."

原文 宗廟致敬은 不忘親也요, 修身愼行은 恐辱先也라.
宗廟致敬이면 鬼神이 著矣라, 孝悌之至는 通於神明하며, 光於四海하야 亡所不曁하나니라.
詩云, 自東自西하며 自南自北하야 亡思不服이라 하니라.

註 종묘치경(宗廟致敬): 종묘에 공경을 다하는 것. 불망친야(不忘親也): 부모를 잊지 않음이다. 부모를 추모하고 있기 때문이다. 수신신행(修身愼行): 몸을 닦고 행실을 삼가다. 수신은 자신의 성행을 바르게 하는 것. 나쁜 짓을 하지 않고 신의를 지켜 덕에 따라 행동하는 것. 공욕선야(恐辱先也): 선조의 이름을 욕되게 할까 두려워한다. 귀신저의(鬼神著矣): 영혼이 나타나는 것이다. 저(著)는 나타나다, 나타내다. 감응 접촉하다. 효제지지(孝悌之至): 효도와 우애의 지극함. 부모와 형을 잘 섬김. 통어신명(通於神明): 신명(神明)에 통한다. 하늘과 땅의 신령에 그 정성이 통한다. 광어사해(光於四海): 사해에 빛나다. 무소불기(亡所不曁): 미치지 않은 곳이 없다. 기(曁)는 급(及)과 통해, 미치다, 통하다. 자동자서자남자북(自東自西自南自北): 동에서, 서에서, 남에서, 북에서, 즉 사방에서. 무사불복(亡思不服): 복종하지 않는 사람이 없다. 그 행실에 모범을 보임으로 백성은 스스로 반성하고 공경하는 마음을 일으켜 그 행실을 본받지 않는 사람이 없다.

解說 천자는 대대로 이어온 조상이 있고, 이들을 모신 묘소가 있고 종묘가 있다. 이를 공경하는 마음으로 잘 돌보는데, 이것은 비록 어버이가 지금은 생존하지 않아도, 그 태산과 같이 높고 하

해와 같이 깊은 은혜를 잊을 수 없기 때문이다. 뿐만 아니라 천자 자신의 언행 하나하나를 삼가서 선이 아니면 행하지 않고 신의를 지켜 덕에 따라 행동함으로써, 자기의 언행 때문에 조상의 명예를 더럽히는 일이 없도록 하자는 것이다.

이러한 경건한 마음으로 선조의 종묘를 돌본다면, 조상의 신령도 기뻐하여 감응 접촉하게 된다.

또한 효제의 마음이 지극하면 그 정성이 천지신명에 감응하여, 형제간이나 장유 사이에 정의가 두터워지고, 따라서 서로 우애하고 화목하며 공경하고 공손하여진다. 이 정신이 급기야는 온 세상에 미칠 때 인류는 비로소 참평화를 얻게 되는 것이다.

「시경」에서도, '동쪽으로부터, 서쪽으로부터, 또는 남쪽으로부터, 북쪽으로부터, 온 천지 사방팔방으로부터 천자의 모범되는 언어 행동에 대하여, 백성들은 자기를 반성하고 공경하는 마음을 스스로 일으켜, 천자의 행실을 본받지 않는 사람이 없게 되느니라'고 하였다.

광양명 장(廣揚名章)

공자께서 말씀하셨다.
"군자는 부모를 효도로써 섬기기 때문에, 그 마음을 임금에게 옮겨 충성을 행하며, 형을 우애로써 섬기기 때문에 그 마음을 어른에게 옮겨 공순을 행하며, 집에서는 집안을 잘 다스리기 때문에 그 마음을 관직으로 옮겨 집을 다스리는 것같이 하니, 이로써 그 행동이 안에서 이루어져 이름이 후세에까지 세워지는 것이니라."

原文 子曰, 君子之事親 孝라. 故로 忠可移於君이오, 事兄 悌라 故로 順可移於長이오, 居家理라 故로 治可移於官이니, 是以로 行成於內하야 而名立於後世矣니라.

註 군자지사친효(君子之事親孝) : 군자의 사친은 곧 효이다. 군자는 부모를 섬김에 있어 오로지 효로써 한다. 군자는 여기서는 선비를 말한다. 고충가이어군(故忠可移於君) : 고로 그 효심을 임금에게 옮겨 충성으로써 행한다. 부모에 대한 효심이 임금에게는 충성심이 된다. 이(移)는 옮기다, 위치를 바꾸다. 사형제(事兄悌) : 형을 우애로써 섬긴다. 고순가이어장(故順可移於長) : 그러므로 그 우애심을 연장자에게 옮겨 공순으로써 행한다. 순(順)은 공순(恭順), 즉 삼가 따르는 것. 장(長)은 여기서는 연장자. 거가리(居家理) : 집에 있을 때는 집안을 잘 다스린다. 거가(居家)는 집에 있음. 이(理)는 다스리는 것. 고치가이어관(故治可移於官) : 그 집안을 다스리는 마음을 그대로 관(官)으로 옮겨 집 다스리듯 관직을 사심 없이 잘 처리한다. 시이행성어내(是以行成於內) : 이로써 행동이 안에서 이루어진다. 시이(是以)는 이로써, 행(行)은 행실, 내(內)는 안, 자기 자신, 마음. 이명립어후세의(而名立於後世矣) : 이름이 후세에까지

세워진다. 후세에까지 입신양명한다.

解說 이 장에서는 선비의 입신양명으로서의 효를 강조하고, 따라서 양명(揚名)의 뜻을 넓혔다. 그러므로 장 이름을 광야명장(廣揚名章)이라 하였다.

주자는 그 주석에서 다음과 같은 요지를 남겼다.

'공자께서는 이름이 나는 것을 군자는 숭상하지 않는다고 하였고, 또 군자는 죽은 뒤에 이름이 나지 않는 것을 미워한다 하였으니, 성인이 어찌 사람들에게 이름 얻는 것을 좋아하라고 가르친 말이겠는가?

양명에 있어서의 이름이라는 것은 실상에서 생겨나오는 것이니, 그 실상이 있고 보면 반드시 그 이름이 있게 마련이다. 그런데 이 이름이 죽은 후에도 나타나지 않는다고 하면, 이것은 사람이 죽기 전까지 아무런 착한 일을 한 실상이 없는 것이 분명하다. 그렇기 때문에 군자는 이것을 미워한다. 이렇듯 진실로 그 이름이 나타나지 않는 것을 미워한다면 마땅히 자기의 행한 실상이 여기에 이르지 못하였는가 두려워하여 부지런히 힘쓰는 것이 옳을 것이다.

공자는 여기에서 그 뜻을 넓혀서, 몸을 세우고 이름을 드날리는 뜻을 바르게 말한 것이다.

이것을 통틀어 말하자면 군자가 부모를 섬기는 데는 진실로 그 효도를 다하여야 하니, 효도하는 마음으로 임금을 섬기면 그것이 바로 충성이 되기 때문에 임금에게로 옮길 것이라고 하였고, 또 형을 섬기는 데에는 진실로 우애하여야 하니, 이 공경하는 마음을 모든 어른에게 옮기게 될 것이라고 하였다.

또 집안일을 돌보듯 하는 데는 진실로 그 다스림을 옳게 하여야 하니, 그렇게 될 때 비로소 그 정사를 잘할 수 있으므로 다스리는 것을 관에 옮겨야 한다고 하였다.

그러므로 임금을 섬김에는 부모를 섬기는 마음으로 하여야 할 것이요, 어른을 섬김에는 형을 섬기는 마음으로 하여야 하며, 관리생활에 임해서는 집안의 가장으로서 자기 집을 다스리는 마음으로 다스려야 할 것이다.

뿌리 깊은 나무는 반드시 잎이 무성하고, 근원이 깊은 물은 반드시 흐르는 것이 유장하며, 기름진 밭에서는 반드시 곡식이 빛나게 마련이다. 그런 까닭에 효도하고 우애하는 행동이 마음 속에 이루어지고 충성하고 순종하는 도리가 밖으로 통달하는 것이다.

군자는 실상에만 힘쓸 뿐, 비록 이름을 구하지는 않지만 그 고을이나 향당에서 그를 효자라고 칭찬하며, 형제 친척들도 그가 어질다고 칭찬하며, 동료들이 모두 그를 우애한다고 칭찬하며, 친구들이 모두 그를 어질다고 칭찬하며, 함께 노는 사람들이 그를 신용있다고 칭찬한다면, 이것은 오직 일신에만 그 명예가 번지는 것이 아니라, 그 이름을 후세에까지 세우게 되는 것이다.

순임금이 불행한 가정에 태어나 그 완악한 아버지, 사나운 어머니, 거만한 아우들 틈에서 살았건만, 능히 효도로써 집안을 화합하게 하였으니, 이 때문에 요임금이 이 사실을 듣게 되었고, 사악(四岳)들이 모두 천거하였으며, 천하가 임금으로 받들고, 만세 사람들이 모두 스승으로 모셨다. 이에 어찌 다른 것이 있겠는가? 오직 그에게 효도하고 우애하는 마음이 있었던 때문이다. 그러므로 이른바 부모를 나타나게 한다는 것에 어찌 지나침이 있겠는가?'

이렇게 말한 주자는 이 장을 전문 제11장으로 정리하였다.

선비가 부모를 섬김에는 오로지 효로써 하여야 한다. 자기 부모에게 효성이 지극한 선비는 이 마음을 그대로 임금에게로 바꾸면 반드시 위대한 충성이 된다. 때문에 효자가 충신이요, 충신이 효자인 것이다.

또한 집안에서 자기 형을 섬김에 있어 우애·제순의 도를 다하는 자는, 그 자기 형에 대한 제순의 마음을 그대로 모든 다른 사람의 형이나 어른들에게 옮긴다면 반드시 공순하게 되어, 장유의 순서를 밝게 할 수 있다.

이에 대하여 맹자 또한 '천하의 근본은 나라에 있고, 나라의 근본은 가정에 있고 가정의 근본은 자신에 있다'고 하였는데, 유교에서는 **충효일치(忠孝一致), 군사부일치(君師父一致) 등 충효**사상의 뿌리가 매우 깊다.
「논어」의 학이편에서 유자는 다음과 같이 말했다.
'효와 제가 있는 사람으로서 연장자에게 도리에 벗어난 짓을 하는 자는 드물다. 또한, 존장에게 도리에 벗어난 나쁜 짓을 하지 않는 자로서 법을 어기고 사회의 질서를 문란케 하는 자는 여지껏 이 세상에 없다. 군자는 근본이 되는 일에 힘쓰며, 또 모든 일에 확립되어야 도가 생긴다. 효와 제란 바로 인을 실천하는 근본이다.'
즉, 군자가 집안에서 능히 효제의 도를 다하면 반드시 그 집안이 잘 다스려진다. 그렇게 집안을 잘 다스리고 있는 사람에게는 관청에서 정사를 다스리게 하여도 맡은 바 직무를 효제정신으로 집무하기 때문에, 그 직책을 훌륭하게 수행한다.
이처럼 군자는 첫째로 자신의 몸을 삼가고, 그 다음으로는 집안을 잘 다스리고, 이 자신과 집안을 다스리던 마음과 태도를 밖에 미치기 때문에, 안팎으로 추호의 잘못도 있을 수 없다.
이렇게 되면 자연히 백성들이 그를 숭앙하는 표적이 되고, 또한 그 이름은 길이 백성들의 머리에서 떠나지 않게 되어, 그 몸은 비록 죽더라도 그 언행은 영원히 후인들의 사표로서 역사에 남게 되는 것이다.

규문장(閨門章)

공자께서 말씀하셨다.
"집안에서도 예의가 갖추어져야 한다. 집안에 아버지와 장형이 있으면, 처자와 노비는 백료(百僚)와 도역(徒役)과 같으니라."

原文 子曰, 閨門之內에 具禮矣乎라. 嚴父嚴兄이면, 妻子臣妾이 繇百姓徒役也니라.

註 규문지내(閨門之內) : 집안에서는. 구례의호(具禮矣乎) : 예의가 갖추어져야 한다. 구(具)는 갖추는 것. 엄부엄형(嚴父嚴兄) : 아버님과 형님이 계시면. 엄(嚴)은 여기서는 단순한 경칭으로 보는 것이 좋겠다. 처자신첩요백성도역야(妻子臣妾繇百姓徒役也) : 처자나 신첩은 백성과 도역과 같은 것이다. 처자(妻子)는 처와 자식. 신첩(臣妾)은 부하와 가정에서 부리는 종. 요(繇)는 여(如)와 같다. 그래서 나라로 본다면 처자는 백성의 위치와 같고, 신첩, 즉 자기 집에서 부리는 심부름꾼이나 노비들은 나라로 치면 도역과도 같은 존재라는 것. 도역(徒役)은 옛날 국가의 잡역으로 사용한 사람들. 인부.

解說 앞의 광양명장에서는 집안을 다스리는 도를 옮겨 한 나라를 다스리는 것을 강조했다면 다시 여기에서는 나라 다스리는 도로써 규문(閨門 ; 한 집안)을 다스리는 것을 말하였다. 그래서 규문장(閨門章)이다.

주자는 이 장에 대해 다음과 같은 요지로 주를 달고 있다.
'무릇 가정이라는 것은 항상 은애가 의리를 가리우게 된다.
또 이와 반대로 나라 다스리는 도에 있어서는 의리로만 따져서 은애가 끊어지기 쉽다. 그러므로 여기에서 말한 뜻은 혹 가정에서 은애에만 치우쳐 사사로운 정에 빠질까 두려워하여 비록 가정에서 처리하는 일이라 할지라도 한 나라를 다스리는 이치가 모두 갖추어져야 한다고 강조한 것이다.

아버지는 임금과 같은 도가 있고 장형은 어른과 같은 도가 있으며, 처자와 노비는 백성과 인부와 같다면 의리가 사사로운 정을 제어하여 높고 낮은 것과 안과 밖이 분명한 조리가 있게 될 것이니, 이것이 바로 나라를 다스리는 요점이다.'

이 장은「금문효경」에는 빠져 있다. 그 경위를「효경대의」서문은 이렇게 밝히고 있다.

'당(唐)나라 현종의 개원칙의(開元勅議)가 그 뜻이 아름답지 않은 것은 아니었으나 사마정(司馬貞)이 얕은 학문과 적은 식견으로 규문장(閨門章) 하나를 빼어 버려서 마침내 현종에게, 예의가 없고 법도가 없다 하여 화를 당하게까지 되었다.

또 그가 지은 서문은 심지어 예의로써 겉만 꾸미는 자료를 만들었으며, 인(仁)과 의가 뒤에 올 병폐가 될지도 모른다 하였으나 그렇다면 이는 마음의 효도가 이디서 일어나는 것이며, 또 어디로부터 싹튼다는 말인가?

학문을 익히지 않는 것과 덕을 닦지 않는 것이 한결같이 여기에 이르렀더니, 주문공(주자)이 특별히 남쪽에서 일어나 평생을 기울이고 공들여 사서를 편찬하였다. 그러나 이 글(효경)에 이르러서는 겨우 간오편(刊誤編) 하나를 편찬하였고, 대의(大義)에 주석을 붙이는 데는 아직 미치지 못한 바가 있다.'

여기에서 문제가 되는 것은 '사마정(司馬貞)이 얕은 학문과 적은 식견으로 규문장 하나를 빼어 버려서 마침내 현종에게, 예의가 없고 법도가 없다 하여 화를 당하게까지 되었다'는 구절이다.

「고문효경」에는 규문장이 제19장으로 모습을 나타내고 있는 반면,「금문효경」에서는 아예 삭제되었다. 그러던 것이「효경대의」에는 다시 모습을 나타내고 있다.

고문과 금문은 그 내용이 대동소이한데, 유독 금문에서 규문장만이 빠져 있다. 그런데 「효경대의」에서는 이 장이 어엿이 되살아났다.
 이것은 무엇을 뜻하는가. 이 자리에서 이를 재조명하는 것도 「효경」 연구에 도움이 될 줄 안다.
 사마정은 현종으로부터 '얕은 학문과 적은 식견'으로 말미암아 이런 어리석은 짓을 저질렀다고 하여 '예의가 없고 법도가 없다'는 것으로 화를 당하게 되었다는 사실과 당대의 석학 주희(朱熹)가 이 장을 부활시켰다는 것에 주목할 필요가 있다.
 또한 주자는 이 장을 부활시키면서 '혹 집안에서 은혜와 사랑에만 치우쳐 사사로운 데 빠질까 두려워했기 때문에 비록 집안에서 처리하는 일이라 할지라도 한 나라를 다스리는 이치가 모두 갖추어져야 한다'고 강조한 것이다. 또는 '……이렇게 하면 의리가 사사로운 마음을 제어해서 높고 낮은 것과 안과 밖이 분명한 조리가 있게 될 것이니, 이것이 실로 국가를 다스리는 요점이다' 등등의 주석을 달고 있다.
 주자는 또한 '이 장은 앞장에서 말한, 집 다스리는 도로 미루어 한 나라를 다스린다는 말을 인용하여 다시 여기에서는 나라 다스리는 도로써 한 집을 다스리는 것을 말하였다'고도 하였다. 이것은 앞의 광양명장의 '집에서는 집안을 잘 다스리기 때문에 그 마음을 그대로 관직으로 옮겨서 집을 다스리는 것같이 행하니, 이로써 그 행동이 안에서 이루어져 이름이 후세에까지 세워지는 것이니라'를 다시 뒤집어서, '비록 집안에서 처리하는 일이라 할지라도 한 나라를 다스리는 이치가 모두 갖추어져야 한다'고 강조한 것이다.
 현종이 이 장을 삭제한 사마정을 책한 것도, 주자가 이 장을 부활시킨 것도 바로 그러한 이유에서이다.
 공자는 효에 있어서 아버지와 어머니를 동격시하여, 부모에 대한 효도를 논하였지 아버지에 대한 **효와** 어머니에 대한 효로 구분하지는 않았다. 다만 사장(士章)에서 '아버지를 섬기는 것을 기준삼아 어머니를 섬기면 그 사랑하는 마음이 같을 것이요, 아버지를 섬기는 것을 기준삼아 임금을 섬기면 그 공경하는 마음이 같을 것이다. 그러므로 어머니를 섬기는 데는 그 사랑하는 마음을 취하고, 임금을 섬기는 데는 그 공경하는 마음을 취하는 것이니……'라고 하여, 아버지는 공경, 어머니는 사랑으로 약간의 구별을 두었다. 하지만 그 공경도 따지고 보면 사랑이 바탕이다.

그렇다면 효도에 있어서 아버지와 어머니 사이에 차별을 두었을 리 없다. 다만 나라 다스리는 이치를 가정에 적용시키느라고, 가정의 구성원을 나라를 다스리는 체계(體系), 즉 천자 밑에 제후, 제후 밑에 경대부, 경대부 밑에 사(士), 사 밑에 서인의 지배체계를 적용하여, 여기에 예를 들어 맞춘 것이 '집안에 아버지와 장형이 있으면, 처자는 백료와 같고, 집 하인들은 인부와 같다'고 하였다고 보아야 마땅하다.

간쟁 장(諫爭章)

1

증자가 여쭈었다.

"또한 자애와 공경 그리고 부모를 편안하게 하여 드리고 양명에 힘써야 함은 삼이 이미 익히 듣자왔습니다. 감히 묻자옵거니와, 자식으로서 아버지의 명령을 따르기만 하면 효라 할 수 있겠습니까?"

原文 曾子曰, 若夫慈愛龔敬과 安親揚名은 參이 聞命矣오이다. 敢問컨대 子從父之命이 可謂孝乎이까.

註 약부(若夫) : 앞 글을 받아서 다른 문제에 언급할 때의 발어사. 다시 이야기를 계속할 때 쓰는 말. 자애(慈愛) : 사랑. 특히 어머니의 사랑을 뜻하기도 한다. 공경(龔敬) : 공경(龔敬)은 공경(恭敬)과 같음. 공(龔)은 용신(龍神)에게 바친다는 뜻이며, 바뀌어 '삼가한다'는 뜻으로 쓰인다. 경(敬)은 마음으로 섬기는 것. 안친양명(安親揚名) : 부모를 편안하게 하여 드리고, 자기 이름을 날리는 것. 문명의(聞命矣) : 이미 가르침을 들었다. 문(聞)은 저절로 듣게 되는 것. 청(聽)은 의식적으로 듣는 것. 명(命)은 여러 가지 뜻으로 쓰이나 여기에서는 '가르침'으로 쓰였다. 그러므로 문명(聞命)은 가르침을 들었다, 이미 들었다는 뜻이다. 감문자종부지명(敢問子從父之命) : 감히 묻겠는데, 자식으로서 아버지의 명령을 따르기만 하면. 종(從)은 따르다, 복종하다. 명(命)은 명령. 가위효호(可謂孝乎) : 가히 효도라고 할 수 있겠는가? 가위(可謂)는 거의 옳거나 좋다고 여길 만한 말로 이르자면. '어떠어떠하다고 할 만함'을 이르는 말.

解說 공자는 이 장에서 증자에게 참다운 효는 아버지의 불의를

보고 간쟁(諫爭)을 서슴치 않는 것이어야 한다고 가르치고 있다. 그런 연유에서 이 장을 간쟁장(諫爭章)이라고 했다.

이 장에서 주자는 생전의 효는 이것으로 마감한다고 생각하고, 이를 전문제장으로 하여, 대략 다음과 같이 말하였다.

'공자께서 증자에게 효도하는 법을 가르칠 때, 증자는 그 효도의 큰 것을 한 번 탄식한 다음, 지금까지 가르쳐 주신 효에 대하여 더 하실 말씀은 없으신지를 물었다.

이때 공자는 모두 상세히 이야기하여 들려 주었으니, 이것으로 효도의 처음과 끝이 모두 갖추어졌다고 보았다.

다만 부모에게 간쟁(諫爭)한다는 한 구절에 대하여서는 아직 말하지 않았었다. 이에 증자는 이미 공자가 말한 모든 것을 종합하여 여기에서 말씀드렸다.

"부모를 사랑하는 것과 부모를 공경하는 것과 부모를 편안하게 하여 드리고, 자기 자신의 이름을 세상에 떨침으로써 부모에게 효도하는 모든 도리는 이미 선생님(공자)으로부터 익히 들어서 알거니와, 여기에서 감히 묻고자 하는 바는 사람이 부모의 자식이 되어 한결같이 부모의 명령에만 복종하여, 부모가 하라는 대로만 하면 이것으로 효도라 하겠습니까? 그렇다면 부모가 무엇이든 명령만 내리기만 하면 일의 잘잘못은 물어볼 것 없이 그 말대로 행하는 것이 바로 효도의 전부입니까?"

이렇게 물은 증자의 말은 참으로 훌륭한 질문이라 하겠다.

여기에서 자애란 부모를 봉양하여 즐겁게 하여 주는 것이고, 공경이란 부모를 표면적으로나 정신적으로 섬겨 봉양하는 것이며, 부모의 몸을 편안하게 한다는 것은, 나쁜 짓을 하여 자기 몸이 형벌을 받는 일을 하지 않는다는 것이고, 자기 이름을 떨친다는 것은, 자기 몸을 세워서 뜻하는 바를 이루고, 올바른 길을 행하여 이름을 후세에까지 드날리는 것을 말한 것이다.

2

공자께서 말씀하셨다.

"삼이여, 그 무슨 말이냐, 그 무슨 말이냐? 도무지 말이 통하지 않는구나.

옛날에 천자는 간쟁하는 신하 일곱을 두면 비록 자신이 무도(無道)하다 하더라도 그 천하를 잃지 않았고, 제후는 간쟁하는 신하 다섯만 두면 비록 자신이 무도하다 하더라도 그 나라를 잃지 않았으며, 대부는 간쟁하는 신하 셋만 두면 비록 자신이 무도하다 하더라도 그 가정을 잃지 않았다. 선비에게 간쟁하는 벗이 있으면 그 몸에서 명성이 떠나지 않을 것이며, 아버지에게 간쟁하는 자식이 있다면 그 몸이 불의에 빠지지 않을 것이니라.

그러므로 만일 아버지가 불의한 일을 하였을 때에는 자식으로서는 아버지를 간쟁하지 않을 수 없고, 임금이 불의한 일을 하였을 때는 신하로서 그 임금을 간쟁하지 않을 수 없느니라.

그러므로 불의한 일을 당하였을 때에는 간쟁하여야 하니, 아버지의 명령만 따른다 하여 어찌 효도라 할 수 있겠는가?"

原文 子曰, 參이여, 是何言與아 是何言與아, 言之不通邪아.

昔者에 天子 有爭臣七人이면 雖亡道이나 不失天下요,

諸侯 有爭臣五人이면 雖亡道이나 不失其國이오, 大夫
有爭臣三人이면 雖亡道나 不失其家요, 士 有爭友면 則
身不離於令名이오, 父 有爭子면 則身不陷於不誼니라.
　　故로 當不誼면 則子不可以不爭於父요, 臣不可以不爭
於君이라.
　　故로 當不誼면 則爭之니 從父之命이 又安得爲孝乎리오.

註 시하언여(是何言與): 그 무슨 말이냐. 여(與)는 여기서는 반어조사(反語助辭). 그 무슨 말이냐, 그렇지 않다. 언지불통야(言之不通邪): 말이 통하지 않도다. 불통(不通)은 통하지 않음. 못 알아 듣다. 야(邪)는 여기서는 의문·영탄 등의 기분을 나타내는 구말(句末)의 조사(助辭). 천자유쟁신칠인(天子有爭臣七人): 천자에게 간쟁하는 신하 일곱 사람이 있으면. 쟁(爭)은 여기서는 간하다. 쟁(諍)과 같다. 강력하게 충고하는 것. 간쟁(諫諍)이라고도 씀. 쟁신(諍臣)은 임금의 잘못을 간하는 신하. 수무도불실천하(雖亡道不失天下): 비록 무도하더라도 그 천하를 잃지 않는다. 무도(亡道)는 무도(無道). 즉 도덕에 어긋나는 악행을 자행하는 사람. 천하무도(天下無道)는 세상 천지가 모두 도덕이 행하여지고 있지 않은 것. 온 세상이 부도덕한 것. 불실(不失)은 잃지 않음. 그대로 보존하고 있음. 대부유쟁신(大夫有爭臣): 대부에게 쟁신이 있으면. 사유쟁우(士有爭友): 선비에게 쟁우(爭友)가 있으면. 쟁우(爭友)는 충고하여 주는 벗. 즉신불리어령명(則身不離於令名): 즉, 몸에서 명성이 떠나지 않는다. 영명(令名)은 좋은 평판. 쟁자(爭子): 부모의 잘못을 솔직히 말하여 주는 자식. 즉신불함어불의(則身不陷於不誼): 즉, 그 몸이 불의에 빠지지 않는다. 불함(不陷)은 나쁜 곳으로 빠져 들어가지 않는 것. 불의(不誼)는 불의(不義)와 같다. 즉 바르지 않고 좋지 못한 일. 고당불의(故當不誼): 고로 불의를 당하면. 즉자불가이부쟁어부(則子不可以不爭於父): 그런즉 자식으로서는 그 아버지를 충고하지 않을 수 없다. 신불가이부쟁어군(臣不可以不爭於君): 신하로서는 그 임금을 충고하지 않을 수 없다. 고당불의즉쟁지(故當不誼則爭之): 그러므로 불의한 일을 당했을 때는 이를 강력히 충고하여야 한다. 종부지령(從父之令): 아버지의 명령에 따른다면. 우안득위효호(又安得爲孝乎): 또 어찌 효도라 할 수 있으리오. 안(安)은 여기서는 어찌. 안득(安得)은 반어로부터 바꾸어 그렇게 되기를 바라는 것을 나타내는 것. 즉, 아버지의 명령만 따른다 하여 어찌 효도라 할 수 있겠는가. 그러니 아버지의 불의에는 반드시 충고하는 것이 효도라는 뜻.

[解説] 아버지가 그르다는 것을 알고서도 그대로 순종한다면 이것은 아버지를 불의로 몰아 넣어서 효도에 역행하는 것이니, 이치에 맞지 않는 일이다. 그러므로 여기에서 증자가 '부모가 무엇이든 시키면 일의 좋고 그르고는 물어볼 필요없이 그 말대로 따라하기만 하면 효도가 됩니까'하고 물으니, 공자는 이 말을 받아 더 넓혀서 말한 것이다.

천자로부터 서인에 이르기까지 모든 사람은 그 아버지의 잘못을 보거든 그대로 순종하지 말고, 그 자리에서 강력한 충고를 서슴치 말아야 한다.

천자는 반드시 간쟁하는 신하 일곱 사람이 있으면, 비록 천자 자신은 도가 없어도 또한 가히 그 천하를 잃지 않게 될 것이며, 제후는 반드시 간쟁하는 신하 다섯 사람만 거느리고 있으면 비록 임금 자신은 도가 없어도 또한 가히 그 나라를 빼앗기는 일이 없게 될 것이며, 대부는 간쟁하는 부하 세 사람만 있으면 대부 자신은 비록 도가 없어도 가히 그 가정은 망하지 않을 것이다.

천자 자리에 있는 사람은 천하의 큰 것과 만 가지 일을 처리하므로 언제나 복잡다난하다. 그러므로 천자 자신이 의로운 정치를 하면 만백성이 그 복을 힘입게 되고, 잘못하여 불의에 빠지면 종묘사직도 그 화(禍)를 입게 된다.

때문에 반드시 그 천자에게 상소하는 신하가 있어서 그 불의를 바로잡을 수 있도록 한 연후라야 정사가 바르게 되는 것이다.

옛날에는 비방하는 나무를 세우고 간하는 북을 만들어서 언로(言路)를 크게 열고 충성되고 유익한 말을 하는 사람을 널리 구하였으니, 간하는 신하가 어찌 일곱 사람에 그쳤으리오.

여기에서 공자는 이것을 대략만 말한 것이다. 다음으로 제후에 이르고, 또 그 다음으로 대부에 이르러서는 나라가 천자보다 작아지기 때문에 일도 의당 작아질 것이므로, 간하는 신하도 다섯 사람이면 족할 것이요, 가정에 이르러서는 나라보다 더욱 간단하기 때문에 세 사람이면 족할 것이라고 했다.

아래로 선비에 이르러서는 부하가 없고 다만 자기 몸이 있을 뿐이며, 신뢰할 데가 벗밖에 없다. 그러므로 신하는 충성과 사랑으로 그 임금을 섬기다가 되지 않으면 중지하면 그만이며, 친구도 친구를 위하여 충고하고 좋게 인도하다가 되지 않으면 또한 중지하면 되는 것이다.

그러나 자식이 자기 아버지에게 대하여서는 안 된다고 중지하는 일이 없다. 그러므로 임금에게 허물이 있어 세 번 간하다가 듣지 않으면 그만두거니와, 부모에게 허물이 있으면 세 번 간하고 그래도 들으시지 않으면 울면서 따르는 것이다.

공자는 또 말씀을 계속하셨다.

부모를 섬기되 여러 번 간하였으나 뜻을 따르지 않을 때도 있으리라. 그렇더라도 자식은 공경함을 잊어선 안 된다. 또한 사리에 맞지 않더라도 원망하지 말며, 공경하고 효도하여 부모가 기뻐하거든 다시 구하여 자식된 자의 정성을 쌓아, 부모를 감동시켜 자기의 간하는 말을 따르도록 한 뒤에 그만 두어야 한다.

이는 자식으로서 부모를 사랑하여 마침내 지극히 착한 데로 돌아가도록 하는 것이니, 이것은 역시 남의 신하나 친구로서는 할 수 없는 일이다.

선비 이하를 비록 서인이라고는 하지만, 자식이 자식되기는 모두 마찬가지이며, 아버지가 아버지되기는 마찬가지이니, 만일 아버지에게 과실이 있으면 자식은 반드시 몇 번이고 간할 것이며, 간쟁하는 신하나 충고하는 벗에게 미루지 말아야 한다.

공자는 그렇기 때문에 결론지어 말하였다.

옳지 않은 일을 당하면 자식으로서 아비에게 간하지 않을 수가 없고, 신하로서 임금에게 간하지 않을 수 없다. 그러나 공자가 또 여기에서 아버지와 자식 사이를 먼저 말하고, 임금과 신하 사이를 뒤에 말한 것은 그 뜻이 깊다고 할 것이다.

공자께서는 옳지 않은 일을 당하면 간쟁하는 것이니, 아버지의 명령만 따르는 것이 어찌 효도이겠느냐라고 말씀하셨다.

이것은 이 한 장의 뜻을 매듭지은 것으로서, 끝으로 이것이 무슨 말이냐고 한 뜻의 결론이다.

이래서 주자는 이 장을 전문 제10장으로 하여 부모 생전의 효에 대한 끝을 맺고, 다음 전문 제14장에는 부모의 돌아가신 후의 섬기는 법을 가르쳐 줌으로써 「효경」의 끝을 맺었다. 그러나 「고문효경」에서는 이 장을 제20장으로 하고, 「효경대의」의 전문 제9장인 사군장(事君章)을 제21장으로 하여 부모의 생전의 효를 마무리짓고, 상친장(喪親章)을 제22장으로 하여 끝을 맺었다.

불의를 보고도 그대로 따르는 것은 효가 아니다. 결과는 불효를 초래한다.

옛날 천자에게는 삼공이라 하여 태사(太師)・태부(太傅)・태보(太保), 또는 사마(司馬)・사도(司徒)・사공(司公), 또는 대사도(大司徒), 대사공(大司空)・대사마(大司馬), 또는 승상(丞相)・대사마(大司馬)・어사대부(御史大夫), 또는 태위(太尉)・사도(司徒), 사공(司空) 등으로 일컫는 최고의 관위 세 사람과 좌우・전후에서 모시고 보필하는 신하가 일곱 사람이 있었다.

이들은 만일 천자에게 과실이나 비행이 있을 경우 극력 충고를 하는 간쟁을 서슴치 않음으로써, 천자로 하여금 그러한 일을 행하지 못하도록 하는 제도적인 장치를 상설하고 있었다.

그러므로 임금에게 일시적인 무모한 행동이 있다손 치더라도 천하를 잃어 그 몸을 망치지 않고도 그 과오를 넘길 수 있었던 것이다.

또 제후의 경우도 천자의 경우와 마찬가지로, 제후를 늘 보좌해서 충고를 꺼리지 않는 경대부가 다섯 사람이 있었는데, 제후에게 무도한 행위가 있다 하더라도 쟁신들이 이를 극구 반대하고 충고하였으므로, 그 나라를 잃는 데까지는 이르지 않았다.

대부에게도 또한 그를 보좌하는 부하 세 사람이 있어, 대부 자신이 무도한 행위가 있으면 지체없이 강력히 충고하여 선도하였으므로, 그 가정을 잃는 데까지는 가지 않았다.

또 관직이 없는 선비라 할지라도, 바른 말을 서슴치 않고 충고를 게을리하지 않는 벗이 있을 경우, 서로 불의하거나 무도한 짓을 하지 않아, 좋은 평판이 그의 몸에서 떠나지 않았다.

뿐만 아니라 일반 서민에 있어서도 그 아버지가 불의·무도한 일을 저지를 때에는 그 자식이 지성을 다하여 충고로써 거듭거듭 간청하면 부모도 스스로 깨달아 불의한 경지에 떨어지는 일은 없었다.

이것이 효자가 부모를 대하는 궁극적인 도이다.

「논어」이인편에서 공자께서는 이렇게 말씀하셨다.

'부모를 섬기되 허물이 있거든 은근히 간할 것이니, 간함을 따르지 않더라도 더욱 부모님을 공경하며, 수고로워도 원망하여서는 안 되느니라.'

부모와 윗분을 섬기는 일을 효도라고 한다.

공자는 이 효에 대하여 누구보다도 많은 생각을 한 사람이다. 그래서 공자는 부모를 섬기는 데 있어서 부모의 잘못을 보더라도 직접적으로 말하지 말고 은근히 간하여야 한다고도 하였다.

공자의 이 말은 단지 부모를 섬기는 데 있어서만 필요한 말이 아니다. 나 자신과 어떤 관계가 있는 상대방에게서 결점을 발견하였다 하더라도 그를 탓하거나 나무랄 것이 아니라, 은근히 가르쳐 주고 이해시키는 선의의 충고야말로 값진 것이다.

공자는 자로편에서 또한 이런 말씀도 하였다.

섭공(葉公)이 공자께 말하였다.

"우리 마을에 행실이 정직한 사람이 있습니다. 그 아버지가 양을 훔친 것을 아들이 증언하였습니다."

이 말을 들은 공자께서는 이렇게 말씀하셨다.

"우리 마을의 정직한 사람 하나는 그와 다릅니다. 아버지는 자식을 위하여 숨기고, 자식은 아버지를 위하여 숨기나니, 그 가운데 정직함이 있는 것입니다."

부모의 잘못을 여러 사람 앞에서 떳떳이 밝힐 수 있는 사람이라면 정말로 정직한 사람이라 아니할 수 없다. 그러나 공자는, 아버지는 아들을 위하여 숨겨 주고, 아들은 아버지를 위하여 숨겨 주는 것이 참다운 정직이라고 생각하였다.

공자의 말은 언뜻 보기에 서로의 잘못을 눈감아 준다는 것으로 생각될지 모르나, 사실은 그런 뜻에서 한 말이 아니다.
　부모의 도둑질을 증언하는 소행은 물론 정직한 일이라 할 수 있지만 효라 할 수는 없으며, 불효에서는 참다운 정직이 나타날 수 없음을 강조한 것이다. 이 말은 자기 나라 임금의 비행을 남의 나라에 고발하는 것이 충이냐 아니냐는 것과도 통하는 말이다.
　공자께서는 또한 군·사·부를 섬기는 데 대하여 다음과 같은 말을 하셨다.
　'부모를 섬김에는 조용히 간하는 일이 있으나 얼굴이 달라져 간하는 일이 없고, 임금을 섬기는 데는 얼굴이 달라져 간하는 일이 있으나 온화하게 간하는 일이 없느니라. 스승을 섬기는 데는 얼굴이 달라져 간하는 일이 없고, 또 온화하게 간하는 일도 없느니라.'
　그러나 인(仁)을 주장하는 데 있어서는 스승일지라도 양보하지 말라고 하였다. 즉 이론적인 일에 대하여는 사양하지 말고 적극 토론에 참여할 수 있다고 가르쳤다.
　사람이란 누구나 과오를 범하게 마련이다. 부모도 사람인 만큼 과실을 범하지 않는다고 말할 수 없다. 그러나 이러한 과실을 아랫사람이나 자식이 보았을 경우, 그 자식은 어떻게 대처하여야 할 것인가?
　비록 간할 수는 있지만 부모를 난처하게 만들어서는 안 된다. 부모의 마음이 상하지 않도록 공손한 말로 은근히 이해시켜야 한다. 그러나 윗사람에게 간하는 것은 여간 조심스러운 것이 아니다. 때때로 윗사람이란 아랫사람에게 무리한 명령을 하는 수가 있다. 이런 경우, 부자간이라면 서로 사랑하는 정이 두터우므로 간하는 방법에 다소의 잘못이 있다손 치더라도 별일없이 잘 넘어가게 마련이다.
　그러나 부모 자식간이 아닌 사이의 간언이라면 참으로 무서운 결과를 가져오는 수가 있다. 가령 간언을 받는 쪽이 윗사람일 경우, 자칫 잘못하면 오해를 받을 소지가 있으므로 간언을 한 쪽에서 불의의 화를 당하는 수가 있다.

결국 충고한다는 것은 필요한 일이나 이처럼 난처한 결과를 가져온다. 그리고 간언을 받는 일은 더욱 곤혹스러운 일이며, 인격을 갖춘 자라야만 이를 수용할 수 있는 것이다.

사군장(事君章)

공자께서 말씀하셨다.

"군자가 임금을 섬기는 데는 조정에 나아가서는 충성을 다할 것을 생각하고, 퇴정한 후에는 잘못을 고칠 것을 생각하며, 임금의 미덕은 장순(將順)하고 임금의 악덕은 광구(匡救)하여야 하느니라. 그럼으로써 상하가 서로 친하여지느니라.

「시경」에 이르기를, '마음 속으로 사랑하니 멀리 떨어져 있어도 멀어지지 않고, 마음 속에 간직하니 어느 날인들 잊으리오'라고 하였느니라."

原文 子曰, 君子之事上也에 進思盡忠하고 退思補過하며, 將順其美하고 匡救其惡이라. 故로 上下가 能相親也라.
詩云, 心乎愛矣하니 遐不謂矣리오마는 忠心藏之하니 何日忘之리오 하니라.

註 군자지사상야(君子之事上也):군자가 임금을 섬기는 데 있어서. 상(上)은 임금. 군자는 임금을 섬기되. 진사진충(進思盡忠):조정에 나아가서는 충성을 다할 것을 생각한다. 진(進)은 나아가다. 여기에서는 문맥상 조정에 나아가는 것. 또는 임금을 뵙는 것. 사(思)는 생각함. 진(盡)은 다함. 퇴사보과(退思補過):퇴정한 뒤에는 그날의 자기 과실을 고칠 것을 생각한다. 퇴(退)는 조정에서 물러나는 것. 보(補)는 보충한다는 뜻. 과(過)는 허물. 과실. 보과(補過)는 잘못을 보충하는 것. 장순기미(將順其美):그(임금)의 미덕은 그대로 따라 행한다. 장(將)은 여기서

는 실행한다는 뜻. 순(順)은 따른다는 뜻. 그러므로 장순기미(將順其美)는 임금의 아름다운 행동에 대하여서는 임금으로 하여금 더욱 그 좋은 점을 행하게 하고, 자신도 그 임금의 선행에 따라가는 것. 광구기악(匡救其惡) : 그 임금이 악한 일을 못하게 구원한다. 광구(匡救)는 악을 바로잡아 구원함. 광제(匡濟). **고상하능상친야**(故上下能相親也) : 그러므로 상하가 서로 친하여진다. **심호애의**(心乎愛矣) : 마음 속으로 사랑한다. 호(乎)는 여기서는 어(於)와 같은 전치사. **하불위의**(遐不謂矣) : 멀리 떨어져 있어도 멀어지지 않는다. 하(遐)는 요원(遼遠). **충심장지**(忠心藏之) : 이를 마음 속에 간직한다. 충심(忠心)은 중심(中心)과 같다. 마음 속. 장(藏)은 간직하는 것. **하일망지**(何日忘之) : 어느 날인들 이것을 잊으리, 절대로 잊지 않는다.

解說 이 장에서는 다시금 임금 섬기는 도리, 즉 사군(事君)을 설명하였다. 그래서 사군장(事君章)이다.

안으로는 아버지와 자식 사이, 밖으로는 임금과 신하 사이가 사람의 큰 인륜이니, 부자간은 은혜를 주장하고, 군신간은 공경을 주장한다. 그래서 공자는 여기에서 이렇게 말씀했다.

군자가 임금을 섬기는 데 있어서, 나아가서는 임금을 배알하고 그 충성을 다할 것을 생각하여 아무것도 숨김이 없이 모두 아뢸 것이요, 물러나서는 임금에 과실이 있으면 그 과실을 도와 막을 것을 생각한다. 이렇게 하여 조정에 나아가서는 임금에게 아름다운 뜻이 있으면 이 좋은 생각을 순종하고, 그 선덕을 도와서 더욱 신장하게 하되, 오히려 자기의 노력이 부족하지 않은가 걱정한다. 만일 임금에게 악한 마음이 있으면 그 악덕을 구원하고 간언하여 이를 중지하도록 하되, 오히려 이러한 행동이 혹 모나지나 않는가 두려워한다.

대개 충신이 그 임금을 섬기는 것은, 마치 효자가 그 부모를 섬기는 것과 같아서, 처음에는 그의 뜻을 살피고, 다음으로는 그 뜻을 받들며 그 임금의 행동하는 것을 보아서 자기의 힘을 다하여 섬겨야 하는 것이다.

만일 임금에게 한 가지 착한 마음이 있는 것을 발견하면 이것을 돕고 성장시켜, 혹시라도 그대로 내버려 두어서 중간에 이 마음이 막히지 말도록 하여야 한다.
 이와 반대로, 임금에게 한 가지라도 악한 마음이 있는 것을 발견하거든 이것을 즉시 간하여 중지하도록 하여, 이 어두운 마음이 가리워서 내내 밝지 못하여, 종내 구원할 수 없는 지경에 이르지 않도록 하여야 한다.
 이렇듯 착한 마음은 열어 주고 간사한 마음을 막아 주어서, 모든 일을 일찍이 조심하고 미리 방지하여 일이 잘못되기 전에 경계하여 아직 형태로 나타나기 전에 중지시켜야 한다. 그러므로 위(魏)나라 정공(鄭公)이 말하기를
"나는 어진 신하가 되기를 원할 뿐이요, 충성스러운 신하가 되기를 원하지 않는다."
하였으니, 정공인들 어찌 충성스러운 신하가 되기를 원하지 않았으리요마는, 그가 이렇게 말한 데는 까닭이 있다.
 그것은 대개 후세의 소위 충신이란 반드시 임금의 잘못을 간하되 자기 목숨을 끊어 절의(節義)에 죽은 뒤에라야만 비로소 충신이 되었다. 이는 그 임금이 장차 잘못된 행동이 있을 것을 구원하여 나라가 망하려 할 때 이를 막는 것, 즉 조그만 조짐이 보일 적에 이를 미연에 방지하는 것이 큰 충성이라는 것을 알지 못한 데서 비롯된 것임을 정공은 자탄한 것이다.
 공자께서는 여기에서 다시 「시경」의 습상편(隰桑篇)을 인용하여 이렇게 말씀하셨다.
 '신하의 마음이 임금을 사랑하는 것은 비록 먼 데 있건만 그것은 먼 것 같지 않다.'
 이는 대개 임금을 사랑하는 신하의 한 가닥 마음이 항상 마음 속에 간직되어 있어서 잠시라도 잊지 말아야 한다는 것이니, 먼 데 있는 자로서도 오히려 이를 잊지 못하거든, 하물며 가까운 데 있으면서 어찌 충성과 사랑을 다하지 않을 수 있을까 보냐.
 주자는 이렇게 해석하고 이 장을 전문제장으로 하여, 다시 이렇게 결론지었다.
 '군자는 나아가서는 충성을 다할 것을 생각하고, 물러나서는 임

금의 과실을 구할 것을 생각한다는 것은, 역시 「좌전(左傳)」에 있는 사정자어(士貞子語)와 마찬가지이지만, 문리에 해로운 것이 없고, 「시경」의 말을 인용한 것도 또한 '효도하는 마음을 옮겨다가 충성하라는 뜻'을 발명시켰기 때문에 이제 여기에 모두 실어둔다.'

임금의 선행과 선심에는 이를 도와 그 뜻이 성사되도록 하고, 임금의 아름답지 못한 마음에는 간언을 주저치 않음으로써 임금의 그 마음이 발현되지 않도록 힘쓰려면 임금과 신하 사이, 상하가 서로 친하여져야 한다.

서로 사랑함이 앞서지 않고서는 '양약(良藥)은 입에 쓰다'는 진리를 터득하지 못하고 신하의 간언을 임금이 오해하게 되어, 결국 군신 사이가 멀어만진다.

그러나 임금과 신하가 서로 친하고 위와 아래가 서로 화친하면, 멀리 떨어져 있어도 가까이로만 느껴지며, 충성심이 가슴 깊이 새겨져 있으면 잠시도 임금을 잊을 수 없게 된다.

공자께서는 위와 같이 군자가 임금을 섬기는 법을 말씀하였는데, 거수로 계강자(季康子 ; 춘추시내의 노나라 대부, 계손씨의 7대손. 공자와 동시대 사람으로 권세를 자행했다)가 공자에게

"백성들로 하여금 공경하고 충성하도록 권하려면 어떻게 하여야 합니까?"

라고 물은 적이 있다. 이때 공자께서는 이렇게 말씀하셨다.

"백성들에게 믿음직스럽게 임하면 공경하게 되고, 부모에게 효도하고 아랫사람에게 자비롭게 임하면 충성스러워지고, 착한 사람을 천거하여 바르지 못한 사람을 가르치면 곧 권하는 것이 됩니다."

즉, 대부 스스로가 우선 믿음직스럽게 백성을 대하고, 또 대부 자신이 솔선하여 자기 부모에게 효도하고, 대부 자신이 직접 자기 아랫사람에게 자비롭게 대하라고 하였다.

이는 상대방에게 무엇을 구하는 것보다 우선 자신이 잘하여야 된다는 것을 뜻한다.

내가 남에게 잘하면 남도 나에게 잘할 것이고, 반대로 내가 남에게 잘못하면 남도 또한 나에게 잘못할 것이다. 또 윗사람이 아랫사람에게, 네 부모에게 효도하여라, 효도하여라 하고 백 번 이야기하는 것보다, 자기 스스로가 자기 부모에게 말없이 효도하면, 아랫사람 모두가 제 부모에게 효도함은 물론, 아랫사람들이 자진하여 대부를 공경하게 되는 것이다.

상친 장(喪親章)

1

공자께서 말씀하셨다.

"효자가 그 부모상을 당하면 곡소리가 그치지 않으며, 사람 앞에서 예를 함부로 하지 않으며, 말을 번잡스럽게 하지 않고, 고운 옷을 입으면 오히려 불안하고, 음악을 들어도 도리어 즐겁지 아니하며, 맛있는 음식을 먹어도 입에 달지 아니하니, 이것은 슬퍼하고 서러워하는 정 때문이니라.

原文 子曰, 孝子之喪親也면, 哭不依하며 禮亡容하며 言不文하며 服美不安하며 聞樂不樂하며 食旨不甘하나니 此哀戚之情也니라.

註 효자지상친야(孝子之喪親也) : 자식이 그 친상(親喪)을 당함에 있어서는. 상친(喪親)은 어버이의 상(喪). 상(喪)은 근친자(近親者)가 죽었을 때, 일정 기간 특별한 생활을 하며 슬픔을 나타내는 의식. 여기서 효(孝)는 부모의 상(喪)을 입음을 뜻함. 따라서 효자는 부모의 상중에 있는 자식을 뜻한다. 곡불의(哭不依) : 곡소리가 그치지 않는다. 곡소리가 중단되지 않는다. 곡(哭)은 큰 소리로 우는 것을 말하며, 읍(泣)은 소리를 안 내고 속으로 우는 것을 말한다. 불의(不依)는 그치지 않는다. 「금문효경」에는 '곡불의(哭不偯)'로 나와 있다. 예무용(禮亡容) : 태도나 동작을 보기좋게 꾸미지 않는 것. 「금문효경」에는 예무용(禮無容)으로 나온다. 언불문(言不文) : 말을 번잡스럽게 하지 않는다. 언(言)은 말. 문

(文)은 여기서는 교묘한 말재주. 복미불안(服美不安) : 아름다운 옷을 입어도 오히려 몸과 마음이 편안하지 않다. 문악불락(聞樂不樂) : 음악 소리를 들어도 즐겁지 않다. 슬픈 가운데 풍류 소리를 들으니 도리어 즐겁지가 않다. 식지불감(食旨不甘) : 맛있는 음식을 먹어도 도무지 맛이 없다. 차애척지정야(此哀戚之情也) : 이는 슬퍼하고 서러워하는 정(情) 때문이다. 애(哀)는 슬픔. 척(戚)은 여기서는 근심, 서러움. 애도(哀悼).

[解說] 공자께서는 군자에게 세 가지 즐거움이 있는데, 이 세 가지 즐거운 일 중에서 부모가 모두 살아계신 것이 그 첫째가는 즐거움이라고 하였다. 이것은 인간으로서 지극한 즐거움이 이보다 더 큰 것이 없기 때문이다.

그런데 불행히도 부모가 하루 아침에 돌아가서 나의 큰 즐거움을 앗아가고 보면, 이 어찌 큰 슬픔이 아니겠는가? 내 한 몸을 부모가 낳으셨으니, 근본을 따지면 한 몸뚱이로 살고 죽는 것에 갑자기 변화가 생긴다면, 골육이 어긋나는 것이니 어찌 크게 슬프지 않으랴.

그렇기 때문에 공자는 여기에서 분명히 말하였다.

효자가 부모상을 당하면 지극히 애통한 나머지 소리를 내어 곡을 하는 것이니, 곡을 그치지 않는 것은 기운이 다하여야 그만두게 되고, 제 마음대로 아무 때나 그쳐서는 안 된다.

문상객 앞에서는 얼굴에 나타내는 것이 예의인데, 그 예법을 나타냄이 없는 것은, 땅에 엎드려 구부려서 그 얼굴 표정을 알 수 없게 한다는 것이다.

언불문(言不文)은, 입에서 나오는 것이 말인데 말이 되어 나오지 않으니, 안에서 북받치는 근심이 슬픈 정으로 나타나 능히 말을 이루지 못한다는 것이다.

또한 아름다운 옷을 입어도 몸이 편안하지 않고, 화락한 음악을 들어도 즐겁지 않으며, 맛있는 음식을 먹어도 입에 달지 않으니, 사람의 자식된 마음에 부모가 죽은 것을 절절이 애통해 할 뿐이니 어찌 내가 살 것을 생각하리오.

그러므로 갈대자리에서 자고 흙덩이를 베며, 굵은 삼베옷을 입고, 미음을 먹어 억지로 생명을 지탱하는 것도 오히려 과하게 여긴다. 그러니 귀와 눈에 부드러운 것이나 입과 몸을 봉양하는 것을 어떻게 생각하리오.

공자는 이렇게 말하여 결론지었다.

'이것은 슬퍼하는 인정에서 나오는 것이니, 대개 사람의 마음속에 본래부터 있는 인정이요, 성인(聖人)이 억지로 시키는 일이 아니다.'

2

삼 일만에 음식을 먹는 것은 백성들에게 죽은 사람 때문에 산 사람을 상하지 않게 하고, 나머지 목숨을 잃지 아니하도록 가르치기 위함이니, 이것이 성인의 정치이니라.

原文 三日而食은 敎民亡以死傷生也며 毁不滅性이니 此聖人之正也니라.

註 삼일이식(三日而食) : 사흘만에 음식을 먹다. 부모상을 당하면 운명(殞命)한 지 사흘째 되는 날부터 밥을 먹기 시작한다. 교민무이사상생야(敎民亡以死傷生也) : 백성들에게 죽은 사람 때문에 산 사람이 상하지 않도록 가르친다. 상생(傷生)은 생명을 잃다, 또는 살아 있는 사람을 다치다. 훼불멸성(毁不滅性) : 나머지 목숨을 잃지 않는다. 훼(毁)는 여기에서는 야위다, 얼굴이 파리하여진다는 뜻으로, 슬픔이 극에 달하여 야위는 것. 성(性)은 사람의 타고난 성질. 여기서는 사람의 수명을 말함. 불멸(不滅)은 멸하지 않는다. 차성인지정야(此聖人之正也) : 이것이 성인의 정치이다. 정(正)은 정(政)과 같은 뜻으로 쓰인다. 「금문효경」에서는 '성인지정야(聖人之政也)'로 되어 있다. 이것은 성인이 정사를 하는데 살아 있는 사람들의 생명을 위하여 율령(律令)을 만들어 놓은 것이다.

[解說] 「예기」에 이르기를, 3년 상사(喪事)에 3일만 밥을 먹지 말라고 하였으니, 이는 3일이 지나면 생명에 지장이 있기 때문이다. 그러므로 3일이 지나서 밥을 먹기 시작하는 것은, 세상 사람들을 가르쳐 죽음을 슬퍼하다가 생명을 상하는 일이 없도록 하기 위함이요, 비록 몸이 수척하기는 하더라도 생명을 잃어서는 안 되기 때문이다.

　사람의 성품이란 하늘에서 받아 태어나니 그 성품 속에는 본래 어진 마음이 있고, 이 어진 마음의 발로는 사랑하는 데서 시작되니, 제 부모를 사랑하는 것보다 더 큰 사랑은 없다.

　부모가 살아 있을 때 그를 사랑하고 공경하는 것은 이 어진 성품에 근본하는 것이요, 부모가 돌아가서 애통하고 슬퍼하는 것도 역시 이 어진 성품에 근본하는 것이다. 만일 지나친 애통과 슬픔으로 생명을 상하게 한다면, 이것은 성(性)을 없애는 것이니, 성을 없애면, 즉 산 사람의 씨가 없어질 것이다.

　이것은 성인이 정사를 하는데 생민(生民)들을 위하여 명령을 세운 것이다.

3

　복상(服喪)이 삼 년을 넘지 않게 한 것은 백성들에게 끝이 있음을 보여 주는 것이다. 관(棺)과 곽(槨)과 의금(衣衾)을 만들어 장사(葬事) 지내고, 그 제기(祭器)를 진설(陳設)하여 애도하며, 곡읍(哭泣)하고 벽용(擗踊)하여 슬프게 지내며, 택조(宅兆)를 골라 편히 모시고, 종묘를 만들어 영혼을 섬기며, 춘추(春秋)로 제사 지내어 때때로 사모하는 것이니라.

　　　　　　상불과삼년　　시민유종야　　위지관곽의금　　이
[原文] 喪不過三年은 示民有終也니, 爲之棺槨衣衾하야 以

擧之하며, 陳其簠簋하야 而哀戚之하며, 哭泣擗踊하야 哀
以送之하며, 卜其宅兆하야 而安措之하며, 爲之宗廟하야
以鬼享之하며, 春秋祭祀하야 以時思之하니라.

註 상불과삼년(喪不過三年) : 상(喪)은 여기서는 복상(服喪). 복상은 거상(居喪)을 입는 것. 즉 상제의 몸으로 있는 기간. 불과삼년(不過三年)은 3년을 넘지 않는다. 3년상은 만 2년만에 탈상하고, 2년상은 만 1년만에 탈상한다. 삼년부조(三年不弔)라는 말이 있는데, 이것은 3년상을 치르는 중에 있는 상제는, 3년 동안 상기를 마칠 때까지 남의 조상(弔喪)을 아니한다는 말이다. 시민유종(示民有終) : 백성들에게 끝이 있음을 보여 주는 것이다. 유종은 '끝이 있다'는 뜻. 부모의 죽음을 맞이한 효자의 마음에 애통함이 어찌 한량이 있으리오마는 그러나 이 슬픔을 끝없이 계속하면, 이는 오히려 입신에 장애가 오고 생활을 중단시킬 우려도 있다. 그래서 3년 탈상으로서 제도적으로 일단 끝을 맺게 한 것이다. 위지관곽의금(爲之棺椁衣衾) : 관(棺)과 곽(椁)과 의복(衣服)과 금침(衾枕)을 만든다. 관(棺)은 시체를 넣는 궤. 관구(棺柩). 널. 관에는 목관(木棺)·석관(石棺)·토관(土棺)·옹관(甕棺) 또는 도관(陶棺) 등이 있음. 곽(椁)은 관을 넣는 궤. 외관(外棺)·덧널·겉널이라고도 함. 관곽(棺椁)은 관곽(棺郭)·관곽(棺槨) 등으로도 쓰임. 금(衾)은 대개 금침(衾枕), 즉 이불과 베개를 말한다. 침구. 이거지(而擧之) : 이렇게 하여 이것을 거행한다. 즉, 이렇게 하여 장사를 지낸다. 진기보궤(陳其簠簋) : 그 제기(祭器)를 상 위에 벌여놓는다. 진(陳)은 진설(陳設) 즉 법식에 따라 상 위에 음식을 벌여 놓는 것. 보궤(簠簋)는 제기(祭器), 제사 음식을 담는 그릇. 원래 보(簠)는 옛날 나라의 제사 때 기장쌀과 피쌀을 담아 놓는 제기로서 궤(簋)와 함께 한 벌이 되며 구리나 나무로 만들었는데, 그 모양은 밖이 네모지고, 안은 둥글었다. 이애척지(而哀戚之) : 이로써 이를 애도한다. 사람의 죽음에 슬픔을 나타내는 것. 곡읍벽용(哭泣擗踊) : 곡을 하며 울고, 가슴을 치고 발을 구른다. 곡읍(哭泣)은, 부모가 돌아가셨으므로 '아이고 아이고'하며 운다. 벽(擗)은 여자일 경우 손으로 가슴을 치며 슬퍼하는 것. 용(踊)은 남자일 경우 뛰어오르고 발을 구르며 슬퍼하는 것. 즉 벽용(擗踊)은 몸부림치는 것. 애이송지(哀以送之) : 애통하는 마음으로써 지낸다. 슬프게 지낸다. 복기택조(卜其宅兆) : 좋은 자리를 고른다. 복(卜)은 거북의 등껍데기를 불에 그을리어 그 갈라진 금으로 길흉화복을 판단하는 일. 여기서는 좋은 자리를 점쳐 정하는 것. 택조(宅兆)는 무덤, 묘소(墓所). 이안조지(而安措之) : 이리하여 편히 모시다 안치(安置)하다. 조(措)는 두다, 모시다. 위지종묘(爲之宗廟) : 종

묘를 만들다. 종묘는 여기서는 조상을 모시는 사당. 이귀향지(以鬼享之) : 영혼을 섬기다. 이로써 부모의 영혼을 섬기다. 귀(鬼)는 죽은 사람의 영혼을 말한다. 향(享)은 흠향하다. 춘추제사(春秋祭祀) : 봄·가을로 제사를 지낸다. 이시사지(以時思之) : 이로써 때때로 사모한다. 제사를 지냄으로써 기회 있을 때마다 부모를 추모한다.

解說 공자는 여기에서 또다시 성인의 상제(喪祭)의 가르침을 상세히 말씀하였다.
　부모가 돌아가시면 효자로서 마음에 애통함이 어찌 한이 있으리오. 그러나 이것을 끝없이 계속한다면 이는 절도가 없는 것이 된다. 그러므로 성인께서는 이것을 생각하여 중제를 만들어 3년을 지나지 않으니, 이는 백성들에게 끝이 있다는 것을 보여준 것이다.
　처음 사람이 죽으면 옷과 이불을 만들어 몸을 싸서 관에 넣고, 곽을 만들어 관을 다시 싼 다음에 장사를 지내게 마련이다. 장사를 지내는 데는 제기를 늘어놓고 흰 그릇으로 음식을 바치되, 부모가 계시지 않은 것을 보면 자연히 애통하고 슬퍼하는 것이다.
　조전(祖餞 ; 먼 길을 떠나는 사람을 전송하는 것)하는 데에 여자는 가슴을 치고, 남자는 땅을 치면서 눈물을 흘리고 호곡하여 부모가 떠나가는 것을 차마 보지 못하여 지극한 슬픔으로 보내고 산에 가서 묘를 쓰되 아무데나 쓰지 않고 땅을 골라서 하는 것이다. 그리고 반드시 길일을 골라 편안히 모시니, 이는 모두 마지막 예의를 삼가하는 것이다.
　사당을 집에 모신다는 것은 반드시 따로 제도가 있는 것이다. 3년상이 끝나면 신주를 모심으로써 비로소 영혼의 예로 모시며, 이것이 또 오래되어 춥고 더운 것이 여러 번 변천하면 더욱 감동하는 마음이 더하여 봄과 가을로 제사를 지내어 때때로 부모 그리는 생각을 위로하니 이는 추모하는 예이다.
　제삿날에 이르러서는 더욱 애통하는 마음을 그치지 않으니, 이는 이른바 군자는 종신토록 상중에 있는 몸과 같거니, 부모 생각하는 마음이 과연 끝이 있겠는가 ? 이것은 모두 성인의 정사는 사람의 마음으로 인하여 절문(節文)을 만들어 지나친 자는 구부려 보게 하고, 이르지 못한 자는 따라가게 한 것이다.

4

　살아계실 때는 사랑과 공경으로 섬기고, 돌아가시면 애도로써 섬기니, 이로써 인민으로서 지켜야 할 도덕의 근본을 다 행하는 것이며, 전생(前生)과 사후의 예의가 다 갖추어지는 것이다. 이로써 효자로서 부모를 섬기는 일이 끝났다 할 것이니라."

原文 生事愛敬하고 死事哀戚하면 生民之本이 盡矣요, 死生之誼 備矣니 孝子之事親이 終矣니라.

註 생사애경(生事愛敬): 부모가 살아계실 때는 사랑과 공경으로 섬긴다. 사사애척(死事哀戚): 죽어서는 애도로써 섬긴다. 부모가 돌아가시면 슬픔으로써 부모를 섬긴다. 생민지본진의(生民之本盡矣): 인민의 근본을 다하는 것이다. 생민지본(生民之本)은 인간으로서 지켜야 할 도덕의 근본. 진의(盡矣)는 전부 다 행하는 것. 사생지의비의(死生之誼備矣): 사후와 생전의 예의를 다 행할 수 있다. 사생지의(死生之誼)는 생전 또는 사후에 대한 예도(禮度). 비의(備矣)는 갖추어졌다, 또는 완전히 예의를 행할 수 있다는 뜻. 효자지사친종의(孝子之事親終矣): 이로써 효자로서 부모를 섬기는 일이 끝났다 할 것이다. 종의(終矣)는 모든 것을 다하였다는 뜻.

解說 여기에서는 또 예의 시작과 끝을 합쳐 이 「효경」의 뜻을 결론지었다.
　효자의 부모 섬기는 일은 돌아가신 뒤에도 살아계실 때 섬기듯이 하며, 안 계실 때에도 계실 때 섬기듯이 하는 것이다.

생전에는 사랑과 공경으로 섬기고, 사후에는 애도로써 섬기니, 백성의 도리에 효도와 우애로 근본을 삼는다는 것이 여기에서 다 한다. 살아계실 때 봉양하고, 돌아가시면 보내는 커다란 의도 여기에서 갖추어졌다고 할 것이니, 이렇게 하면 효자의 부모 섬기는 도리가 끝났다고 할 것이다.

원래 사람의 인정 속에는 사랑하는 마음이 있으니, 이 사랑하는 마음을 부모에게 베푸는 것은 당연하다.

사람이란 한 푼어치도 안 되는 못 한 개라도 자기 물건으로 만들기 위하여는 반드시 이것을 간직하게 마련이요, 밥 한 그릇 얻어 먹은 은덕도 자기가 진 은혜로 생각하여 반드시 갚을 마음을 갖는 것이다.

그런데 아버지께서 나를 낳으시고 어머니께서 나를 길러 주셨으니, 부모의 이 은혜를 밥 한 그릇 얻어 먹은 덕과 비교하여 볼 때, 어느 것이 크고 어느 것이 작겠는가? 또 부모의 몸을 한 푼의 값어치도 못 되는 못 한 개와 비교하여 볼 때 어느 것이 중하고 어느 것이 가볍겠는가? 오히려 한 그릇 밥의 은혜도 갚으려 하고 한 개의 못도 주워서 내 것으로 만들어 간직하려 하는데, 그 부모를 생각하고 부모를 잘 모시려는 것은 마땅히 마음을 다하고 힘써 행하여야 할 것이다.

대체로 사람이란 어린이는 어른이 아니면 자라지 못하고, 늙은이는 젊은이가 아니면 봉양받을 수 없으며, 죽은 사람은 산 사람이 아니면 장사 지낼 수 없다.

사람의 마음은 누구나 그 부모를 사랑하고 공경하지 않는 사람이 없어서, 그 사랑의 가장 두터운 사이가 아버지와 자식 사이보다 더 큰 것이 없다.

그러므로 성인이 하늘의 성품에 따르고, 사람의 뜻에 순응하여 옳게 인도하여, 아버지에게는 자식을 사랑하도록 가르치고, 자식에게는 부모에게 효도하도록 가르쳐 어린이는 사랑을 받아 자라게 하며, 늙은이는 봉양을 받아 편안히 거처하게 하며, 죽은 사람은 지상(地上)에서 그 몸을 감출 수 있게 한 것이다.

아주 옛날에는 부모가 돌아가시면 들판에 내다가 장사 지내는데, 나뭇가지를 베어 두껍게 덮어 놓는 것으로 장사를 대신하였고, 거상도 정하여진 기한이라고는 없었다. 그러던 것이 성인이 나타나 중제(中制)를 만들었는데, 이 중(中)이라는 것은, 즉 정당한 제도를 말하는 것이다.

이 중제를 천하에 공시하여 모든 사람으로 하여금 지키도록 하였으니, 이는 법이 없어지지 않고, 사람들로 하여금 유감이 없도록 마련한 것이다.

참최(斬衰;3년상)의 복을 입고, 미음과 죽을 먹고, 얼굴이 슬퍼지고, 곡하고 울어 서러워하는 것은 모두 사람의 마음 속에서 우러나오는 것으로서, 상대편에서는 편안하지 못하나 이쪽에는 편안하도록 성인이 억지로 만들어 놓은 법도이다.

부모가 돌아가신 지 3일만에야 먹기 시작하고, 3년만에야 복을 벗도록 한 것은, 위로는 하늘의 법도를 취하고, 아래로는 땅의 법도를 취하여 죽은 분으로 인하여 산 사람을 상하게 하지 않고, 너무 애통하여 인명에 훼상이 없도록 하기 위함이니, 이는 역시 인정으로 인한 것이다.

죽음이란 사람으로서의 큰 변고이다. 그러므로 염습을 거두고 애통히 보내며, 묘소 자리를 골라서 장사 지내고 사당에 모셔서 받들며, 때때로 생각하여 제사 지내면 자식으로서의 도리를 이로써 다한 것이다. 그러므로 이 법도를 항상 오래도록 지키게 하고 폐(弊)하지 않는 것이다.

무릇 생(生)이 있으면 반드시 사(死)가 있고, 시작이 있으면 반드시 끝이 있으니, 살아서는 예도(禮度)로 섬기고, 죽어서는 예도로 장사 지내며, 제사 지내는 데에도 예도로 한다면, 이는 가위 효도라 할 것이다. 그러므로 사생(死生)의 의리(義理)가 갖추어지고, 효자의 부모 섬기는 일이 끝나게 된다.

그러나 공자께서 이 글을 증자에게 가르쳐, 다섯 가지 효도하는 방법을 갖추어 설명하시되, 위로는 천자와 제후로부터 경대부사, 아래로는 서인에 이르기까지 모두 통용하게 하였다.

그 중에서도 사람의 위에 있는 자는 또한 덕교가 여기서부터 나오기 때문에, 첫째로는 '선왕께서 지덕과 요도가 있으셨다'고 말하고, 둘째로는 '명군은 효로써 천하를 다스렸다'고 말하고, 셋째로는 '명군은 아버지를 효로써 섬기고 어머니도 효로써 섬겼다'고 말씀하셨다.

또 맨 끝장에 이르러서 역시 말씀하시기를, '백성을 가르치는 데 돌아가신 분으로 말미암아 산 사람을 상하지 않도록 하라'고 일렀고, 또 말씀하시기를, '인민에게 일의 끝이 있음을 보여 준 것이다' 하셨으니, 이것은 효도라는 것은 천지의 올바른 일이요, 사람으로서의 도덕(道德)의 근본으로, 진실로 천하와 나라에서 맨 먼저 힘써야 할 일이다.

그러므로 비록 살아계실 때 섬기는 일이나, 돌아가신 후 장사 지내고 제사 지내는 일에 귀천과 고하의 차별이 있을 수 없으나, 유독 3년의 거상만은 위로는 천자로부터 아래로는 서인에 이르기까지 빈부·귀천의 차이 없이 한결같게 하였으니, 이것으로 보건대 성인이 인류를 위하여 근심한 것이 어찌 깊고도 멀다고 하지 않으리오.

사람의 마음을 감동시키며 풍속을 아름답고 선량하게 하여 준, 지덕과 요도, 즉 이 세상에서 제일 큰 덕과 가장 중요한 도의에 무엇이 이 효도보다 더한 것이 있겠는가?

「논어」이인편에서 공자께서는 이렇게 말씀하셨다.

'아버지가 돌아가신 후 3년 동안 아버지가 생전에 하시던 일을 바꾸지 않아야 가위 효자라 할 수 있느니라.'

이 말씀에는 좀 지나친 점이 없지 않으나, 우리는 이 말을 글자 그대로만 받아들여서는 안 된다. 아버지가 살아계실 때, 아버지를 도와서 하던 생업(生業)이요 가업(家業)을, 아버지가 돌아가셨다 하여 하루아침에 뒤집어 엎고 다른 일을 손대는 것보다 아버지의 유업을 계승하려고 노력하든가, 그것이 아니고 생업을 바꾸려는 생각이 있다손 치더라도 적어도 부모상을 마칠 때까지는 심사숙고하여 아버지의 뜻을 존중하는 것이 도의가 아니겠는가 하는 말씀으로 받아들여야 할 것이다.

　공자께서는 또한 이인편에서 이렇게 말씀하셨다.

　'내가 제사에 참여하지 않으면 제사 지내지 않는 것과 같으니라.'

　조상에게 제사 지내되, 조상이 살아 있는 것같이 할 것이며, 영혼께 제사 지내되, 신이 있는 것같이 하여야 한다.

　모든 예의범절에 있어서 형식보다 마음가짐이 중요하다는 것은 새삼 말할 필요가 없을 것이다.

　공자께서는 양화편(陽貨篇)에서는 이렇게 말씀하셨다.

　재아(宰我)가 묻기를

　"3년상은 기간이 너무 오래인 것 같습니다. 군자가 3년 동안이나 예를 차리지 않는다면 예는 반드시 무너질 것이며, 3년 동안이나 악을 다루지 않는다면 풍류도 반드시 무너질 것입니다. 묵은 곡식은 다 없어지고 새 곡식이 나오며, 불써 나무도 1년이면 구멍을 새로 뚫어 불써를 고쳐야 하지 않습니까? 그러므로 돌아가신 지 1주년이면 끝냄이 좋다고 사료됩니다."

　하니, 공자께서

　"쌀밥을 먹고 비단옷을 입으면 너에게 편하겠느냐?"

고 하셨다. 이에 그 제자가

　"편하겠습니다."

고 대답하였다. 이에 공자께서는

　"네 마음이 편하다면 그대로 하여라. 군자는 상중(喪中)에는 좋은 음식을 먹어도 맛이 없으며, 풍류를 들어도 즐겁지 않으니, 거처하는 것이 불안하기 때문에 그렇게 하는 것이다. 이제 네가 마음이 편하면 그대로 하여도 좋다."

하셨다. 재아(宰我)가 나가자 공자께서 말씀하시기를

　"재아는 어질지 못하구나. 자식은 낳은 지 3년이 지난 후에야 부모의 품에서 벗어난다. 그러므로 3년상이 온 천하에 공통된 상례인데, 재아도 그 부모에게서 3년 동안의 사랑이 있었을 터인데."

하고 탄식하셨다.

여기서 공자는 3년이라는 형식보다 사랑하고 애도하는 부모와 자식 사이의 정리를 말한 것으로 보아야 하겠다. 부모가 돌아가신 다음에 애통하는 마음이 1년이면 1년 동안 복을 입고, 10년이면 10년 동안 복을 입을 수 있음을 의미한다. 그러나 인간의 정리로 따진다면 적어도 3년 동안은 애통하는 마음을 간직하여야 군자라 할 수 있다는 것이다.

이 장은 부모의 상을 당하였을 때의 마지막 효도를 말씀하신 상친장이다. 지금까지는 부모가 살아 계신 때의 효에 대한 말씀인데 반하여, 이 장은 돌아가셨을 때 및 사후의 효이며, 「효경」도 이로써 끝을 맺는다.

효자가 부모를 여의게 되면 물론 곡을 하게 되는데, 그 슬픔이 너무 커서 울음 소리조차 나오지 않고, 목이 메어 흐느끼게 된다.

아버지가 돌아가시면 하늘이 무너진 것 같고, 어머니가 돌아가시면 땅이 꺼진 것 같다고도 하였다. 부모의 은혜는 크고 다함이 없다 하여, 부모의 은혜를 호천망극(昊天罔極)이라 한다. 이 은혜로운 부모의 상을 당하고 보니, 그 슬픔인들 오죽하겠는가. 그래서 그 용모나 옷차림에 위의를 정제하지 못하고, 상중에는 얼굴도 제대로 들지 못하고 엎드려 구부리고 있어야 하므로, 예도인들 어찌 지킬 수 있겠는가.

예절이라는 것은 사람 앞에 모습을 나타냄으로써 지킬 수 있는 것인데, 곡하고 구부리고 있다 보니 예절을 제대로 지킬 수 없다. 또 지켜서도 안 된다. 이것이 예무용(禮亡容)이다.

안에서 북받쳐 나오는 슬픔 때문에 자기 의사를 말로 표현할 정황도 없을 뿐더러, 사람들에게 인사말도 할 수 있는 처지가 아니고, 담례로서 말을 주고받을 여유도 없이 큰 슬픔에 젖어들어야 한다. 그러므로 언불문(言不文), 즉 말수가 아주 적어야 한다. 말이 적다기보다 되도록 대화를 가지지 않고 슬퍼하는 것이 원칙이다.

옷도 아름다운 색옷을 입어서는 안 된다. 좋은 옷을 입으면 오히려 몸과 마음이 편안치 못하다. 그래서 상복을 정하여 놓고 있다. 이것이 공자께서 말씀하신 복미불안(服美不安)이다.

또한 풍악을 울리거나 풍악을 들어도 안 된다. 상중에는 슬프고 슬퍼서 음악 소리를 들으면 오히려 즐겁지 않다. 예와 악은 인간사회를 부드럽게 하고 화락을 가져오는데, 상중에는 예와 악이 돌아가신 부모를 애도하는 데 오히려 방해가 된다. 이에 대하여 재아(宰我)와의 토론이 앞에 소개되어 있다. 이것이 공자가 말씀하신 문악불락(聞樂不樂)이다.

그리고 상중에는 슬픔이 지극하여 맛있는 음식을 먹어도 도무지 맛이 없다고 공자는 말씀하셨다. 이것은 상중에는 맛있는 음식을 먹지 말라는 말이다. 설사 성찬을 차렸다 한들 무슨 맛이 있어서 목구멍으로 넘어가겠는가. 이것이 식지불감(食旨不甘)이다.

효자가 부모상을 당하면 곡을 계속하면서 필요 이상의 예의바른 언행을 취하지 말고, 말을 삼가고, 옷을 화려하게 입지 말고, 음악을 멀리하고, 소식(素食)을 하는 것이 애도하는 마음의 발로이다.

우리나라는 태초부터 한자문화권에 속하여 있었고, 더구나 조선왕조 5백년간은 유교를 숭앙하고 유학을 닦았다. 따라서 관혼상제 특히 상제의 예는 최근에 이르기까지 그 근본이 잘 보존되어 왔다.

개종명의장에서 시작해 상친장에 이르기까지 효의 근본을 이처럼 세세히 묘사해 오늘에까지 이르게 한 옛 성인들의 깊은 통찰에 새삼 경탄하게 된다. 부디 후세에까지 이 아름다운 말씀이 잘 보존되기 바란다.

권말부록
효행록(孝行錄)

효행록 서문

우리나라에 중국 고대의 「효행록」이 들어온 것은 매우 역사가 오래이다. 「삼국사기(三國史記)」나 「삼국유사(三國遺事)」에 실려 있는 '효행'을 보면 중국 고대식의 효행담이 많이 나오는 것으로 이를 짐작하게 한다. 「효행록」은 중국의 원본을 1340년 고려(高麗) 충혜원년(忠惠元年)에 우리나라에서 간행한 것이다. 이제현(李齊賢)의 서문을 여기에 소개함으로써 「효행록」의 해설에 대한다.

부원군(府院君) 길창(吉昌) 권공(權公)이 일찍이 공인(工人)에게 명하여 효자 스물 네 명의 그림을 그리게 하였는데 내가 여기에 찬(贊)을 써서 사람들이 이것을 많이 전하여 왔다.

이윽고 부원군은 다시 이 그림과 찬을 그 아버지 국재(菊齋)께 드렸더니, 국재는 여기에 또 손수 서른 여덟 가지 효도에 대한 일을 쓰고 찬은 나에게 맡겼다.

이리하여 전후에 내가 찬을 한 것이 64편인 바, 그 중에서 우구자(虞丘子)는 자로(子路)에 붙이고, 왕연(王延)은 황향에 붙이고 보니, 도합 62편이 되었다.

그 말들은 모두 전야(田野)에 있는 백성들이 읽기 쉽도록 하였다.

생각해 보면 국재공(菊齋公)은 나이 85세요, 길창공(吉昌公)도 나이 66세로서 새벽과 밤으로 문안하고 공양하여 그 아버지의 즐거운 마음을 얻었으니, 이 역시 노래자(老萊子)가 나이 일흔에 색동옷을 입고 어리광부린 것이나 무엇이 다르리오.

 이에 나는 이 사실을 대서특기하여 다시금 권씨(權氏)의 효행을 위하여 한 장을 찬하고자 하는 바이다.

 지원(至元) 6년 5월초에 익제거사 이제현(益齋居士 李齊賢)은 서(序)하노라.

註 지원(至元)은 중국 원(元)나라 연호이며, 우리나라는 고려(高麗) 충혜(忠惠) 원년(元年), 서기 1340년임. 이제현(李齊賢；1287～1367년)은 고려 31대 공민왕(恭愍王) 때의 명신·학자. 자(字)는 중사(仲思)이고 호는 익재(益齋). 공민왕 6년(1357년)에 벼슬을 버리고 왕명(王命)으로 「실록(實錄)」을 편찬하였다. 원(元)나라 조맹부(趙孟頫)의 서체(書體)를 고려에 도입하여 유행시키고, 고려의 민간 가요 17수를 한시(漢詩)로 번역하였다. 저서에 「櫟翁稗說(역옹패설)」·「익재난고(益齋亂稿)」·「익재집(益齋集)」등이 있다. 시호는 문충(文忠).

제 1 화 채순분심(蔡順分葚)

채순(蔡順)은 여남(汝南) 사람이다.
왕망〔王莽 ; B.C. 45～A.D. 23년, 중국 전한말(前漢末)의 신(新)나라 임금〕말년에 이르러 천하가 큰 흉년이 들어 늙은 어머니를 봉양할 길이 막연하게 되었다. 채순은 여름철에 들에 나가서 오디(뽕나무열매)를 주워 새까맣게 익은 것과 아직 익지 않아서 붉은 것을 따로따로 나누어 그릇에 담아가지고 집으로 돌아오다 도둑을 만났다.

도둑은 그가 오디를 두 그릇에 따로 나누어 담은 것을 보고 이상하게 여겨, 그 까닭을 물었다. 채순은 '검은 것은 어머니께 드릴 것이고, 붉은 것은 내가 먹을 것이다'고 대답하였다. 도둑들은 이 말을 듣자, 그 효성에 감동하여 그들이 가지고 있던 뭉저 속에서 쌀 서말과 쇠고기를 주어 돌려보냈다.

세상 사람들이 부모를 섬기는 데는 평상시에 잘 봉양하여도 이를 효자라고 말한다. 하물며 흉년으로 먹을 것이 귀하여지거나 난리를 당하였거나 할 때에 자기 입을 뒤로 미루고 부모를 먼저 봉양한다는 것은 어찌 지극한 효성이 아니겠는가.

도둑이 비록 몰인정하고 나쁘다 할지라도, 그도 역시 사람의 자식이니 하늘에서 받은 올바른 성품이야 어찌 없어질 수 있으랴. 채순의 말을 듣고 감동하여, 아니 인간 본연의 자세로 돌아와서 쌀과 쇠고기를 나누어 준 것은 우연한 일이 아닌 것이다.

또 채순은 그 어머니가 생전에 천둥 소리를 두려워하였다 하여 비록 밤중에라도 천둥 소리가 나면 어머니의 무덤으로 달려가 좌우를 살피면서 보호하여 죽은 귀신이라도 놀랄까 걱정하였다.

이 어찌 그 부모를 죽은 뒤까지라도 잊지 않고 죽은 분을 섬기기를 산 사람 섬기듯 한 것이 아니랴.

'채순분심'이란, 채순이라는 사람이 심(葚;오디)을 '익은 것과 안 익은 것'의 두 가지로 나누었다는 말로서, 서인의 효는 무엇보다도 늙은 어머니의 굶주림을 면하여 드리는 것이 급선무라는 것을 보여 주는 글이다.

'효도는 처음부터 끝까지 계속하지 않으면 환난이 미치지 않을 자 없느니라(孝亡經始而患不及者 未之有也)'라고 했다. 채순과 같이 처음부터 끝까지 잠시라도 효도를 잊지 않으면, 어떠한 난국에 처하더라도 환난이 미치지 않는 것이다.

제 2 화 대순상경(大舜象耕)

요순(堯舜)이라면 중국 고대 성군의 표본이다.

순(舜)의 아버지 고수(瞽叟)는 재혼하여 상(象)이라는 아들을 얻었다. 그런데 아버지 고수는 몹시 완악하고, 어머니는 교활하고, 아우 상은 오만하고 어질지 못하였다.

그들 세 사람은 한패가 되어 순을 죽이려고 온갖 모략을 하였다. 그러나 순은 그저 부모가 시키는 대로 역산(歷山) 밭에 나가 농사짓기에 여념이 없었으며, 남모르게 하늘을 향하여 자신을 책망하고 눈물을 수없이 흘렸다.

그러던 중 어느 날 기상천외의 일이 일어났다. 참새 떼가 몰려오더니 입으로 풀을 뽑고 땅을 쪼아 밭의 김을 말끔히 매주었다. 뿐만 아니라 산 속에서 코끼리가 나오더니 쟁기를 잡아당겨 순이 갈려고 하던 밭을 모조리 갈아치우는 것이 아닌가.

이렇듯 순의 효성에는 짐승들까지도 감동하였거늘, 하물며 사람의 마음으로서 어찌 움직임이 없었으랴.

마침내 완악하고 교활하던 부모도 기뻐하게 되고, 오만하던 아우도 여기에 감화하였으니, 대순(大舜)의 효도야말로 만세에 없는 일이었다.

완악하고 교활한 부모와 오만하고 포악한 아우가 합세해 매양 자기를 죽이려 하였으니, 이는 인륜의 커다란 변고로 정당한 인정으로는 몹시 원망스러운 일이다.

그렇지만 순은 추호도 그 부모를 원망하거나 이복 동생을 미워하지 않고, 날마다 밭에 나가 힘껏 농사를 지어 부모를 봉양하는 도리를 다하였다. 심지어는 하늘을 우러러 울기까지 하면서 효도를 다하고 동생을 사랑하였을 뿐이었다.

그러므로 그의 효성은 드디어 하늘에 닿아, 하늘도 감동하여 참새 떼가 와서 김을 매고, 코끼리가 와서 밭을 갈아 주었으니, 이는 진실로 성인의 지극한 효성이 아니면 어찌 이렇게까지 되었겠는가?

저 새나 짐승 같은 동물까지도 오히려 감동하여 순의 농사 일을 도와 주었는데, 하물며 사람으로서 떳떳한 정이 있으면서 아무렇지도 않을 수가 있겠는가?

이렇듯 순은 능히 자식으로서의 직책을 다하여, 인륜의 강기(綱紀)가 거의 끊어지려 할 때 마침내 천륜을 회복하여 온전히 하였다. 대순의 효도야말로 만세에 찾아볼 수 없는 커다란 효도였던 것이다.

제 3 화 중씨각통(曾氏覺痛)

공자의 제자인 증자, 즉 증삼은 효행이 높기로 이름이 널리 알려졌다.

어느 날 그가 들에 나가서 나무를 하는데, 갑자기 가슴이 두근거리고 온 몸이 떨렸다. 이상히 여겨 급히 집으로 뛰어간 증삼은, 급히 돌아온 까닭을 그 어머니에게 말하였다.

그러나 놀란 것은 그 어머니였다.
"거 참 이상한 일도 다 있구나. 마침 밥상을 차리다가 손가락을 다쳤는데, 이것을 너에게 누가 알린 게로구나."
증자는 평상시에 어머니에게 쏟던 효성 때문에 마침내 그 어머니의 아픈 것을 자기도 감지하게 되었던 것이다.

증자 항상 부지런히 부모를 섬김에 그 뜻을 받들었도다.
들에 나가 나무를 하는데 집에는 마침 손님이 왔네.
마음에 갑자기 놀라 돌아가 보니 어머니는 손가락을 다쳤도다.
정성이란 하늘이 감동하는 법, 효도는 과연 백 가지 행실의 근본일세.
저 사람이 아픈 걸 내 깨달으니, 이는 그 몸에서 나누인 까닭.
어찌 세 번씩 와서 말하기 전에야 북을 던지고 담을 넘어 달아났으리.

　　曾子乾乾　事親養志
　　在野負薪　有客來止
　　心動虛歸　繼母齧指
　　誠乃天道　孝爲行原
　　彼痛此覺　一體所分
　　豈惑三告　投杼踰里

사람의 몸은 모두 부모로부터 받은 것으로서, 한 몸에서 나누어진 것이요, 한 기운이 이어져 있는 것이나 마찬가지이다. 그러므로 저쪽이 아파할 적에 이쪽에서 그것을 느껴 알게 된다는 것은 필연의 이치라 할 것이다.
다만, 모든 세상 사람들의 마음은 사사로운 것에 가려져서 이것을 깨닫지 못하는 것이다. 증자는 효성이 지극하여 항상 부모의 마음을 자기 마음에 가졌으므로 어머니가 손가락에 아픔을 느낄 때에 자기 마음에 이것을 느끼게 된 것 역시 자연의 이치이다.

또한 그 어머니 역시 아들이 아파할 적에 이러한 감각이 있었던 것으로, 이야말로 한 마음이 서로 통하여 아무런 간격이 없다고 할 것이다.

증자의 어머니는 일찍이 이런 일이 있었다.

이웃 사람이 달려와서 증삼이 사람을 죽였다고 말하는 것이었다. 그러나 그의 어머니는 이 말을 일소에 부치고 그대로 앉아서, 아무 일도 없다는 듯 베를 짜는 일을 계속하고 있었다.

이번에는 다른 사람이 달려와서 '댁의 아드님이 사람을 죽였답니다' 하고 전하는 것이었다. 그래도 그의 어머니는 이 말을 믿지 않고, '내 자식은 살인할 아이가 아닙니다' 하고 태연한 자세였다. 그러나 세 번째 또 한 사람이 와서 역시 같은 말을 하자, 그제서야 그의 어머니는 베를 짜던 북을 내던지고 베틀에서 내려왔다는 이야기이다.

이와같이 골육 사이에는 피차 심령이 서로 통하는 것이 당연한 일이 아니겠는가.

제 4 화 주후문안(周后問安)

문왕이 세자되어 왕계에게 문안할 제,
닭이 울면 일어나고, 하루에도 세 번씩 가서 살폈네.
춥지 않을까 덥지 않을까, 식사 때면 꼭 들어가 돌보았네.
그래도 편안치 못한 게 있으면,
신도 신지 못하고 달려갔네.

> 文王世子 問安王季
> 鷄鳴而衣 一日三室
> 寒暖之宜 食上必視
> 節有不安 行莫能履

「예기(禮記)」문왕세자편(文王世子篇)에 나오는 문왕의 효도에 관한 아름다운 기록이다.

문왕이 세자가 되어 왕계를 섬길 때의 일이다.

문왕은 첫닭이 울면 일어나 옷을 갈아입고 왕계가 거처하는 침문(寢門) 밖에 가서

"오늘 용체(龍體)가 어떠하십니까."

하고 문안을 드리는 것이 일과였다.

점심 때가 되면 문왕은 또 왕계의 거처로 찾아가서 문안드리고, 해가 저물어도 또 문안 인사를 빼놓지 않았다.

만일 왕계가 몸이 편안하지 못할 때에는 문왕은 신을 똑바로 신을 겨를도 없이 왕계를 찾아 달려갔다. 밥상을 받고 있으면 음식이 찬지 뜨거운지 몸소 살펴보고 상을 물릴 적에는 반드시 더 올릴 것이 없느냐고 여쭈어본 뒤에라야 비로소 물러나왔다.

문왕은 세자로 있을 동안 하루도 거르지 않고 이와같이 세 번 들어가 밥상을 보살피고 문안을 드렸다.

이는 성인의 덕으로서 인륜의 올바른 것을 얻고, 그 자식된 도리를 다한 것이다. 아비가 잘못하여도 자식은 자식된 도리를 다하여 조금도 원망함이 없었다. 그러므로「중용(中庸)」에 말하기를, '근심이 없는 자는 오직 문왕(文王)이로다'라고 하였다.

이로써 주(周)나라의 덕이야말로 참으로 지극한 것이라고 말할 만하다.

제 5 화 원각경부 (元覺警父)

중국 고대에 원각(元覺)이라는 착한 소년이 있었다.
그러나 그의 아버지 원오(元悟)는 품행이 몹시 나빴다. 따라서 평생을 두고 자기 부모에게도 매우 공손하지 못하였다. 원오의 아버지는 자기 자식 원각의 할아버지가 아닌가. 그 원오의 할아버지는 나이 아흔 살이 되었다. 원오는 평소에도 그랬지만, 아흔 살이나 되는 아버지의 봉양에 싫증이 났던 모양이다.

어느 날 원오는 아들 원각을 시켜 제 아버지를 광주리에 담아 지게에 지워가지고 깊은 산 속에 갖다 버리라고 하였다. 원각이 이를 한사코 만류하였으나 막무가내였다. 아버지의 명령이라 하는 수 없이 할아버지를 지게에 지고 산 속에 버리고, 차마 돌아서지 않는 발길을 돌렸다. 그러나 지고 갔던 지게와 광주리는 도로 가지고 돌아오는 것이었다. 이것을 본 원오가 화를 내면서 말하였다.

"그까짓 것은 무엇하려고 도로 가지고 온단 말이냐. 그것도 산에 갖다 버리고 오너라. 보기도 싫다."

이 말에 원각은 옷깃을 여미고 정중하게 그 아버지 원오에게 말하였다.

"아닙니다, 아버님. 이것을 도로 잘 두어야 이 다음에 아버님을 져다 버릴 게 아닙니까?"

아들의 이 말에 원오도 자기 잘못을 뉘우치고 산 속에 가서 제 아버지를 도로 모셔다가 따뜻하게 봉양하였다.

    원오의 성질 패독스러워, 깊은 산 속에 아비를 버렸네.
    그 아들 원각이 있어 그 광주리 도로 가지고 왔네.

이 보기 싫은 흉한 그릇, 네 어찌 가지고 왔느냐.
　아비 늙으면 다시 져다 버려, 대대로 두고 쓰오리다.
　그 아비도 양심 있거니, 이 말 듣고 어이 깨닫지 못하리.
　도로 가서 애비 모셔다가 정성껏 봉양하기를 게을리하지 않았네.

　　　　元悟悖戾　棄父窮山
　　　　有子名覺　收簀而還
　　　　曰此凶器　汝何用爲
　　　　親老昇送　世世所資
　　　　良心不亡　自反知改
　　　　迎父歸家　奉養無怠

　부모가 잘못하는 것이 있으면, 부드러운 목소리로 간하여 그 부모가 불의에 빠지는 일이 없도록 하는 것이 올바른 자식된 도리이다. 원각의 할아버지는 몹시 늙었는데도 죽지 않고 있자, 자식 원오는 이를 봉양하기 싫어서 내다 버리라 하였다.
　이때 원각은 나이 15세의 소년으로서 굳이 울면서 간하였으나, 원오는 이것을 듣지 않았으니, 원오의 불효야 이에 더 말할 수 없었다. 그러나 이때 소년 원각이 아무리 간해도 아버지가 듣지 않는 것을 보자 한 가지 꾀를 생각해 냈다.
　'옳다! 내 꾀를 써서 아버지의 어두운 마음을 깨우쳐 드리자.'
　이렇게 생각하고, 원각은 아버지의 명령대로 제 할아버지를 지게로 져다가 산 속에 버리고 나서 지고 갔던 지게와 광주리는 도로 가지고 돌아왔다. 소년이 예측한 대로, 원오는 상을 찌푸리고 말하였다.
　"그 흉악한 것을 왜 버리지 않고 도로 가지고 왔느냐?"
　이 말에 원각은 서슴치 않고 분명히 대답하였다.

"이 다음에 다시 쓸 날이 있겠기에 가지고 왔습니다.'

아무리 표독한 성품을 가진 악인이라도 이 말을 듣고서야 어찌 깨닫지 못하리오. 원오는 깊이 깨닫고 즉시 자기 잘못을 뉘우쳐, 산 속에 가서 제 아버지를 도로 모셔다 정성껏 공양하였다는 이야기이다.

무릇 원오가 처음에 제 아버지를 버리려고 한 것은, 봉양하는 것을 꺼렸던 것이니, 이야말로 바른 마음을 가리우고, 천륜을 잃었던 것이다. 그러므로 제 아들 원각이 아무리 정당한 이치를 들어 울면서 간하였으나, 어찌 섭사리 이 어두운 마음이 걷힐 것인가.

이러한 유혹에 빠져 있을 때에는 언제나 생각하는 것이 제 일신의 안일뿐이다. 이에 원각은 이러한 마음 한구석을 틈타서 '아버지, 늙으면 가져다 버리겠습니다. 알아서 하시오'하고 마음을 움직이게 하였기 때문에, 원오는 금시 제 잘못을 깨닫게 되었던 것이다.

이렇게 볼 때, 원각은 어린 나이로서 능히 말 한 마디로 어리석은 제 아버지의 마음을 돌려서 할아버지의 죽음을 모면케 하였을 뿐 아니라, 아버지의 악한 마음을 구하여, 아버지와 아들, 그리고 손자의 3대가 전과 같이 몇몇하게 지내게 되어, 천리를 회복시켰으니, 원각이야말로 인륜의 도덕에 따라 올바른 처사를 하였다 할 것이다.

제 6 화 전진유제(田眞諭弟)

전진(田眞)·전경(田慶)·전광(田廣) 삼형제가 살고 있었다. 이들은 천성은 그다지 악한 사람들이 아니었지만, 몹시 어리석어서 사물을 판단하는 데 힘이 들었다.

부모가 모두 죽자 형제는 유산을 셋으로 똑같이 쪼개어 나누기로 의견의 일치를 보았다.
 이때 집이 세 채 있었는데, 그것을 하나씩 차지하면 아무 일이 없었다. 전답은 물론 집과 같이 삼등분하여 나눠 갖기로 하였다. 과일나무도 수대로 삼등분하여 나눠 가졌다. 집과 전답과 과일나무뿐만 아니라, 세간살이고 가축이고 모두 똑같이 이런 식으로 나누고 보니, 아무런 불평도 없었다. 그러나 여기에 문제가 하나 생겼다.
 아버지가 살던 집 안에 자형(紫荊)나무가 한 그루 있는데, 여러 대를 내려오면서 가꾼 것이라 꽃과 잎이 무성하여 정말로 보배스러웠다.
 이 한 그루 자형나무를 어떻게 공평하게 나눌 수 있을까? 궁리 끝에 그들은 하는 수 없이 세 뿌리로 쪼개어 나누어 심기로 하였다.
 다음날 아침이면 이들은 각각 자기 몫을 나누어 가지고 헤어질 판이었다. 딴 재산은 모두 문서를 놓고 나누었으니, 이 자형나무도 세 가닥을 내어 놓아야 마음이 시원하였든지, 그들은 그 큰 나무를 세 뿌리로 쪼개어서 쓰러뜨려 놓고 잠자리에 들었다.
 그 이튿날, 맏형 전진이 제일 먼저 잠에서 깨어 밖으로 나가 보았다. 어제까지도 그렇게 싱싱하던 자형나무가 하룻밤 사이에 시들어 버린 것이 아닌가?
 "아아! 저 나무도 뿌리를 쪼개고 보니 저렇듯 시들어 못쓰게 되는구나!"
 그는 두 아우를 깨워 놓고 울면서 말하였다.
 "뜰 앞의 자형나무를 나가 보아라. 우리가 뿌리를 쪼개었더니 하룻밤 사이에 시들어 버렸구나. 나무도 그러하거늘, 사람으로서 더구나 한 뿌리로 태어나서 어떻게 그 뿌리를 쪼갠단 말이냐."
 두 아우는 묵묵히 듣고 있다가 뜰 앞에 나가서 자형나무의 시든 광경을 내려다보았다.
 그리고 나서 어느 사이엔가 삼형제는 똑같은 결론을 얻었다. 곧 우리도 여기에서 갈라지면 저 나무와 같이 미구에 시들어 버린다는 것을.
 이로써 이들 삼형제는 전과 같이 한 집에서 우애하면서 평생을 지냈다.

  전진의 두 아우, 그 이름 전경과 전광일세.
  재산을 나누다 본즉, 뜰 앞에 자형나무 한 그루 있었네.
  이것 역시 셋으로 나누었더니, 밤 동안에 시들었도다.
  나무 또한 이러하거늘, 하물며 우리 형제에 있어서랴.
  본디 한 기운으로 태어났거니, 어찌 차마 헤어질손가.
  골육이 서로 합치고 보니, 뿌리와 가지가 다시 성성한 것을.

     田眞二弟 慶廣其名
     旣分財産 家有紫荊
     議破爲三 樹乃夜悴
     曰木猶然 況吾昆季
     本是同氣 何忽離居
     骨肉卒合 根柯再蘇

 대개 내 몸의 기운이 천지 사이 어디엔가 차 있다는 것은 움직일 수 없는 사실이다. 다만 그 사람의 지위의 높고 낮은데 따라 기운이 미치니, 면적이 혹 넓기도 하고 혹 좁기도 한 것이다. 필부는 지위가 비록 낮지만 그런 대로 한 집의 어른이 되었으니, 그 기운이 역시 한 집에 온통 차 있게 마련이다.
 전진은 형제들 중의 어른으로서 형제가 합심하여 효도하고 우애할 것을 주장하였다. 이 마음이 어린 아우들의 마음을 움직여서 바로잡았으니, 이 역시 지극한 정성이 아니면 이루지 못할 일이다.
 윗자리에 있는 자의 교만하지 않음이 한 집안을 일으킨 예이다.

제 7 화 유곤호병(庾袞護病)

 진(晋)나라 함녕(咸寧) 2년에 역질(疫疾)이 크게 유행하였다. 유곤(庾袞)도 이 역질에 형 둘을 모두 잃고 아우 유비(庾毗)마저 병에 걸려 사경을 헤매게 되었다.
 그의 부모와 아우들은 모두 다른 지방으로 피하여 갔으나, 오직 유곤 혼자만은 아우를 간호하며 집에 머물러 있으려고 하였다.
 여러 식구들이 이를 반대하고 다른 데로 가라고 권하자 그는 내 아우가 병에 걸려 죽게 되었는데, 어떻게 혼자 버려 두고 떠난단 말이냐 하고, 친히 아우의 병을 돌보면서 밤낮으로 자지 않고 간호를 알뜰히 하였다. 뿐만 아니라, 그는 이미 죽은 형들의 시체를 염습하여 장사까지 지내고, 집안을 깨끗이 정돈하고 그대로 석 달을 지냈다.
 극성을 부리던 역질도 이제 꺾이고, 마을이 조용해지면서 아우 유비의 병도 나아가고, 집안 식구들도 모여들기 시작하였다. 이것을 보고 마을 사람들이 서로 이렇게 말하는 것이었다.
 "이상한 일도 다 있구나. 저 유곤은 남들이 능히 지키지 못할 곳을 지켰고, 남들이 능히 행하지 못할 일을 해냈도다. 그야말로 추운 겨울날을 겪은 뒤라야 송백(松栢)의 썩썩함을 안다더니, 이렇듯 의지가 강한 사람에게는 감히 역질도 전염되지 못하는 것이로구나."

형은 죽고 아우도 역질에 걸렸는데, 유곤 혼자서 머물러 있네.
백 일 동안 간호를 하니, 마침내 병이 나았다네.
슬프도다, 세상 사람들은 의리를 잊고 병만 두려워하거늘.
부자간에 만일 서로 돕지 않는다면, 어찌 이것을 천성이라 하리.

　　兄亡弟疫　庚袞獨留
　　十旬相守　終亦無尤
　　嗟哉世人　忘義畏病
　　父子不保　豈曰天性

사람의 마음에 확고한 신념이 서면, 밖에서 오는 환란이 감히 그 마음을 침범하지 못하며, 기운이 정당하고 보면 잔병은 몸 속으로 들어오지 못하는 법이다.

유곤의 집으로 말하면, 그 형들은 다 죽고 아우마저 역질에 걸려 병마가 한창 성하고 있는 때였다. 이런 때에 유곤은 이러한 무서운 전염병마저 겁내지 않고 혼자서 아우의 간병을 위하여 집에 머물러 있음으로써 마침내 역질을 물리치고 말았다.

이것으로 볼 때, 유곤은 굳은 정신력으로 능히 그 병마를 물리칠 수 있는 기운을 지배하여 바르게 하였기 때문에 온 몸이 강정(剛正)하고, 조금도 일그러진 데가 없었던 것이다.

이 세상 사람들이 의리를 저버리고 제 한몸의 죽는 것만 두려워하여 자식이 아비를 위하여 지켜야 할 일까지도 지키지 못하는 것은 오로지 제가 타고난 천성을 잃어버리는 자라고 할 것이다.

제 8 화 맹종동순(孟宗冬筍)

　맹종(孟宗)의 자는 공무(恭武)로서 어려서 아버지를 여의고 혼자서 정성껏 홀어머니를 봉양하고 살았다. 그러나 어머니는 나이가 많은데다 오랫동안 병석에 누워 있었다. 병이 위중하여진 어머니는 어느 겨울날 죽순을 먹고 싶어하였다.
　땅이 꽁꽁 얼고 눈이 온천지를 뒤덮은 깊은 겨울에 어디 가서 죽순을 구하랴. 맹종은 공연히 들판을 헤매다가 눈 위에 주저앉아 탄식하였다.
　"하느님, 나에게 죽순을 주시어 어머님의 병환을 낫게 하여 주시옵소서."
　눈 위에 앉은 채 얼마 동안 탄식하는데, 그의 눈앞에 이상한 일이 일어났다. 언 땅을 헤치고, 겹겹이 쌓인 눈을 헤치고 파란 죽순이 돋아나오고 있지 않은가?
　맹종은 벌떡 일어서면서 미칠 듯이 날뛰었다. 이것을 가지고 돌아와 어머니에게 드렸더니, 오랫동안 앓던 병이 말끔히 나았다.

　　　옛날 어진 선비 있어, 그의 성은 맹씨요 이름은 종이었네.
　　　추운 겨울날 어머니가 병들어, 죽순 국을 찾았네.
　　　하늘을 바라보고 울면서, 대밭을 이리저리 헤매었네.
　　　뽀죽뽀죽 죽순이, 여기저기 돋아나질 않는가.
　　　이를 캐다가 국을 끓여 드리니, 어머니의 병 씻은 듯 나았도다.
　　　자식의 정성 이렇듯 간절하니, 그 감응 그렇듯 분명하도다.

　　　昔有賢士 孟姓宗名

多寒母病 思啜筍羹
號天繞竹 泣涕縱橫
龍雛包籜 雪裡羅生
採歸供膳 疾乃瘳平
精誠旣切 感應孔明

　내 몸에 지니고 있는 정성은 언제나 천지에 가득히 차 있기 마련이다. 그렇기 때문에 아들로서의 효성이 지극하면 이 마음이 천지를 감동시켜 이러한 상서로운 일이 생긴다는 것은 충분히 있을 수 있는 일이다.
　지성이면 감천이라는 말은 바로 이를 두고 하는 말이다.
　맹종이 눈 쌓인 겨울날에 어머니의 병환을 위하여 들녘에서 죽순을 원하자, 언 땅 속에서 죽순이 돋아나왔다는 것은, 맹종의 지극한 효심이 하늘에 가 닿고 언 땅을 덮어 녹여서 잠시 동안 이곳에 봄을 불러, 이 같은 신기한 변화를 만들어낸 것이다.
　이것으로 미루어보건대, 사람의 자식된 자가 만일 그 부모를 위하여 온 정성을 기울인다면 천하에 어찌 불가능이 있으랴.
　다만 어려운 일이 있다고 하면, 그것은 그 정신이 아직 지극하지 못한 때문일 것이니, 모든 사람들은 힘써야 할 것이다.
　이와 비슷한 효행록을 두 가지 더 소개하면 다음과 같다.

제 9 화 유은천근(劉殷天芹)

　유은(劉殷)은 팽성(彭城) 땅 사람이다. 어머니를 지성으로 섬겨 효자의 칭호를 받고 있었다. 몹시 추운 어느 겨울날, 와병중인 어머니는 미나리국을 먹고 싶어하였다.
　유은은 어머니가 먹고 싶다는 미나리를 구하여 보려고 집에서 나왔으나 엄동에 어디에 가서 미나리를 구할 수 있단 말인가.

그는 얼음이 두껍게 언 못 가운데 서서
"이 연못에는 미나리가 많았는데, 지금 이렇게 얼음이 두껍게 얼어 버렸으니 미나리를 어떻게 구하여다가 우리 어머님께 드린단 말이냐."
하고 하늘을 쳐다보고 울었다.

얼마 동안을 울고 섰는데 그의 앞에 갑자기 천신(天神)이 나타났다.
"이걸 가져다가 어머니께 드려라. 네 효성이 지극하기로 특별히 가져다 주는 것이니라."

말을 마친 천신은 보기에도 싱싱한 미나리를 한아름 유은에게 안겨 주고는 어디론지 사라졌다.

멍하니 서서 천신의 사라져 가는 모습을 바라다보던 유은은 기뻐 날뛰면서 미나리를 가지고 집으로 돌아와 어머니께 드렸더니, 어머니의 병은 금시에 나았다.

팽성 땅 유온이란 사람, 어머니 병들어 미나리가 먹고 싶다네.

엄동이라 미나리가 어디 있으리. 하늘을 보고 울고 있는데, 그 지성 하늘이 감동하였다네.

하늘에서 천신이 내려와서는, 봄미나리같이 연한 미나리 주셨다네.

아름다운 그 맛이 입에 들어가니, 앓던 병 씻은 듯 없어졌도다.

이 모두 효성으로 이루어진 것, 하늘이 어찌 사람을 멀리 하리오.

자식으로서 효도를 못한다면, 벌주는 것도 이와 같네.

彭城劉殷　母病思芹
方冬泣禱　至誠感神
自天而墜　靑嫩如春
美味入口　沈痾去身
由孝而致　天何遠人
子如不孝　降罰亦均

　하늘이 만물에게 본받게 한 것도 정성이요, 사람이 하늘을 감동시키는 것도 역시 정성이다.
　정성으로 사물을 감동시키면 움직이지 않는 것이 없다. 유은 역시 정성으로 미나리를 구하는 것을 보고 하늘이 주게 된 것이다.
　이것으로 보면 하늘이 눈으로 보고 귀로 듣는 것이 미치지 않은 곳이 없다. 따라서 자식들의 정성과 효도에 보응하는 것이 이와같이 정확하고 빠른 것이다.
　만일 사람의 자식으로서 자식 노릇을 하지 않고 아우로서 아우 노릇을 하지 않는 때는 재앙과 벌을 내리는 것도 또한 정확하다. 어찌 두려운 일이 아니랴.

제10화 왕상빙어(王祥氷魚)

　진(晋)나라 왕상(王祥)은 효성이 지극한 사람이었다. 일찍이 부모를 여의고 계모 주씨(朱氏) 밑에서 자랐다. 그러나 계모는 몹시 극성맞았다. 어느 땐가 추운 겨울인데도 잉어가 먹고 싶다고 야단이 났다. 강물은 꽁꽁 얼었는데 어디에서 잉어를 구한단 말인가.
　왕상은 옷을 벗고 얼음 위에 누워서 얼음이 녹기를 기다리고 있었다. 추위가 온 몸을 엄습하여 견딜 수가 없게 되었지만, 왕상은 이를 참고 얼음 위에 누워 속으로 빌었다. '제발 이 얼음이 깨져서 잉어를 잡게 해 주시옵소서' 하고.

얼마 동안을 속으로 빌며 누워 있으려니, 강 가운데의 얼음이 꺼지면서 난데없이 잉어 두 마리가 뛰어 올라왔다. 왕상은 한편 놀라고 한편 기뻐서 이 잉어를 어머니께 바쳤다.

또 왕상의 집 마당에는 벚나무 한 그루가 서 있었다. 계모는 왕상을 시켜 새가 날아오지 못하도록 종일토록 지키라 하고, 밤이면 쥐가 따먹지 못하도록 지키라 하였다.

어느 날 밤 갑자기 비가 쏟아졌다. 그러나 왕상은 벚나무를 붙들고 밤을 새우니, 이것을 본 계모는 비로소 그를 불쌍히 여겨 자기의 잘못을 뉘우쳤다는 이야기이다.

또한 계모는 병으로 누워 앓으면서 참새 구운 것을 먹고 싶다고 하였다. 이때에도 겨울이어서 좀처럼 참새를 구하기가 매우 힘이 들었다. 그런데 난데없이 참새 떼가 방으로 날아들어와 서로 부딪쳐 떨어지니, 왕상은 이것을 손쉽게 잡아서 계모에게 봉양할 수 있었다.

　　진나라에 왕상이란 사람이 있어, 어머니가 생선을 먹고 싶어하네.
　　하늘은 차고 강물도 얼었는데, 그물이나 낚시가 무슨 소용 있으랴.
　　옷 벗고 빙판 위에 누우니, 두 마리 잉어가 물 속에서 뛰어나왔네.
　　이 지극한 **효성**, 어찌 여기에서 그쳤으리.
　　벚나무 껴안고 밤새 우니, 참새 떼 날아와 아침상에 바쳤네.
　　뒤에 삼공을 배하여, 그 이름 청사에 빛났네라.

　　晋有王祥 生魚母嗜

```
天寒川凍  網釣難致
解衣臥冰  自躍雙鯉
懇懇孝誠  奚止此耳
抱柰夜號  羅省朝讀
後拜三公  名標靑史
```

자식된 자로서 자기를 낳아 준 친어머니에게도 정성을 다하고 효도를 다하는 자가 흔치 못한데, 하물며 그 계모에게랴.

더구나 왕상의 계모는 아들을 미워하고 호되게 들볶았다. 그렇지만 왕상은 조금도 불쾌히 생각하거나 원망하지 않았을 뿐 아니라, 능히 정성을 기울여 효도하였다. 심지어 왕상은 옷을 벗어 얼음 위에 누웠고, 벗나무를 껴안고 밤을 새우기까지 하였으니, 그 효성의 지극함이 이에 더할 수 없는 일이다.

그러므로 잉어 두 마리가 얼음 속에서 뛰어나왔고, 참새 떼가 몰려 들어오기까지 하였으니, 대순(大舜) 이후로 처음 있는 일이었다.

그에게 삼공(三公)의 벼슬을 주고, 이름을 만세에 전한 것은 지극히 마땅한 일이라 하겠다.

註 왕상(王祥)은 진(晉)나라 무제(武帝) 때 사람으로, 자(字)는 휴징(休徵). 효심(孝心)이 깊었다. 24효의 한 사람.

제11화 노래 아희(老萊兒戱)

노래자(老萊子)는 지극히 효성이 깊은 사람이었다. 「고사전(高士傳)」에 보면, 그는 주(周)나라 때 사람이다. 나이 칠십이 되었는데 백 살이나 된 부모가 아직 살아 있었다.

그는 항상 늙은 부모들의 마음을 기쁘게 하여 주려고 애썼다. 오색이 찬란한 색동으로 옷을 하여 입고 부모의 곁에 가서 어린이 모양으로 엉금엉금 기어다니기도 하고, 어렸을 때의 모습을 하고 부모를 웃기기도 하였다. 또 그는 선반 위에 물그릇을 올려놓고, 그것을 내리다가 자빠져서 일부러 물그릇을 엎지르기도 하고, 부모 앞에서 어린아이 울음 소리를 내어 부모들로 하여금 다른 걱정을 하지 않도록 웃겨 주곤 하였다.

　　사람들의 마음이란 누구나 마찬가지, 반드시 나이 많은 것을 걱정하는 법.
　　자식이 이미 늙었으니, 부모 마음 어이 편안하랴.
　　그렇기 때문에 옛날 노래자는, 그 부모를 기쁘게 하려 생각하였네.
　　부모의 나이 모두 백 살이요, 자기 나이 또한 칠십이 되었도다.
　　비단옷 색동옷 입고, 어린아이처럼 울고 기어다니네.
　　흰 머리에 붉은 얼굴, 온통 봄바람 속 화기로다.

　　　　在人情理　必感衰年
　　　　兒已老矣　親豈安然
　　　　故老萊子　思悅其親
　　　　親俱百年　己且七旬
　　　　綵服爛斑　兒啼兒戱
　　　　白髮朱顔　春風和氣

　사람이란 반드시 쇠년(衰年)이라는 것을 느끼기 마련이다. 더구나 자식이 이미 늙었다면 부모의 마음이 어찌 편할손가. 그러므로 노래자(老萊子)는 그 부모의 마음을 기쁘게 하여 줄 것을 생각하였던 것이다.
　양친의 나이 모두 백 살이고, 자기도 칠순이 되었는데, 오색 색동 저고리를 입고 어린아이 울음 소리를 내며, 젖먹이처럼 기어다녔으니, 백발이 성성한 부모들도 얼굴을 활짝 펴서 봄바람의 화기가 돌 수밖에 없었으리라.

노래자는 오직 그 부모의 마음을 기쁘게 하여 드리기 위하여 자신의 늙은 것도 잊고 있었다.

그는 이렇게 평일에 부모를 봉양할 때, 종용(從容)하고 승순(承順)하여 부모를 기쁘도록 하여 드렸을 뿐, 조그마한 거역이나 잘못이 있어 그 마음을 상하게 하여 드리지 않았을 것은 불문가지이다.

그러므로 그 부모들은 항상 기쁜 마음이 넘쳐흘러, 머리는 비록 백발일망정 얼굴은 항상 불그스레하였다고 한다. 온 집안이 자애와 효성으로 가득 차, 항상 봄바람 속에 화락한 기운만이 깃들었다고 한다.

제12화 곽거매자(郭巨埋子)

진(晋)나라 융로(隆盧) 사람으로 곽거(郭巨)라는 효자가 있었다. 그는 중국의 유명한 효자 24효(孝) 중의 한 사람이다.

곽거의 집은 몹시 가난하여 늙은 어머니를 모시고 세 살 난 어린 자식을 가진 곽거 내외의 살림은 말이 아니었다. 품을 팔아 먹을 것을 조금 얻어다가 어머니에게 드리면, 세 살난 어린 자식이 이것을 거의 다 빼앗아 먹었다.

곽거 내외는 자기 어린 자식을 그렇게 못하도록 막아보았지만, 늙은 어머니는 어린 손자에게 먹이느라고 자기 입에는 별로 들어가는 것이 없게 마련이었다.

어느 날 곽거는 자기 아내를 보고 말했다.

"우리가 집이 가난해서 먹을 것을 구하기가 힘드는데, 그나마도 자식새끼가 모두 빼앗아 먹고 어머님 잡수실 것이 거의 없게 되니, 이 일을 어떻게 하면 좋단 말이오. 자식은 이 다음에 또 낳을 수도 있는 것, 차마 입에 안 떨어져 말을 꺼낼 수조차 없소만…… 자, 우리는 저 자식을 산에 갔다 묻어 버립시다. 그렇게 하면 어머님의 배는 이제까지처럼은 주리게 해 드리지 않을 게 아니오."

아내도 남편의 생각에 따르기로 마음먹었다. 이리하여 둘은 어린것을 업고 뒷산으로 가서 땅을 파기 시작하였다.

두 내외가 다섯 자쯤이나 땅을 팠을까. 삽 끝에서 쇳덩이 부딪치는 소리와 함께, 눈이 부실 만큼 누런 황금덩이가 묻혀 있는 것이 아닌가. 조심스럽게 캐어본즉, 그것은 틀림없는 황금솥이었다. 그 솥에는 이렇게 써 있었다.

'이 솥은 하늘이 효자 곽거에게 주는 것이니, 관청에서도 이를 빼앗지 못할 것이며, 더구나 다른 누구도 가지지 못할 것이니라.'

이렇게 써 있는 그 솥 속에는 다시 황금이 가득 들어 있었다는 이야기이다.

  곽거는 집은 가난하여도, 힘껏 어머니를 봉양하였다네.
  그 어머니 손자 귀엽게 여겨, 먹을 것 보면 으레 나누어 먹네.
  곽거 생각하길 저 자식 때문에 어머니가 항상 배를 주린다고.
  아내 불러 의논하고, 자식 업어다 땅에 묻으려 하였네.
  땅을 파자 황금솥에 황금이 가득하고, 그 위에 글씨가 새겨 있네.
  이는 하늘이 효자에게 주는 것, 아무도 이를 빼앗지 말라.

  郭巨家貧 養親竭力
  母憐幼孫 每分其食

謂兒若在 恐母或飢
呼妻掘地 擧將埋之
得金滿釜 上有副書
天賜孝子 人勿奪諸

　어머니의 배고픈 것만 걱정하여 자식의 죽음을 애석하게 여기지 않고, 심지어 땅에 묻으려 하였다는 것은 좀 지나친 일이라 할 것이다. 아니, 좀 지나친 일이라기보다도 현대인의 생각으로는 오히려 인륜에 어긋나는 일이요, 현행법으로도 용납이 안 되는 일이다.
　하지만 효성의 간절함이란 반드시 이 같은 경지에 이르러야만 지극하다고 말할 수 있다.
　자식 사랑은 내리사랑이요, 동물적인 본능이다. 그러나 효도는 인간만이 추구하는 이상의 세계요, 인간의 도덕세계이다.
　이 효자 곽거의 이야기가 좋은 결말로 끝난다는 것은 너무나도 당연한 일이다.
　즉, 이들 부부는 위로 하늘의 마음을 움직이고, 아래로는 황금솥을 땅으로부터 얻어서 마침내는 그 어머니의 공양에 지장이 없게 되고, 어린 자식 또한 죽음을 면하게 되어 부자유친의 따뜻함을 위 아래로 지키게 된 것이다.
　이는 한 남편과 한 아내의 정성스러운 효성이 하늘을 움직여 이런 결과를 이루게 된 것이니, 하늘의 보고 듣는 것이 어찌 먼 데 있다고 만만히 여길 수 있겠는가.

제13화　효아포시(孝娥抱屍)

　효녀 조아(曹娥)는 회계(會稽) 상우(上虞) 땅 사람이다. 그 아버지 조우(曹旴)가 무당에게 비를 빌더니, 한안(漢安) 2년 5월 5일에 강물 귀신 파사신(婆娑神)이 큰 물을 일으켜, 그는 마침내 강물에 빠져 죽었다. 그러나 강물이 워낙 사나워서 그 시체조차 찾을 길이 없었다.

이때 조아의 나이 24세. 그는 아버지의 시체를 찾지 못하는 것이 원통하여 강 기슭을 오르내리면서 잠시도 쉬지 않고 울부짖기를 17일, 마침내 그는 강물 속에 몸을 던졌다. 그러나 이상한 일이 여기에 생겼다. 조아는 강물 속에 깊이 들어갔다가 자기 아버지의 시체를 업고 나오는 것이 아닌가.

이것을 본 고을 사람들은 장사를 다시 고쳐 지내고, 비석을 세워 조아의 효성을 표창하였다.

> 효녀 아의 성은 조씨, 아버지가 물에 빠져 건질 수 없네.
> 효녀 아의 나이 24세, 밤낮으로 울부짖었네.
> 그 소리 잠시도 그치지 않아, 열흘에 또 7일을 계속하였네.
> 물 속에 들어가 시체를 안고, 얼마만에 떠서 나왔네.
> 그 정성 하늘도 감동하여, 눈물 흘려 강물을 적시네.
> 비석에 새긴 아름다운 글귀, 만세에 길이길이 빛나도다.

> 孝娥姓曹　父溺驚濤
> 娥年廿四　晝夜哀號
> 聲不暫停　旬又七日
> 投江抱屍　經宿以出
> 誠貫穹壤　淚溢滄浪
> 黃絹妙筆　萬世流芳

대체 사람으로서 누가 자기 부모를 사랑하지 않으랴만, 또한 제 목숨을 소중히 여기지 않는 이는 없을 것이다.

그러므로 사람의 자식된 자가 능히 제 한몸의 죽음을 돌아다보지 않고 부모에게 힘을 다하는 예는 몹시 드물다. 더구나 이루 다 헤아리지 못할 위험천만한 이 땅에 제 몸을 버리면서까지 부모의 시체를 찾으려 하였다는 것은 참으로 정성이 하늘과 땅에 닿고, 신명(神明)까지 감동시키기에 이르렀다.

그래서 만경이나 되는 물길 속에 들어가 아버지의 시체를 업고 나와서 물고기 뱃속에 장사지낼 것을 면하게 하였으니, 그 효성이 과연 지극하다 할 것이다.

이에 그 지방 백성들이 법도대로 장사를 지냈으니, 조아는 비록 죽었으나 그 소원만은 이루었다고 할 것이다.

절묘하다는 비문(碑文)이야말로 만대에 꽃다운 빛을 남겼다.

註 조아(曹娥)의 비문(碑文) 음기(陰記)에 이런 글이 있다.
'황견유부(黃絹幼婦), 외손저구(外孫齏臼)'
이것을 풀이하면, 누런 비단은 색실(色絲)로 짠 것이니 절(絕)자요, 어린 계집은 소녀(少女)이니 묘(妙)자요, 외손(外孫)은 딸(女)의 자식(子)이니 호(好)자요, 저구(齏臼)는 쓴 것(辛)을 받는 것(受)이니 사(辭)이다. 이것을 합쳐 말을 만들면, '절묘호사(絕妙好辭)'로서, 곧 절묘한 좋은 말이라는 뜻이다.

제14화 정란각모(丁蘭刻母)

정란(丁蘭)이라는 젊은이는 어머니를 정성껏 섬겨 대효(大孝)로 일컬어진 이름난 사람이었다. 그런데 어느 날 그 어머니는 늙고 병들어 세상을 떴다. 정란은 애통하기 그지없었다.

어머니를 그리던 정란은 목공을 시켜 나무로 그 어머니의 상(像)을 만들어 아랫목에 안치시켜 놓았다.

아침 저녁 문안과 조석 밥상을 거르지 않는 등, 정란은 그 어머니가 살아계실 때와 똑같이 하였다.

정란과는 반대로 그의 아내는 몹시 불효막심하였다. 그는 남편이 외출한 틈을 타서 그 목상(木像)의 눈을 바늘로 꼭꼭 찔렀다. 남편의 유난스러운 짓이 몹시 못마땅하였던 것이다. 그러나 어찌된 일일까? 목상의 눈에서는 피눈물이 주르르 흐르지 않는가.

이윽고 집으로 돌아온 정란이 이 사실을 알았다. 본래부터 아내의 불효를 눈치채고 있던 정란은 더 이상 참을 수 없어 그 자리에서 아내를 내쫓아 버렸다.

슬프도다, 저 정란이여. 일찍 어머니를 여의었네.
남들은 모두 어머니가 있는데, 나만 홀로 어머니가 없구나.
나무를 새겨 어머니 상을 만들어놓고, 산 사람인양 받들어 모셨네.
아침 저녁 문안 올려, 정성과 공경 다 바쳤네.
슬프도다, 이 세상 모든 사람들. 제 부모 없는 이 있을까.
살아서 능히 힘껏 봉양하지 못한다면, 어찌 이마에 땀이 흐르지 않으리.

　　　哀哀丁蘭　早喪慈顔
　　　衆人皆有　我獨無母
　　　刻木肖形　事之猶生
　　　晨昏定省　以盡誠敬
　　　噫彼世人　不有其親
　　　生不能養　能不泚顙

목상을 새겨 놓고 산 어머니 봉양하듯 하고, 온갖 정성과 효도를 바쳤기 때문에 정란의 기운이 그 목상의 나무에게도 통할 수 있었던 것이다. 얼핏 생각하기에 목상을 바늘로 찔렀다고 피눈물이 흘렸다는 것은 납득이 가지 않는 이야기이다.

하지만 워낙 철저한 효성을 쏟았기 때문에 마침내 목상에게 심령이 생겼던 모양이다.

이 세상 사람들은 우선 자기 몸을 편히 가지려고 애쓰고, 다음으로는 처자들이 있는 것만 알 뿐, 자기 부모가 계신 것은 생각지도 않기가 일쑤이다. 그래서 부모가 살아계실 때에도 봉양을 게을리하는 판인데, 하물며 돌아가신 뒤까지도 이렇게 할 수 있을까?

정란이 한 효도야말로 그 마음에 부끄러움을 찾아볼 수 없는 일이다.

제15화 포산부광(鮑山負筐)

포산(鮑山)의 자(字)는 문목(文木)이니 경조(京兆) 사람이다. 그는 어머니를 지극히 효성껏 섬겼다. 한(漢)나라 말년에 큰 흉년이 들어 중국 천지가 온통 기근에 빠지게 되었다.

포산으로서도 어머니를 봉양할 길이 막연하게 되었다. 하는 수 없이 그는 광주리에 어머니를 담아 짊어지고 정처없이 떠돌아다니다가 멀리 남진(南秦) 땅으로 가서 먹을 것을 얻으려고 생각했다. 천신만고 끝에 산길을 가다가 난데없는 도둑 떼를 만나게 되었다.

도둑들은 다짜고짜로 그를 잡고 묻는 것이었다.

"네놈은 무엇하는 놈이며, 지금 어디로 가는 길이냐?"

포산은 사실대로 말하였다.

홀로 계신 어머님을 봉양할 길이 없어 멀리 남전 땅을 향하여 불원천리 가는 길이라고. 이 말을 듣자 도둑들은 서로 돌아다보며 수근거리는 것이었다. 이윽고 그들은 자기네의 짐 속에서 비단 몇 필을 꺼내어 포산에게 주었다. 이거라도 갖다 팔아서 어머님을 봉양하라고.

 경조 사람 포산이, 흉년 난리 만나 굶주리게 되었네.
 어머니를 데리고 난리를 피하려고, 광주리에 담아 지고 나섰네.
 길에서 도둑 만나 협박당하자, 말이 간절하고 불쌍도 하네.
 도둑의 마음 역시 이에 감동하여, 그대로 돌려 보냈네.
 그뿐이랴, 도둑은 다시 그를 불러 비단 꺼내 주면서 위로하여 주네.
 도둑도 또한 사람의 자식이라, 어찌 포산에게 감동되지 않을 수 있으리.

   京兆鮑山　遭世凶荒
   將母逃難　負之用筐
   道逢劫賊　吐辭懇惻
   賊心猶感　釋而去之
   匪惟釋之　束帛與之
   賊亦人子　安有不怨

 불행히 포산은 난리와 흉년을 만나 어머니를 봉양할 길이 없었다. 생각다 못하여 어머니를 업고 남쪽 땅으로 걸식하면서 가다가 도둑 떼를 만났다. 그러나 포산에게서 연유를 듣고 난 도둑들은 저희들끼리 감탄하여 마지않아, 도리어 비단 몇 필을 꺼내 주면서 위로하여 돌려 보냈다.
 아무리 도둑이라도 사람의 자식이 아닐 수 있으랴. 저들에게도 한 가닥 양심이 있는 이상 어찌 포산의 말을 듣고 감동하지 않을 수 있었겠는가. 여기에서 우리는 또 한 번 사람의 성품이 본래 착하다는 것을 볼 수 있다.

제16화 백유읍장(伯兪泣杖)

한백유(韓伯兪)는 매우 효성이 지극한 사람이었다. 어느 날 잘못한 일이 있어, 그 어머니는 아들을 불러다가 종아리를 때렸다. 그런데 전에는 그런 일이 없던 아들 백유가, 이날 따라 매를 맞으면서 흐느껴 우는 게 아닌가.

어머니로서는 이상한 느낌이 들었다. 그래서 매를 멈추고 아들에게 물었다.

"네가 전에는 매를 맞아도 우는 일이 없더니 오늘은 웬일이냐?"

그러나 백유는 역시 울음을 멈추지 않은 채, 전에는 제가 매를 맞아보면 몹시 아파서 어머님의 기운이 왕성하심을 알았었는데, 오늘은 매를 아무리 맞아도 도무지 아픔을 느끼지 못하는 것을 미루어볼 때 어머니의 기운이 쇠약하여진 게 아닌가 하고 슬퍼서 울었노라고 하였다.

그러면서 백유는 또다시 울음을 터뜨리는 것이었다.

> 백유란 뉴구더냐? 여남(汝南) 땅 한씨로다.
> 어머니를 섬기는데 그 어머니 엄하여, 백유를 매 때리는데 맞을 때마다 기뻐하였네.
> 뒷날 또 매맞을 제, 슬퍼하여 마냥 울고만 있네.
> 어머니가 어인 일인가 물으니, 그 대답 간절하고 슬프도다.
> 옛날 맞을 땐 아프기로, 어머니 기운 쇠하지 않은 줄 알았다네.
> 오늘도 매맞는데 아프질 않으니, 내 어찌 슬퍼하지 않으리.

「예기」에 이런 말이 있다.
　'부모가 사랑하거든 기뻐하고 잊지 말 것이며, 부모가 미워하거든 애써 고치려 하고 원망하지 않는 것이 사람의 자식으로서 부모를 사랑하는 지극한 정성이다.'
　이제 한백유는 어머니로부터 매를 맞으면서, 아프면 어머니의 기운이 강건하다 하여 **기뻐**하고, 매를 맞아도 아프지 않으면 그 어머니의 기운이 쇠약하여졌다 하여 울었으니 이야말로 오로지 그 어머니를 사랑할 줄만 알고, 어머니가 노여워하는 것을 원망하지 않았으며, 오직 어머니의 기운이 쇠약한 것만 걱정하고, 자기 몸이 아픈 것은 돌보지 않았으니, 효성이 지극함이 이와 같았다.
　증삼(曾參)의 아버지 증석(曾晳)이 노하여 그 아들을 몹시 매질하였더니, 증삼은 그 자리에 까무러쳤다가 이윽고 깨어나서, 자기 처소로 돌아간 일이 있었다.
　자기 처소로 돌아온 증삼은 그 아버지의 건강한 모습을 생각하면서 기뻐서 거문고를 뜯고 노래를 불렀다.
　이 소식을 들은 공자는 그 문인들에게 말하는 것이었다.
　"증삼을 불러오너라. 옛날에 순(舜)임금이 그 아버지 고수를 섬길 적에 매를 적게 때리면 그대로 그 매를 맞았지만, 너무 지나치게 때리면 달아났느니라. 그런데 이제 증삼은 그 아버지가 마음대로 때리도록 제 몸뚱이를 내맡겨서 아버지로 하여금 불의한 데로 빠지게 하였으니, 이런 불효가 어디 있느냐?"
　여기에서 우리는 순(舜)의 마음씀이나, 공자의 가르친 것을 생각해 보자. 그것은 무릇 사람의 자식이 제 몸을 몹시 노한 아버지에게 내맡기고, 마음대로 매를 때려 노여움을 풀도록 하였다가, 불행히 매가 지나쳐서 몸을 상하거나 죽는 날에는, 이는 그 아버지를 불의한 곳으로 몰아넣는 죄를 갖게 되는 것이다.

그러므로 공자는 순의 일을 인용해서 증삼을 책망하고, 이 교훈을 만세에 드리운 것이다.

그러고 보니 이것은 오직 사람의 자식된 자만이 알 일이 아니라, 또한 사람의 아버지가 된 자들까지도 마땅히 경계하여야 할 일이다. 그래서 여기에 아울러 기록하는 것이다.

제17화 왕양피험(王陽避險)

한(漢)나라 왕양(王陽)이 익주장사(益州長史)라는 벼슬자리에 있을 때의 이야기이다. 구절령(九折嶺)이라 하면 마치 구절양장(九折羊腸)과도 같이 여러 번 꺾이고 구부러진 험한 고개이다.

이 고개를 넘게 된 왕양은 걸음을 멈추고 탄식하였다. '부모께서 주신 이 귀한 몸을 가지고 어떻게 이런 험한 곳을 넘을 수가 있단 말인가' 하고 그는 그 수레를 돌려 도로 자기집으로 돌아왔다.

> 효도의 시작이란 신체발부를 훼상치 말라 하였고,
> 천금 같은 귀여운 자식, 처마 밑에 앉히지 말라 하였네.
> 구래 땅 구불거린 고갯길, 험하기 양의 창자와도 같네.
> 수레 돌려 차라리 벼슬을 버리리라 하였으니, 내 진심으로 왕양을 사모하도다.

維孝之始 身髮勿傷
千金之子 坐不垂堂
邱郲峻坂 險過羊腸
廻車去藏 我慕王陽

「예기」의 곡례편에 이런 말이 있다.

'효자는 깊은 물에 들어가지도 않고, 위태로운 곳에 올라가지도 않는다.'

이것은 곧 공자의 말씀 중 '신체발부는 부모에게서 받은 것이라 훼상치 않아야 효이다'를 말한 것으로, 깊은 물 속이라든지 높은 곳 따위 위험한 곳에 함부로 가서는 안 된다는 것이다. 비단, 물이나 산뿐만 아니라 신체상의 위험한 짓은 않음으로써 다치거나 죽거나 하여 부모에게 불효를 저지르지 말라는 교훈이다.

그런데 왕양은 부모로부터 받은 귀한 몸으로, 함부로 험한 고개를 넘을 수가 없다고 생각하여 병을 핑계삼아 벼슬을 사퇴하려고도 하였다. 이야말로 참으로 이 곡례편에서 말한 것에 맞는 행동이 아니겠는가?

몸을 상하지 말며, 위태로운 곳에 앉지 말라 한 것은 옛날 성현들이 간절히 훈계하고 가르친 말이다.

이것을 왕양이 실천에 옮겨, 험한 곳을 만났을 때에 피하여 돌아갔으니, 이는 그 몸을 갖는데 항상 조심하여, 비록 발 한 번 옮기는 데에도 그 부모를 잊지 않음이다. 사람의 자식된 자로서 마땅히 사모하고 본받아야 할 것이다.

제18화 등유기 자(鄧攸棄子)

진(晋)나라에 우복야(右僕射)라는 벼슬자리에 있던 등유(鄧攸)의 자(字)는 백도(伯道)이다.

그는 영가(永嘉) 말년에 석륵(石勒)에게 죽었는데, 그에게는 참으로 잊을 수 없는 아름다운 이야기가 있다.

당시 오랑캐의 난리로 그는 가족들을 우차(牛車)에 싣고 도망하여 가는데, 도중에서 또다시 도적을 만나 소와 마차를 빼앗기고 말았다.

등유는 하는 수 없이 어린 자식과 조카를 데리고 걸어서 가려니 걸음이 느려서 도저히 난리를 피할 수가 없었다. 뒤에서 쫓아오는 군사들은 거의 따라와 일문이 화를 당하게 되었다. 생각다 못하여 그는 아내에게 이렇게 말하였다.

"이 아이들 때문에 온 가족이 화를 당하느니보다 차라리 어린아이 하나를 버리고 달아나는 것이 낫겠소."

이렇게 말은 던졌으나, 두 어린아이 중 누구를 버려야 할지 또 한 번 망설이고, 고민에 싸이게 되었다.

등유는 자기 아내를 다시 돌아보면서,

"우리가 이 난리를 피하여 도망하여서 후손을 세상에 남기자면, 부득이 이 아이들 둘 중에 하나는 버리고 가야겠는데 내 아우는 일찍 세상을 떴고, 이 조카밖에 자식이라고는 없소. 만일 이 아이마저 죽이고 보면 영영 후손이 끊기는 셈이오. 하지만 우리는 설사 저 어린것을 잃는다 하더라도 아직 나이 젊으니, 다시 자식을 낳을 수 있지 않겠소? 그러니 우리 자식을 버리고 가도록 합시다."

아내는 남편의 말을 듣자 울면서 이 말에 순종하여 마침내 자기들의 자식을 길가에 버리고 난을 피하여 정처없이 떠돌았다. 그러나 그들은 다시 아들을 얻을 사이도 없이 난리 속에 그만 죽고 말았다. 이를 본 당시 사람들은 그들을 애석하게 여겨 서로 탄식만 되풀이하였다.

'천도가 무심하기도 하도다' 라고.

그러나, 그때 살려 준 조카가 아들 대신 그들의 삼년상을 입었다.

　　　　오랑캐를 피하다 도둑 만나, 도망하여도 도망하여도 걸음은 늦네.

　　　부모 없는 조카는 데리고 가면서, 제 자식을 대신 버

렸네.

　그러나 마침내 뒤에 자손이 끊겼으니, 하늘도 진정 무심하도다.

　삼년상을 대신 입어 준 것은 그 조카 또한 마땅한 일이로다.

　　　去胡遇賊　走恐遲兮
　　　携其孤姪　棄己兒兮
　　　後竟無嗣　天難知兮
　　　服喪三年　姪亦宜兮

　백도(伯道)가 제 자식을 버리고 조카를 살린 것은 의리에 지극한 바가 있다. 하지만 그에게는 마침내 다시는 자식이 없어 대를 잇지 못하였으니, 하늘의 보응은 정말 분명치 못하다. 이것을 가리켜 사람들은 천도가 아는 것이 없다고 한탄한 것이다.

　무릇 착한 것과 악한 행동은 그 정도에 따라 보응하여 나타내는 것이 하늘의 떳떳한 도리이다.

　그러므로 지사(志士)나 어진 사람들의 지성스러운 효도에는 하늘이 이에 보응함을 역력히 보여 왔다. 그런데 유독 백도에게는 그 아들을 주지 않았으니 정말 야속한 일이라 아니할 수 없다.

　자식을 버린 예로서는 곽거(郭巨)와 노고(魯姑)가 있다. 곽거는 어머니를 위하여, 노고는 전남편을 위하여 제 자식을 버린 것이니, 오히려 할 만한 일이라 하겠다.

　그러나 이제 백도가 그 아우를 위하여 한 일은, 곽거가 어머니를 위하여 한 것보다는 경중이 자못 다른 바가 있다고 하겠다.

　또 내외가 함께 도망한 것으로 치면, 노고가 혼자 달아날 때와는 달라서, 그래도 제 자식을 살릴 수 있었을는지 모른다.

그런데 그는 서슴치 않고 제 자식을 버렸으니, 비록 대류의 변화에 의하여 행한 일이라고는 하지만 너무 지나친 일이 아닐까 생각한다.

여기에서 앞의 말의 이해를 위하여 '제 자식을 버리고, 전처의 자식을 살렸다'는 노고의 효행을 살펴보자.

제19화 노고포장(魯姑抱長)

노고(魯姑)라는 여인은 노(魯)나라 사람이다. 마침 제(齊)나라의 난리를 만나서 군사들에게 쫓겨 도망하게 되었다. 이때 노고는 두 어린이를 데리고 달아나는데, 힘은 약하고 제나라 군사들은 물밀 듯 밀려오기 때문에 도저히 둘을 다 데리고 갈 수가 없었다.

노고는 하는 수 없이 두 어린아이 중에서 작은 놈을 버리고 큰 놈만을 업고 걸음을 재촉하여 도망하는 것이었다.

사람이란 누구나 막내 자식에게 정이 더 가는 법이다. 그런데 젖먹는 어린것을 땅에 버리고, 큰 놈만을 업고 가니 보는 사람들이 모두 이상하게 여겼을 것은 정한 이치이다.

이것이 마침 제(齊)나라 장수의 눈에 띄었다. 그는 군사 하나를 달려보내서 노고에게 물었다.

"당신은 어찌하여 젖먹이를 버리고 큰 놈만 데리고 가는 거요?"

그러자 노고는 태연하게 대답하는 것이었다.

"그럴 수밖에 없는 사정이 있답니다. 이 큰 아이는 남편의 전처 소생이고, 저기에 버린 놈은 내 소생이지요. 남편이 죽을 때 나한테 부탁하기를, 이 어미 없는 자식을 내내 잘 키워 성공시켜 주어야 내가 지하에서라도 눈을 감겠소, 하고 유언했던 것입니다. 내 어찌 남편의 유언을 저버리고, 내가 낳은 자식만 살릴 수 있겠습니까?"
 이 말을 전하여 들은 제나라 장수는 감탄하였다.
 "허허! 이야말로 의로운 여자로군. 이 지방에는 반드시 의사가 있을 것이니, 여기에서 그만 퇴병(退兵)하도록 하자."
 이리하여 노고가 살던 고장에서는 제나라의 난리를 면할 수 있었다.

> 노고 어린아이 둘을 데리고 달아나다 제나라 도둑 때 만났다네.
> 네 무슨 마음으로 갓난아이 버리고 큰 아이만 데리고 가는가.
> 큰 아이는 전처가 남기고 간 자식, 남편이 죽을 때 내게 부탁하였다오.
> 아무리 위급한 때를 당하였기로, 어찌 차마 부탁한 말 저버릴소냐.
> 이렇듯 여자도 오히려 의리를 소중히 여기거니, 이 지방에 어이 사람 없으리.
> 창칼 거두고 군사 돌리니, 두 나라 이로부터 화친하였도다.

> 魯姑將兒　走逢齊寇
> 問汝何心　抱長棄幼
> 前婦遺孤　夫亡囑我
> 雖在危急　背言不可
> 女猶重義　豈曰無人
> 廻戈卷甲　兩國交親

 「안씨가훈(顔氏家訓)」에 보면 이런 말이 있다.
 '용렬한 사람은 후처가 반드시 전처 소생을 학대한다.'
 이 글을 볼 때, 이런 실례는 사실 적지 않은 듯싶다.

사람이 평상시에도 그런데 하물며 급하고 어려운 때를 당하였음에랴.

노고는 제나라 군사에게 쫓기는 창졸간에도 그 남편의 살아 있을 때의 부탁을 잊지 않고, 도리어 자기가 난 사랑하는 어린애를 버렸으니 그 의열(義烈)이 과연 어떻다 하겠는가.

제나라 장수가 이 사연을 듣고 탄복하여 군사를 돌렸으니, 이는 또한 노고의 의열이 마침내 적국의 장수까지도 감동시켰던 것이다.

제20화 문양오조(文讓烏助)

문양(文讓) 형제는 몹시 가난한 살림을 하면서도 그 어머니를 효성껏 봉양하였다. 그러나 그 어머니는 늙고 병들어 마침내 세상을 떠나고 말았다. 가난한 문양으로서는 변변하게 장례를 치를 형편이 못되었다. 초라한 대로 그러나 정성껏 장례를 치를 수밖에 없었다.

무덤을 만드는 데도 그들은 다른 사람들의 도움을 청하지 않고 형제끼리 삽질을 하여 해가 저물도록 무덤을 만들기에 여념이 없었다.

그러나 이것은 또 어찌된 일일까? 난데없는 까마귀 떼가 날아오더니 저마다 입에 흙을 물어다가 무덤 위에 가져다 놓는 것이 아닌가.

수천 마리 까마귀가 물어다 주는 흙으로 삽시간에 이루어진 무덤 앞에 앉아서 문양 형제는 집에 들어갈 생각도 하지 않고 슬피 우는 것이었다.

문양의 두 형제, 어미를 정성껏 장사 지냈네.
다른 사람 손을 빌지 않고, 저들 힘으로 무덤을 만드네.

까마귀는 능히 제 부모에게 반포(反哺)하는 새, 그래서 까마귀를 새 중의 증삼(曾參)이라 불렀네.
효성에 감동하여 와서 도우니, 누가 이것을 날짐승이라 하리.

> 文讓兄弟 葬母盡情
> 不勞僮僕 役力以成
> 烏能反哺 烏中曾參
> 感義相助 孰曰飛禽

모든 물건의 이치는 저마다 같은 종류끼리 서로 감동하고 통하는 법이다. 이 까마귀란 새는 새 중의 효조(孝鳥)라 불린다. 까마귀란 어렸을 적에는 제 부모가 먹을 것을 물어다가 새끼의 입에 넣어 주지만, 제대로 날아다닐 만큼 자라고 보면 그때부터는 새끼들이 먹이를 물어다가 제 어머니나 아버지의 입에 넣어주기 때문이다.

이렇듯 반포(反哺)의 효도를 하는 까마귀를 두고 시인 백낙천(白樂天)은 이렇게 읊었다.

'까마귀여 까마귀여! 새 중의 증삼(曾參)이로다(慈烏復慈烏 烏中之曾參).'

이러한 효조인 까마귀 떼가 문양 어머니의 장사지내는 데에 날아와 입으로 흙을 물어다가 무덤을 만들어 주었다는 것은 이 어찌 효도하는 마음이 서로 통한 것이 아니겠는가?

이 까마귀야말로 모든 새 중에서 참으로 증삼 같은 효성이 있는 때문인 것이다.

제21화 설포피구(薛包被毆)

 설포(薛包)는 학문을 좋아할 뿐만 아니라, 행동이 지극히 단정하였다. 그러나 그 아버지가 후처를 얻으니, 후처는 몹시 설포를 미워하기 시작하였다. 공연한 트집으로 설포를 들볶던 후모(後母)는 마침내 옷보따리를 싸서 아들을 문 밖으로 내쫓고 말았다.
 설포는 문 밖에서 밤낮으로 며칠 동안 울면서도 자기 집을 떠나 다른 데로 갈 수가 없었다. 여러 번 후모에게 붙들려 매를 맞으면서도 그는 자기 집을 떠나지 못하고 문 밖 멀지 않은 곳에 거적을 꾸려 잘 자리를 만들고 밥을 빌어다 먹으면서 지내고 있었다.
 날이 새기가 무섭게 집 안팎을 쓰레질하다가 아비에게 들켜 호된 매를 맞자 하는 수 없이 동구 밖으로 거처를 옮겼지만, 새벽과 저녁으로 문안 살피기를 게을리하지 않고, 또한 날마다 집 안팎을 소제하기를 잊지 않았다.
 이렇게 하기를 여러 해 계속하는 동안 그의 부모는 마침내 자기들의 잘못을 깨닫고 부끄러워하여 설포를 불러들여 따뜻한 사랑을 기울이게 되었다.

　　 아비가 자식 미워하는 것, 모두가 계실(繼室)의 탓이어니.
　　 자식이 만일 지성을 기울이면, 마침내는 그들이 과실을 뉘우치는 법.
　　 설포는 저렇게 맞으면서도, 차마 멀리 떠나가지 못하였네.
　　 부모도 마침내 부끄러워하여 돌아오게 하고, 전과 같이

따뜻하게 지냈네.

　　　父兮憎兒　多因繼室
　　　兒若至誠　將悔其失
　　　包也被毆　未忍遠出
　　　出慼而還　終始如一

　옛 글에 이런 말이 있다.
　'비록 아버지가 자식을 사랑하지 않더라도 자식은 효도하지 않을 수 없는 것이다.'
　이것은 정말 절실한 격언이다. 설포의 아버지가 후처에게 혹하여 공연히 아들을 미워하여 때려 내쫓았으니, 그 자식을 사랑하지 않았음이 심하다 하겠다.
　그렇건만 설포는 차마 부모가 살고 있는 집을 떠나지 못하여 동리 어구에 움을 짓고 새벽과 밤으로 부모의 안부 살피기를 게을리하지 않았다.
　이렇게 여러 해를 계속하니, 마침내는 그 부모도 지난 잘못을 뉘우쳐 부끄러워하여 설포를 돌아오게 하였다. 대개 자식의 정성이 지극하면 부모의 마음을 움직이게 마련이다. 이것은 이미 대순(大舜)과 고수(瞽瞍)에게서 그 예를 본 것이다.
　아아! 사람의 자식으로서 불행히 인륜의 변을 만난다 하여도 마땅히 설포와 같이 하여야 할 것이다.

제22화　한황상약(漢皇嘗藥)

　원앙(袁鴦)의 자(字)는 사(絲)이다. 그는 한문제[漢文帝; B.C. 202~157년, 전한(前漢)의 제5대 천자로서 효문제(孝文帝)로 불림]에게 말하였다.

"폐하께서 대(代)나라에 계실 때, 태후께서 병환이 나시어 3년 동안이나 병상에 계신 일이 있었지요. 이때 폐하께서는 단 한 번도 눈을 붙여 주무시지 않았고, 옷을 끄르고 누워보신 일이 없으며, 약은 반드시 손수 달이시되 언제나 맛을 본 뒤에라야 갖다 올렸습니다. 증삼은 포의의 선비로서도 오히려 이를 어렵게 여겼는데, 폐하께서는 왕자로서 능히 하셨으니 증삼보다 더 훌륭하십니다."

착하도다, 한(漢)나라 문제(文帝)여! 효도하고 또 어질었도다.
태후가 병들 제, 약을 달여 친히 맛보았고,
옷고름 끄르지 않은 채, 3년 동안 오직 한마음이었네.
원사(袁絲)는 말하기를, 증삼보다도 효성이 더하다 하였네.

賢哉漢文 旣孝且仁
侍疾太后 湯藥必親
衣不解帶 三年一心
袁絲有語 遠過曾參

한나라 문제가 대나라 왕으로 있을 때 황태후가 병이 들었다. 문제는 손수 약을 달여 3년 동안 한마음으로 섬기고 한 번도 눈을 붙이고 자거나 옷을 끄르고 누워보지 않았다.
이는 참으로 포의의 선비로도 하기 어려운 일인데, 일국의 임금으로서 능히 이렇게 할 수가 있겠는가? 이야말로 그가 다음날 한나라를 건설하여 백성들을 태평하게 하고 순후한 풍속을 이룩하였으며, 모든 형정을 웅숭하게 다스려 주(周)나라의 옛 정치를 회복하여 놓을 만하였다.
그래서 한문제(漢文帝)는 효문제(孝文帝)라고도 약칭되었다.

제23화 중유부미(仲由負米)

중유(仲由)의 자(字)는 자로(子路)로 공자의 뛰어난 제자중의 한 사람이다. 이 자로가 공자를 뵙고 말하였다.

"제가 부모를 섬길 때에는 1백리 밖에 가서 쌀을 져다가 봉양을 하였습니다. 그러나 부모가 죽고 저는 초(楚)나라 대부가 되어 곡식을 쌓아놓고 먹게 되었사오니 이제 와서는 쌀을 져다가 효도를 하고 싶어도 되지 않는군요. 참으로 한스러운 일입니다."

어느 날 공자는 길가에서 울고 있는 우구자(虞丘子)라는 사람을 발견하고, 그 까닭을 물었다. 우구자는 대답하였다.

"선생님, 나무는 조용히 서 있고자 하여도 바람이 그치지 않고, 자식은 봉양을 하고자 하는데 부모는 이것을 기다리지 않고 가버리는군요. 그래서 이렇게 우는 것입니다."

  중유(仲由) 부모 봉양할 제, 쌀 지고 백리 길 달려갔건만
  뒤에 와서 만석 곡식 쌓아놓고 보니, 다시는 효도할 길 바이 없네.
  나무는 고요하고자 하여도 바람이 그치지 않네.
  울고 울어 슬퍼하였거니, 우구자(虞丘子)란 사람 또한 이러하였네.

    仲由養親 魚米百里
    後食萬鍾 不以爲喜
    樹兮欲靜 風兮不止
    哭而自悲 有虞丘子

백리 밖에 가서 쌀을 지고 오는 것은 비록 몸에는 고단한 일이지만 오히려 부모를 위하여 즐거웠고, 곡식 만 석을 쌓아 놓고 먹는 것이 비록 귀한 일이지만 오히려 이것을 슬퍼한다.
　이는 대개 그 슬프고 즐거운 것이 내 한몸의 궁하고 달한 데에 달려 있지 않고, 오직 내 부모가 계시고 안 계신 데 있다고 자로는 생각하였다.
　또 바람과 나무에 비교한 말 풍수지감(風樹之感)은, 그 마음이 몹시 한스러워서 몸을 마치도록 사모하여 하루도 잊지 못하는 것이니, 아아! 장한 일이로다.

제24화　황향선침(黃香扇枕)

　동한(東漢) 때 황향(黃香)의 효행 이야기이다.
　그는 어머니를 지극히 효성스럽게 섬겼다. 여름에 날씨가 무더우면 베개에 부채질을 하여 서늘하게 식혀 드리고, 또 겨울이면 자기 몸으로 이불을 녹여 따뜻하게 해드렸다.

　　황향이 부모를 섬기는데, 아침과 저녁 조금도 게을리하지 않네.
　　여름이면 베개에 부채질하고, 겨울이면 몸으로 부모의 자리 녹여 드리네.
　　또한 왕연(王延)이 있었으니, 그 효성이 황향과 똑같았다네.
　　남의 자식된 사람들이여, 마땅히 이들 두 어진 이를 본받아야 하리.

　　　黃香事親　悟勤朝夕
　　　夏扇其枕　身溫冬席

亦有王延 其字同然
爲人之子 當效二賢

　얼핏 생각할 때에, 여름에 베개에 부채질을 하고, 겨울에 이불을 녹이는 일은 아무나 쉽게 할 수 있을 법하다.
　그러나 남의 자식된 사람들로 이렇게 하는 자가 없는 것은 대개 부모를 섬기는 데에 힘을 쓰지 않기 때문이다. 하기 쉬운 일도 힘써 하지 않는 이 세속 사람들은 황향의 이같은 정성을 본받아야 할 것이다.

제25화 문정부배(文正拊背)

　문정(文正)이란 사마광[司馬光 ; 1019~1086년, 북송(北宋)의 정치가·역사가. 저서에「자치통감(資治通鑑)」이 있음]의 시호(諡號)이다. 뒤에 온국공(溫國公)으로 봉하여져 세상에서는 그를 사마온공(司馬溫公)이라 부른다.
　그는 자기 형 백강(伯康)과 더불어 우애가 지극하였다. 백강이 나이 장차 80인데 문정은 형을 마치 엄한 아버지처럼 받드는 한편, 어린아이처럼 보호하였다. 밥 먹고 나서 얼마 되지 않았어도 문정은 형을 보고
"시장하시지 않습니까?"
하고 물었고, 날씨가 조금만 추워도 형의 등을 만지면서
"옷이 얇지 않습니까?"
하고 은근히 물었다.

　　　백강이 나이 많으니, 문정은 정성껏 봉양하네.
　　　공경하기 엄한 아버지같이 하고, 보호하기 어린 아기처럼 하네.

손으로 형의 등을 만지면서, 춥지 않은지, 시장하지 않은지 묻네.
　　충성을 통감 저술하는데 옮겨, 만세의 좋은 법을 만들었네.

　　　　伯康老矣　文正奉之
　　　　敬如嚴父　保若嬰兒
　　　　手捫其背　問寒與飢
　　　　移忠通鑑　萬世良規

　　사마승상(司馬丞相)이 그 형 백강을 섬기는데, 주리고 추울까 걱정하여 매양 만지면서 물었으니, 그 우애의 지극함은 이에서 더할 수 없다.
　　이 마음을 충성으로 옮겨서 임금을 보필하고 송(宋)나라 왕실을 일으켜 태평한 세월을 만들고, 또 그 정력을「자치통감」을 저술하는 데 쏟았으니, 진실로 만세의 나라 다스리는 좋은 규범이 되었다.

제26화 조종체수(趙宗替瘦)

　　조효종(趙孝宗)에게 효례(孝禮)라는 아우가 있었다. 난리중에 양식이 없어 굶주리던 도둑떼가 효례를 잡았다. 그들은 끓는 물 솥에 효례를 삶아 먹으려 하였다.
　　효종이 이것을 보고 적들 앞에 나가 애원하였다. 내 아우는 늙으신 어머니를 효성껏 봉양하여야 하니, 우리 집에는 없어서는 안 될 사람일 뿐 아니라, 또 몸도 저렇게 파리하니 원컨대 이 살찐 나를 대신 삶아 먹도록 하라고.
　　이렇게 호소하는 효종의 말은 몹시 애절하였다. 적들도 마침내 효종의 말에 감동하였다.
"아아! 참으로 효성이 지극하고 우애도 장한 사람이로다."
이렇게 말하고 효종 형제를 모두 놓아보냈다.

> 형은 조종(趙宗)이요, 아우 이름은 예(禮)일세.
> 도둑들 염치없이 효례를 잡아먹으려 하네.
> 조종이 앞에 나가 하는 말, 예의에 간곡하고 효도와 우애 지극하네.
> 또 아우의 몸 저렇듯 파리하여, 나만큼 살찌지 못하였네.
> 원컨대 이 살찐 형으로, 파리한 아우를 대신하여 주게.
> 도둑들 놀라고 감동하여, 둘 다 모두 놓아보냈다네.

> 兄曰趙宗　弟則名禮
> 赤眉劫禮　脯以充飢
> 宗詣自陳　禮能孝悌
> 且其身瘦　不如宗肥
> 願以肥兄　替其瘦弟
> 賊聞驚感　卽兩釋之

죽을 일을 당하여 서로 구제하고, 급한 때를 당하여 서로 돕는 것은 형제간의 지극한 정이다.
그러나 지극한 정성으로 귀신에게까지 빌어서 자기를 형 대신 죽게 하여 달라고 한 것은 주공(周公) 이외에는 들어보지 못하였다.
그런데 이제 효종은 아우가 도둑에게 잡혀 장차 삶아지게 되었으니 화가 발등에 떨어지게 되었다. 이것은 힘으로도 막을 수 없는 부득이한 상황이다.
효종은 제 몸과 목숨을 돌아다보지 않고 대들어, 위로는 그 어머니를 생각하고, 아래로는 그 아우를 불쌍히 여겨 청하여 자기의 살쩐 몸으로 파리한 아우를 대신하여 달라고 애원한 것이다.

그 말이 하도 애절하고 간곡하므로, 마침내 도둑들도 감동하여 두 사람을 모두 석방하게 되었으니, 일의 난처하기로 말하면 도리어 주공보다 더 어려운 바가 있다.

아아! 진정 어진 사람이로다.

제27화 왕곤읍백(王裒泣柏)

왕곤(王裒)의 자(字)는 위원(偉元)으로, 성양(城陽) 땅 사람이다. 아버지가 죽자 과거에 응하지 않고 숨어 살면서, 묘 옆에 여막을 짓고 아침 저녁으로 묘 앞에 서 있는 잣나무를 만지면서 우니, 눈물이 나무를 적셔 마침내 나무가 말라 죽기에 이르렀다.

또 왕곤은 「시경」육아편(蓼莪篇)의 '슬프고 슬프도다, 부모여! 나를 낳느라고 애쓰셨도다'하는 구절을 외우다 울고 외우다 울고는 하였다.

      위원은 아버지 돌아가시자 과거를 피하고,
      아침 저녁 슬프게 애통하며 묘 옆의 잣나무에 눈물흘렸네.
      시 육아편을 매일 읽으며 세 번씩 되풀이 통곡하니,
      제자들 차마 볼 수 없어 이 구절을 없애 버렸네.

    偉元喪父　不應徵辟
    旦夕悲號　淚灑墓柏
    每讀蓼莪　三復涕洟
    門人不忍　遂廢此詩

대체 아버지가 죄없이 죽었는데도 능히 복수를 하지 못하였으니, 하늘에 사무치는 슬픔은 한시도 잊을 수 없을 것이다.
그렇다고 또 복수하려는 마음만으로 제 힘을 헤아리지 않고 경거망동하다가 스스로 화를 취한다면, 이것도 효도가 되지 못한다. 이런 것을 살펴볼 때 왕곤의 처사야말로 합당한 것인지도 모른다.

제28화 신도불식(申屠不食)

신도반(申屠蟠)의 자(字)는 자룡(子龍)이다. 9세 때 아버지가 죽자 예에 지나치도록 슬퍼하여 3년상을 치른 뒤로도 10여 년 동안이나 고기를 먹지 않고, 매양 제삿날을 당하면 3일 동안 아무 음식도 먹지 않았다.

　　나이 바야흐로 아홉 살, 아버지 죽었는데 예법에 지나치네.
　　복을 벗고서도 고기 먹지 않고, 제삿날이면 밥도 굶었네.
　　오직 저 자룡은, 한결같이 시종을 마쳤네.
　　당고의 화가 제아무리 참혹한들, 어찌 그를 더럽히리.

　　　　年方九歲　喪父踰禮
　　　　服除不肉　諱且不穀
　　　　惟彼子龍　一節始終
　　　　黨錮之禍　焉能浼我

자룡(子龍)이 9세 때 아버지가 죽자 애통하는 것이 오히려 예도에 지나쳤다.
상복(喪服)을 벗고서도 10년 동안이나 고기를 먹지 않고,

제삿날이면 사흘 동안 아무 음식도 입에 대지 않았으니, 이는 비록 성인이 만든 제도에 지나친 바가 있으나, 자식된 자로서 지극한 인정을 다한 것이다.

하물며 **나이 9세인데도** 정성과 효성이 이와 같았으니, 나면서부터의 아름다운 바탕이 더욱 장하다 하겠다.

한(漢)나라 말년에 당화(黨禍)가 일어 천하의 이름난 어진 사람들이 모두 잡혀 죽었다. 하지만 신도반만은 사건이 생기기 전에 미리 그 기미를 알고 초연히 숨어 살았기 때문에 그 화를 면할 수 있었다.

이 신도반의 명철보신한 것을 아름답게 여겨 사마공은 '아아! 참으로 어진 사람이로다' 하고 찬탄하였다.

제29화 고초복관(故初伏棺)

장사(長沙) 땅에 살던 의사(義士) 고초(古初)의 이야기이다.

고초가 그 아버지의 초상(初喪)을 당하여 아직 장사 지내기 전이다. 이웃집에서 졸지에 화재가 일어나 초상집까지 타들어 왔다.

초상집에서는 미처 관(棺)도 옮기지 못하고 당황하고 있었다. 이때 고초는 불 속으로 뛰어들어 관을 껴안고 엎드렸다. 그리고는 마음 속으로 빌었다.

'하늘이시여! 우리 아버님 몸에 불이 미치지 못하게 하여 주시옵소서.'

이런 대담무쌍한 일을 하고 있는데, 과연 이 상가에는 기적이 생겼다. 타들어오던 불길이 저절로 기운을 잃고 꺼져 버리고 만 것이다.

장사(長沙) 땅의 고초(古初), 당시에 의사로 불렸네.

아버지가 죽어 장사도 지내기 전에 옆집에서 불이 났네.
불이 번져 자기 집까지 미치자, 관을 껴안고 엎드려 울었네.
지성이면 감천이라, 드센 불길 저절로 꺼졌다네.

　　長沙古初　時號義士
　　父歿未葬　此隣火起
　　延及舍下　伏棺哀號
　　至誠所感　燼焰自銷

아아! 기막힌 이야기다. 이웃집의 실화(失火)가 자기 아버지의 시체에까지 미치자, 불 속에 뛰어들어 관 위에 엎드린 것은 아버지의 시신이 불에 타는 것을 차마 볼 수 없어, 차라리 내 몸을 아버지와 같이 태우려고 한 것이다.

그러나 고초의 효성은 마침내 그 불로 하여금 저절로 꺼지게 하고 말았으니, 이는 어찌 그가 미리부터 이렇게 될 것을 예측하고 한 일이겠는가? 이는 다만 아버지의 시신을 불태우고서도 저만 혼자 온전히 살아갈 수 없었기 때문이었다.

제30화 진씨 양고(陳氏養姑)

한(漢)나라 때, 진효부(陳孝婦)의 이야기이다. 진효부는 나이 16세에 시집을 왔는데, 얼마 안 되어 그 남편이 군인으로 전쟁에 나가게 되었다. 남편은 아내와 작별하면서 간곡한 부탁을 하였다.

"우리 집에는 늙으신 어머니가 계시나 다행히 다른 형제라고는 없소. 그런데 나는 이번 떠나면 살아서 돌아올 가망이 없는 몸이오. 그러므로 당신은 내가 돌아오지 못하더라도 우리에게 한 분 밖에 안 계신 저 어머니를 끝까지 봉양하여 주기 바라오."

부인은 이 말을 듣고 있다가 눈물을 씻으면서 대답하였다.
"염려 마시오. 어머님은 내가 맹세코 봉양할 것이니, 그대는 전장에 나아가 승리하고 돌아오시오."

그후 그 남편은 살아서 돌아오지 못하였다.

진효부는 자기 남편이 집에 있을 때보다도 더욱 정성껏 시어머니를 공양하였으나, 시어머니는 시어머니대로 어린 며느리를 청상과부로 늙힐 수가 없다고 생각하여 다른 데로 개가시키려고 애썼다.

그러나 진효부는 단호히 이를 마다하고 거절하였다. 이에 강력히 권하는 시어머니를 이기다 못하고, 진효부는 목을 매 자결하려 하였다.

진효부는 그후 시어머니를 봉양하기 28년, 시어머니 나이 70이 넘어 세상을 떴다. 이에 남편이 가지고 있던 전답을 모두 팔아서 성대히 장례를 치르니, 나라에서 이 소식을 듣고 그를 효부로 표창하였다.

　　남편이 멀리 전쟁에 나갈 제, 내게 늙은 어머니를 부탁하였네.
　　마침내 죽고 돌아오지 않으니, 내 어이 그 말을 저버릴까?
　　죽을지언정 다른 데로 가지 않고, 정성껏 봉양하고 후하게 장사 지냈네.
　　만세에 이 이름 칭찬하였으니, 그 이름 진효부라고 하였네.

　　良人遠征　屬我老母
　　身歿不歸　言在敢負

之死靡他 養專葬厚
萬世稱之 曰陳孝婦

나이 어린 과부 진씨는 시어머니를 정성껏 봉양하다 천수를 마치자 장사를 잘 치렀다. 이 정렬(貞烈)이 과연 장하다 할 것이다. 이 진씨야말로 마땅히 만세의 효부라는 칭호를 전하여야 하리라.

제31화 건옹과애(乾邕過哀)

왕숭(王崇)의 자(字)는 건옹(乾邕)으로, 옹구(雍丘) 사람이다. 형제가 힘써 농사를 지어서 부모를 깍듯이 봉양하였다. 어머니의 상(喪)을 당하여 3년상을 무사히 치르고서도 계속 주야로 애통하더니, 또한 아버지마저 세상을 떴다.

건옹은 슬퍼하고 애도하는 것이 예도를 지나쳐 몸을 거의 부지할 수 없게까지 되었다. 이해 여름에 모진 바람이 불고, 우박이 쏟아져 곡식이 모두 죽어 대흉년을 면할 길이 없었다.

그런데 이 바람과 우박은 건옹의 집과 그의 전답에 이르자, 신기하게도 씻은 듯 멈추고 말았다. 온 나라의 곡식을 모두 버렸는데, 유독 건옹의 농사만이 화를 면하게 된 셈이다.

건옹은 또다시 3년상을 치른 뒤에도 묘소 옆에 움집을 짓고 살았다. 겨울날인데 새 한 쌍이 날아와 그의 집 처마에 집을 짓더니, 새끼 둘을 낳아 기르면서 다른 데로 가지 않는 것이 마치 그의 집을 지켜 주는 것 같았다.

이 소문을 들은 수령이 친히 나와 이 모양을 보고 조정에 사실을 보고하여 정문(旌門)을 세우도록 하였다.

건옹은 농사지어, 부모를 정성껏 봉양하였네.

상사를 당하니 예에 지나치게 애통하고, 삼 년이 지나고도 묘 옆에 사네.

새 한 쌍이 겨울날에 날아오고, 우박도 그의 곡식 지켜주네.

수령이 정문을 세워, 세상 사람이 모두 그의 행동 숭배하였네.

乾邕躬稼　養父母且
丁憂過禮　除服居廬
鳥乳於冬　雹不傷殺
守令旌門　世仰遺蹟

건옹은 애써 농사를 지어 그 부모를 봉양하였다.

초상을 당하자 애통하고 슬퍼하여, 생전에 잘 섬기고, 돌아가셔서 장사 지내는 데에 정성을 다하였다.

삼년상을 치른 뒤에도 계속하여 묘소 옆에서 사니 여름날에는 모진 바람과 우박도 그의 밭은 해치지 않았고, 겨울에는 새가 한쌍 날아와 그 방에서 살았으니, 대개 이것은 또한 기이한 일이었다.

효성에 감동하여 나타난 일임을 안 수령이 정문을 세우고 후세 사람들이 그 사실을 숭앙하는 것도 마땅하다 하겠다.

제32화　자평죄기(子平罪己)

하자평(何子平)은 모친상을 당하자 벼슬을 내놓고 집으로 돌아왔다. 당시 동쪽 땅에는 흉년이 여러 해 들어 기근이 심한 데다가 난리까지 겹쳐서 8년 동안 장사를 지내지 못하고 그대로 지냈다.
 자평은 밤낮으로 애도하면서 겨울에도 솜옷을 입지 않고, 여름에도 서늘한 데 거처하지 않았다. 하룻동안 먹는 것이라고는 쌀로 죽을 쑤어 반찬도 없이 입을 축일 뿐이었다.
 거처하는 집은 다 무너져서 바람과 비를 가리지 못하였다. 이것을 본 자평의 형의 아들인 조카 백흥(伯興)이 지붕을 뜯어 고치자고 하였으나, 자평은 이것을 말렸다.
 "내가 하여야 할 일을 못하였으니 천지 사이의 한 죄인이다. 이 집을 어떻게 새로 고친다는 말이냐?"
하고, 그대로 앉아 애통할 뿐이었다.
 그때 채흥종(蔡興宗)이라는 사람이 회계태수(會稽太守)로 있었다. 이 소식을 듣고 갸륵한 생각이 들어, 관청에서 장사를 지내 주었다.

　　　　兵饉八年　母不得葬
　　　　衣寒不綿　屋破不障
　　　　自謂罪人　日夜惻愴
　　　　賢守見憐　乃營塚壙

 맹자가 말하기를, '사람이 부모를 섬기는 데 오직 돌아가셔서 보내 드리는 일이 제일 중요하다'고 하였다.
 그것은 부모를 섬기는 일이 여기에서 끝나기 때문에 상사(喪事)를 당하여 삼가지 않으면 다시 자기의 효성을 펼 때가 없기 때문에 이같이 말한 것이다.
 그러므로 묘소 자리를 좋은 데를 골라서 편안히 모시는 것은 사람의 자식된 도리로서 끝을 삼가는 올바른 일이다.
 자평은 불행히도 험난한 세상을 만나서 8년 동안이나 어머니를 장사 지내지 못하였다. 이에 주야로 애통하면서 스스로 천지 사이의 죄인이라고 일컬었다. 심지어 겨울에도 솜옷을 입지 않고 집이 쓰러져도 고칠 생각을 하지 않았다.

자평이 이렇게 한 것은, 대개 자기 어머니를 편안한 곳으로 모시지 못하였거니, 어찌 내가 감히 편안히 방에서 거처할 수 있느냐 하는 생각에서였다. 그 효성이 이같이 지극하였으니, 태수가 장사를 지내 주고, 그 효성을 표창하여 백성들로 하여금 본받게 한 것은 당연한 일이다.

제33화 수창기관(壽昌棄官)

주수창(朱壽昌)이 7세 되던 해에 그의 아버지는 수창의 어머니를 쫓아냈다. 수창의 어머니는 아들도 빼앗긴 채 먼 곳으로 떠돌아다니다 시골 사람에게 개가하였다.

그후 수창은 어머니의 얼굴도 잊어버린 채 50년을 지냈다. 그 동안도 사방으로 수창은 어머니를 찾았으나 알 길이 없었다.

그는 날마다 울면서 세월을 보냈다. 그러던 어느 날, 수창은 더 이상 참을 수 없어, 벼슬을 내놓고 멀리 진(秦)나라 땅까지 들어가 정처없이 방방곡곡 헤매다 드디어 그 어머니를 찾아냈다.

그러나 그때의 어머니는 나이 70이 이미 넘어 있었다.

수창이 겨우 어머니를 모시고 집으로 돌아왔으나, 불과 얼마 안 되어 어머니는 노환으로 세상을 뜨고 말았다. 수창의 슬픔은 말할 수 없었다. 예절에 맞도록 어머니를 장사 지내고 나서, 그는 이복 아우와 누이를 데려다가 집과 전답을 장만하여 편히 살도록 하였다.

대체로 50년이면 인륜이 끊어진다는 말이 있다. 한데 수창은 이 끊어지려는 인륜을 다시 이어 단란하게 옛 정을 회복시켜서 자식으로서의 도리를 다하였던 것이다.

맹자는 '나이 오십에 부모를 사모하는 이를 나는 대순(大舜)

에서 비로소 보았다'라고 하였는데, 이제 이 수창(壽昌)이 거의 이에 미치는 것이다.

혜원 동양고전

혜원동양고전은 옛사람들의 진솔하고 질긴 생명력의 뿌리를 동양사상에서 찾고자 기획되었다. 이것은 행복한 미래의 바탕이 될 것이다.

신국판

1 論 語
金錫源 譯解

〈논어〉는 공자의 언행, 공자와 제자 및 여러 인사와의 문답, 제자들 사이의 대화, 공자의 생각과 비평 등으로 이루어진 책이다. 이 책은 유가의 경전이며, 모든 사람의 인격수양을 위한 좌우명이며, 서양의 성서와 같은 동양의 성서이기도 하다.

452면 6,500원

2 孟 子
范善均 譯解

저 옛날 호연지기를 통해 젊은이의 이상을 제시했던 〈맹자〉는, 오늘날에는 젊은이의 인격수양을 위해 가장 알맞은 책의 하나이다. 내용에 있어서도 길고 연속적인 강화로 이루어진 부분이 많고, 더불어 매우 감동적이고 뛰어난 구절이 여러 곳에서 보인다.

552면 7,000원

3 大學・中庸
金時俊 譯解

〈대학〉은 개인생활의 수양과 일반적 사회질서와의 결합, 곧 윤리와 정치의 결합에 관한 논술이며, 〈중용〉은 실천성만을 앞세우던 유교사상에 철학적 근거를 부여한 책으로, 오늘날 공자철학의 기본적인 개념을 이해하는 데 가장 중요한 고전의 하나이다.

240면 4,000원

4 詩 經
曺斗鉉 譯解

〈시경〉의 시 3백 편은 중국에서 가장 오래되고 가장 아름다운 문학작품으로, 모든 인간사의 희로애락이 다양하고 감동적으로 표현되어 있다. 옛사람들이 시경을 교육의 중요한 교과서로 삼은 까닭도 인간사의 자연스런 발로가 인격수양에 큰 영향을 끼친 탓일 것이다.

456면 7,000원

▶ 혜원동양고전

⑤ 書 經
權德周 譯解

〈서경〉은 중국 고대의 역사적 기록인 동시에 가장 오래된 정치 철학서로서 백성의 마음을 얻고 받들라는 치도(治道)의 근본에 관한 것이다. 숙독해 나간다면 고전의 가치를 재삼 발견하는 기쁨을 얻을 수 있을 것이다.

472면 6,500원

⑥ 周 易
崔完植 譯解

생활의 예지와 현실주의적 종교관, 낙천적인 운명관을 모두 포함하고 있는 〈주역〉은, 상징주의적인 사변(思辨)의 특색이 잘 나타나 있는 하나의 절실한 수양서요, 철학서이며 종교서라고 할 수 있다. 주역이 지난날 유가들로부터 존숭되어 온 까닭도 여기에 있다.

472면 7,000원

⑦ 菜根譚
黃秉國 譯解

〈채근담〉은 철학적 아포리즘인 동시에 대단히 문학적인 고전이다. 어디를 펼쳐도 어구 하나, 문장 하나가 다같이 명징한 문학적 색채를 띠지 않은 것이 없다. 그리고 저자의 삶에 대한 깊은 천착과 예리한 통찰력에 근거한 철학적 단상들이 더없는 감동을 준다.

312면 4,500원

⑧ 明心寶鑑
黃秉國 譯解

사물을 있는 그대로 되비추어 주는 거울 앞에 서면 누구도 적나라한 자신의 모습을 숨길 수가 없다. 특히 마음의 거울 앞에서는 더욱 그러한데, 명심보감은 바로 우리에게 그 마음의 거울이 되어 주는 의미 깊은 명저(名著)이다.

312면 4,500원

⑨ 故事成語
黃秉國 譯解

우리의 생활 깊숙이 옹해되어 일상어휘들로 자리잡은 말들 중에는 의외로 옛 동양의 고전이나 역사적 일화 등에 그 연원을 둔 고사성어들이 아주 많다. 본서는 그러한 고사성어에 얽힌 흥미있는 이야기들을 유려한 문체로 엮었다.

448면 7,000원

⑩ 老 子
李民樹 譯解

중국고전 중 가장 어려우면서도 가장 신비적인 면을 지닌 〈노자〉에 일관되게 흐르는 '무위 자연사상'은 도(道) 자체에 집약되어 있다. 고전으로서 노자가 지니는 가장 큰 가치는, 인간의 근본적 오류를 가려냄으로써 진정한 진리파악의 길을 제시하는 철학적 면이다.

248면 4,000원

⑪ 孝 經
黃秉國 譯解

〈효경〉은 삶의 가장 근원적이고 참된 가치인 효를 수신제가 치국평천하의 기본 덕목으로 보아, 위정자가 백성을 위해 할 일은 효의 모범을 보이는 것뿐이라고까지 극언(極言)한 공자의 효사상의 정수가 담겨져 있는 고전이다.

232면 4,500원

⑫ 千字文
李民樹 譯解

태초의 운행에서부터 인간이 지켜야 할 강상(綱常)은 물론 농정(農政)에 이르기까지 다루지 않은 바가 없는 〈천자문〉은, 우리가 살아가면서 금언(金言)으로 삼아야 할 귀중한 말들로 이루어진 명문·명시집이다.

176면 3,500원

혜원동양고전 ▶

13 古文眞寶
韓武熙 譯解

〈고문진보〉는 옛날 중국의 주옥 같은 시와 산문을 전·후집으로 나누어 엮은 것으로, 전집에는 한나라에서 송나라에 이르는 유명한 시를 정선하여 수록, 후집에는 초나라에서 송나라에 이르는 대표적인 명문만을 정선하여 수록했다. 본서는 후집의 완역판이다.

608면 9,000원

14 楚 辭
柳晟俊 譯解

시경과 더불어 중국문학의 양대 지주로 일컬어지는 〈초사〉는 비극적 삶을 산 시인 굴원이 자신의 처지와 처절한 마음을 노래하고, 그의 추종자들이 그를 추도하며 쓴 낭만주의 문학작품집으로, 중국은 물론 우리 문학에도 지대한 영향을 끼쳐 온 명저이다.

304면 5,000원

15 禮 記
李民樹 譯解

오경 중에 하나인 〈예기〉는 고대 중국의 예에 관한 이론 및 실제를 기록한 것으로서, 이 예란 바로 사람이 지켜야 할 '마땅한 바'를 형식으로 나타낸 행동규범으로 유가사상의 시원을 이루는 것이다. 따라서 유교사상을 이해하는 데 예기의 역할은 매우 중요하다.

728면 10,000원

16 莊子(內篇)
李民樹 譯解

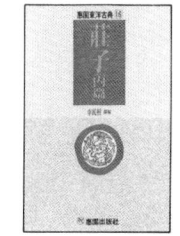

언제나 인간 본연의 위치에서 '완전한 자유의 경지'를 추구했던 장자는 실제로 모든 현세적인 속박으로부터 온전히 자유로웠던 인물이다. 노자에서 시작된 도교사상에 심원한 깊이를 더하며 〈장자〉는 그 탁월한 표현과 문체에서도 광휘를 발한다.

304면 5,000원

17 莊子(外篇)
李民樹 譯解

동양고전 중에 가장 재미있는 책을 고르라면 서슴없이 〈장자〉를 꼽을 것이다. 특히 외편의 풍부한 우화들은 누가 읽어도 흥미있을 내용들이다. 그러나 읽을수록 어려운 책 또한 장자이다. 진실들이 숨은 그림처럼 곳곳에 숨어 있기 때문이다.

432면 6,500원

18 莊子(雜篇)
李民樹 譯解

'인간의 내면에 존재하는 자연'을 다룬 〈장자〉잡편은 도가(道家)에 속하면서도 시대의 흐름에 따라 변모한 장자 이후의 후계자들에 의해 집필되었을 것으로 추정된다. 그러므로 잡편은 장자사상의 변천과정을 살펴볼 수 있는 좋은 자료이다.

304면 5,000원

19 荀 子
鄭長澈 譯解

성악설을 주장한 순황의 사상을 집록해 놓은 〈순자〉의 가치는 내면적·주관적이었던 유교를 객관적으로 재정비하고 합리적·종합적으로 발전시켰다는 데 있다. 또한 문장면에서도 뛰어나 고전 중 장자·맹자와 함께 높이 일컬어지고 있다.

552면 8,000원

20 孫子兵法
李民樹 譯解

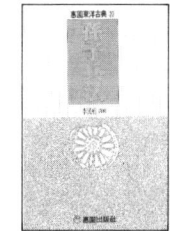

병법 칠서(七書) 중 가장 뛰어난 병서로 꼽히는 〈손자병법〉은 작전·전투 전반에 대해 요점을 간결하게 설명해 놓은 책으로, 작전의 성전으로서 뿐만 아니라 국가경영의 요지와 인사의 성패 등에도 비범한 견해를 보여 주는 지혜의 글이다.

288면 4,500원

▶혜원동양고전

■韓非子
鄭長澈 譯解

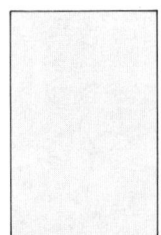

일종의 유물론과 실증주의에 의하여 독자적인 사상체계를 수립하였고 법을 독립된 고찰 대상으로 삼은 〈한비자〉는, 실적주의·인간불신과 도구화·권모술수 등을 폭넓게 다룸으로써 오늘의 정치·경영학·인간관계의 문제에 해답을 주는 현대적 고전이다.

■春秋左氏傳
李民樹 譯解

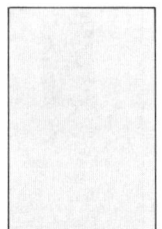

〈춘추〉가 평범한 역사 기록으로서가 아니라 공자의 탁월한 저술로 평가되는 것은, 이 책이 윤리적인 도덕 규범에 의거해 정사(正邪)·선악의 가치판단을 내리고 엄정한 시비논단에 의한 포폄(褒貶)의 필법으로 대의를 천명하고 있기 때문이다.

精解 명심보감
李達生 編著

〈명심보감〉은 선조들의 격조 높은 생활철학이 담겨있어 마음의 거울이 되는 명저이다. 본서는 동양정신의 향기로운 진수를 현대어 역과 주석 및 해설로 자세하게 편집했기에 한문을 잘 모르는 초보자도 쉽게 이해할 수 있을 것이다.

224면 2,500원

채근담 독본
黃秉國 譯解

동양인의 생활철학이 고스란히 담겨 있는 〈채근담〉의 철학적 단편들은 자연스러운 깨달음과 감동을 준다. 본서는 원문에 토를 달고 그 위에 풍부한 주와 상세한 해설을 덧붙여 쉽게 원전의 깊고 오묘한 맛을 느낄 수 있도록 했다.

358면 3,500원

혜원 교양신서

명석한 논리, 깊은 통찰로 씌어진 책들로 구성된 혜원교양은 진실되고 올바른 삶을 살고자 하는 사람들에게 행복에 이르는 길을 제시해 줄 것이다.

신국판

세네카 • 장경룡
① 산다는 것과 죽는다는 것

로마의 대시인이요, 스토아 철학의 일인자인 세네카의 사상의 정수만을 뽑은 작품으로 '산다는 것과 죽는다는 것'을 주요 테마로 하였고, 종교적·시적인 독창적 문체와 그의 따뜻한 인간애가 배어 있는, 덕을 강조한 인생론집이다.
224면 3,000원

아우렐리우스 • 백문영
② 아우렐리우스 명상록

'인생은 연기이자 수증기'라고 갈파했던 로마황제가 우주와 인생의 기원과 현상, 그리고 자연에 순응할 것을 가르치는 철학적 단상을 기록한 이 책은 삶에 대한 그의 뛰어난 통찰력에 근거한 여러 경구들과 만나는 기쁨을 준다.
232면 3,500원

카를 힐티 • 백재욱
③ 잠 못 이루는 밤을 위하여

종교, 사랑, 고통 등에 관한 여러 이야기를 적절한 성서적 비유나 체험적 서술을 통해 정리한 이 책은 삶의 번민이나 고뇌로 잠 못 이루는 독자라면 다른 어떤 것에서도 얻지 못할 편안한 마음의 위로와 깊은 감동을 발견할 것이다.
288면 3,500원

니체 • 백문영
④ 짜라투스트라는 이렇게 말했다

이 책은 20세기 사상의 흐름과 그 형성에 큰 영향을 미쳤을 뿐 아니라 '신은 죽었다'로 시작되는 니체사상의 정점으로, 가장 절대적 삶의 명제였던 영원회귀 사상 등이 그의 비범한 천재성에 힘입어 세계사상사에 빛나는 고전이 되었다.
336면 5,000원

▶ 혜원교양신서

임어당 • 전희직
5 생활의 발견

저자의 모습을 유감없이 투영시킨 철학적 상상력, 눈부신 박학, 절제된 유머, 뛰어난 서정성이 총체된 이 책은 쉽고 부드러운 문체로 삶의 근본명제인 왜, 어떻게 살아야 하는지에 관한 해답을, 특히 동서양을 비교하면서 제시해준다.
344면 5,500원

몽테뉴 • 전희직
6 몽테뉴 수상록

'다른 사람들은 인간을 꾸민다. 나는 인간을 이야기한다'고 했던 몽테뉴는 책 전편을 통해 특별히 인간존재에 대한 끝없는 성찰과 자아탐구를 보여주고 있다. 진지함 뒤에 비수처럼 숨어 있는 풍자와 해학이 특히 뛰어난 작품이다.
328면 5,500원

키에르케고르 • 백재욱
7 이것이냐 저것이냐

이 책은 제1권과 제2권으로 나누어진 방대한 분량의 저술인데 그중에서 널리 읽히는 〈디앞살마타〉〈현대의 비극적 모티프에 반영된 고대의 비극적 모티프〉〈그림자 그림〉〈유혹자의 일기〉, 주관적 체험이 바탕이 된 작품을 수록했다.
336면 4,500원

에리히 프롬 • 장경룡
8 자유에서의 도피

자유에 관한 전반적인 긴 논술이라 할 이 책에서 프롬은 인간주의적 사회건설을 주창하면서 주로 자유의 이면에 도사린 개인의 불안과 고독을 문제삼으며, 개인적 자아실현이라는 의미에서의 자유는 아직 획득하지 못했다고 말한다.
312면 5,000원

에리히 프롬 • 백문영
9 사랑의 기술 • 인간의 마음

현대인에게 진정한 의미에서의 사랑을 통한 올바른 삶의 방법을 제시한 〈사랑의 기술〉과 인간의 근원적인 선과 악의 문제를 심오하게 분석·비판한 〈인간의 마음〉은 마치 동전의 앞뒤와 같은 거작으로 오늘날 널리 익히는 작품이다.
336면 5,000원

괴테 • 김 훈
10 시와 진실

이 책은 천재 괴테의 자서전으로, 일반적인 자서전의 범주를 벗어난 뛰어난 문학 작품으로 평가받고 있다. 위대한 한 인물의 인간적인 면모를 가장 적나라하게 느끼게 하는 점뿐 아니라 성실한 내면성찰의 기록이라는 점에서 중요성이 크다.
440면 5,500원

지드 • 김붕구 / 이 환
11 지상의 양식 • 일기

아프리카에서의 지드의 재생과 현실세계의 미(美)에 의해 출발된 영혼과 육체의 욕망을 산문시 형식으로 노래한 〈지상의 양식〉과 〈일기〉, 아내와의 관계를 진솔하게 표현한 〈이제 그는 네 안에 살아 있다〉를 통해 인간 지드와 만날 수 있다.
360면 4,800원

앨빈 토플러 • 전희직
12 제3의 물결

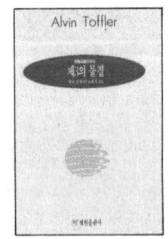

지나친 과학기술에의 맹종은 자칫하면 인간본연의 존엄성이나 존재가치를 위협할 수도 있다고 경고하면서, 새로운 문명을 만드는 쪽이든 저항하는 쪽이든 우리는 선택해야 하며 긍정적인 선택을 위해 이 책은 새로운 세계를 보여준다.
440면 6,000원

혜원교양신서 ▶

스피노자 • 차근호
⒔ 에티카

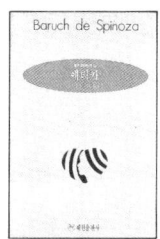

기하학적 질서에 따라 제5부로 논증된 이 책은 거장의 손에 의해 조심스럽게 정성들여 쌓아올려진 장대한 개념의 탑(塔)이라 할 수 있다. 영원한 선(善)은 결국 신에의 인식과 사랑에 있다고 확신했으며 이것이 이 책의 궁극적 목표이다.
 336면 4,500원

쇼펜하우어 • 차근호
⒕ 쇼펜하우어 잠언록

기인(奇人)이요, 염세철학자인 쇼펜하우어가 쓴 이 책에서 철저한 삶의 부정은 곧 새로운 차원의 삶의 긍정임을 알게 되고, 고독한 삶을 살았던 그의 부정과 허무 속에서 그 이면에 숨어 있을 행복에 이르는 길을 발견할 수 있을 것이다.
 272면 4,000원

장 자크 루소 • 박규순
⒖ 고독한 산책자의 몽상

인간사회로부터 추방당한 운명에 몸부림치던 루소가, 결국 모든 것을 체념하자 얻게 되는 마음의 평안 속에서 기록한 내면의 고백으로, 그와의 산책을 통해 독특한 사색과 조화를 이루며, 자아를 탐구하는 방법을 알게 될 것이다.
 272면 4,000원

러셀 외 • 최혁순
⒗ 이것이 나의 철학이다

울려퍼지는 북소리를 붙들려 한다면 실패할 수밖에 없으나 그 소리의 원천을 더듬어 북과 북치는 사람을 잡는다면 모든 북소리를 소유하게 된다고 한다. 여기 수록된 세계석학의 철학을 통해 그 북소리를 소유하게 될지도 모른다.
 368면 5,000원

아미엘
■ 아미엘 일기

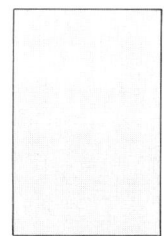

사후에 공개된 이 책으로 비로서 명성을 확립한 아미엘은 고독과 페시미즘 속에서도 끊임없는 자기분석을 통해 세계에 진입했고, 꾸미거나 명령하는 일없이 인생의 도정을 통한 사물의 문제성과 그 변화와 모색의 열쇠를 제시해준다.

슈바이처
■ 슈바이처 자서전

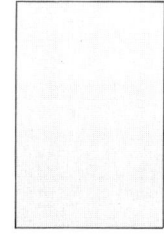

'생명에 대한 외경' 사상으로 알려진 성자 슈바이처의 반생의 자서전으로, 다방면의 활동을 내적·정신적 발전과 결부시켜 유머와 감동적인 에피소드를 섞어 인간형성의 길을 제시함으로써 현대를 사는 사람들의 생활지침이 되었다.

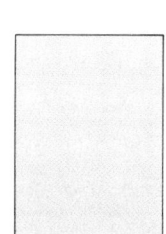

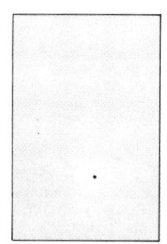